2023年度湖北省社科基金一般项目（后期资助项目）"新时代大学生志愿精神培育研究"（课题编号：HBSKJJ20233165）

新时代大学生志愿精神培育研究

Xinshidai Daxuesheng
Zhiyuan Jingshen Peiyu Yanjiu

孟珍伟　著

中国社会科学出版社

图书在版编目（CIP）数据

新时代大学生志愿精神培育研究 / 孟珍伟著.
北京：中国社会科学出版社，2024.8. -- ISBN 978-7
-5227-4100-0

Ⅰ．D432.6

中国国家版本馆CIP数据核字第2024HU0977号

出 版 人	赵剑英
责任编辑	田　文
责任校对	刘　坤
责任印制	张雪娇

出　　版	中国社会科学出版社
社　　址	北京鼓楼西大街甲158号
邮　　编	100720
网　　址	http://www.csspw.cn
发 行 部	010-84083685
门 市 部	010-84029450
经　　销	新华书店及其他书店

印　　刷	北京君升印刷有限公司
装　　订	廊坊市广阳区广增装订厂
版　　次	2024年8月第1版
印　　次	2024年8月第1次印刷

开　　本	710×1000　1/16
印　　张	16.5
插　　页	2
字　　数	230千字
定　　价	98.00元

凡购买中国社会科学出版社图书，如有质量问题请与本社营销中心联系调换
电话：010-84083683
版权所有　侵权必究

序　　言

　　志愿服务是现代社会文明进步的重要标志，在促进社会和谐与进步、推进社会共享发展方面发挥着重要的作用。随着我国改革开放进程的不断加快，志愿服务成为大学生服务社会、实现个人成长的主要渠道，当代大学生也成为青年志愿者行动中一支举足轻重的力量。新时代大学生志愿精神培育要立足于我国新的历史方位，以习近平新时代中国特色社会主义思想为指导，使大学生将志愿精神内化于心、外化于行，使志愿服务成为大学生的普遍追求。因此，新时代大学生志愿精神培育研究具有十分重要的理论意义和时代价值。

　　孟珍伟的新著《新时代大学生志愿精神培育研究》，是她在武汉大学马克思主义学院思想政治教育专业攻读博士期间我指导的博士学位论文基础上修改而成的。2017年9月，孟珍伟在武汉大学攻读思想政治教育专业博士学位，因为她有学生工作经历，所以她提出结合她之前的工作开展大学生志愿精神培育研究，我比较赞同。这也是我一直关注的领域。作为一名高校思政课教师，我也经常思考如何培养大学生高尚的道德品行。高校积极培育大学生志愿服务精神，是培养大学生高尚道德情操的重要内容。学生愿意去尝试研究，并将理论与实践有机结合，是一次不错的尝试。于是，2019年6月，孟珍伟便开始了"新时代大学生志愿精神培育"课题的研究。但是，国内外学者在志愿服务和大学生志愿精神方面取得了不少的成果，要想研究有价值、有创新还是有一定难度的。一方面，学界对志愿服务的组织、管理、运行等的研究较多，对志愿精神的研究成果相对不多，所以，借鉴的研究成果也不多；另一方面，学界对志愿服务存在的问题还停留于表面的分析，没有深挖志愿精神的内涵意蕴，对如何培育志愿精神还缺乏系统的思考和研究。好在孟珍伟有一定的工作经验和研究基础，经过两年的认真撰写和无数次修改打磨，孟珍伟的博士学位论文《新时代大学生志愿精神培育研究》终于定稿并通过了校外专家盲审以及学位论文答辩。

本书坚持马克思主义立场，以习近平新时代中国特色社会主义思想为指导，综合运用多种研究方法，立足于我国新的历史方位，回应时代问题，通过对新时代大学生志愿精神培育的特点与意义，对新时代大学生志愿精神培育理论基础的探析，对新时代大学生志愿精神培育困境的表征及其归因的剖析，在对策层面上深入探索新时代大学生志愿精神培育的内容、培育的机制和培育的途径。

本书在研究视角、研究方法、研究内容上力求有所创新。首先，在研究视角上，本书以新时代大学生志愿精神培育为基点，在总结已有研究成果的基础上，根据中国特色社会主义新时代特征，系统地阐释了新时代大学生志愿精神培育的内容，提出了新时代大学生志愿精神培育的机制和途径。其次，在研究方法上，充分注意研究对象的共时性与历时性因素，运用实证研究与规范研究相结合的方法，在对新时代大学生志愿精神培育现状进行问卷调查分析基础上，总结出新时代大学生志愿精神培育存在的问题和影响因素，为研究新时代大学生志愿精神培育机制和途径提供了现实依据。最后，在研究内容上，研读习近平总书记关于志愿服务的重要论述，围绕立德树人的根本目标，立足于我国新的历史方位，对新时代大学生志愿精神培育内容赋予了时代注释；从内生机制、运行机制、激励机制和保障机制四个方面构建新时代大学生志愿精神培育机制；提出了通过发挥课堂教学的主导作用、营造校园文化的育人环境、夯实志愿服务的活动载体、强化网络空间的正面引导的培育路径。

综上，本书在内容布局、资料运用、理论创新、联系实际等方面都有着自己的独到之处，显示出作者对该问题研究所达到的理论高度。但毋庸讳言，本书也存在一些不足，有待作者进一步研究和完善。尽管如此，本书仍是一本值得一读的好书，作为她的导师，我郑重向各位读者推荐本书。

是为序。

倪素香

2024 年 5 月 6 日

目　录

绪　论 ……………………………………………………………（1）
　　第一节　新时代大学生志愿精神培育研究缘起与价值…………（1）
　　第二节　新时代大学生志愿精神培育研究现状…………………（6）
　　第三节　新时代大学生志愿精神培育研究的思路与方法 ……（13）

第一章　新时代大学生志愿精神培育的特点与意义 …………（17）
　　第一节　新时代大学生志愿精神培育的内涵 …………………（17）
　　第二节　新时代大学生志愿精神培育的特点 …………………（27）
　　第三节　新时代大学生志愿精神培育的意义 …………………（35）

第二章　新时代大学生志愿精神培育的理论基础 ……………（43）
　　第一节　马克思主义的理论指导 ………………………………（43）
　　第二节　中国共产党人关于志愿精神培育的思想 ……………（48）
　　第三节　西方志愿精神培育理论的借鉴 ………………………（59）
　　第四节　中国传统志愿精神培育观的汲取 ……………………（70）

第三章　新时代大学生志愿精神培育的现状调研 ……………（77）
　　第一节　调查基本情况分析 ……………………………………（77）
　　第二节　新时代大学生志愿精神培育的成绩 …………………（95）

第三节　新时代大学生志愿精神培育存在的问题 …………（104）
　　第四节　新时代大学生志愿精神培育的影响因素 …………（114）

第四章　新时代大学生志愿精神培育的内容 ……………（123）
　　第一节　奉献精神 ………………………………………（123）
　　第二节　友爱精神 ………………………………………（135）
　　第三节　互助精神 ………………………………………（144）
　　第四节　进步精神 ………………………………………（153）

第五章　新时代大学生志愿精神培育的机制 ……………（165）
　　第一节　内生机制 ………………………………………（165）
　　第二节　运行机制 ………………………………………（174）
　　第三节　激励机制 ………………………………………（185）
　　第四节　保障机制 ………………………………………（193）

第六章　新时代大学生志愿精神培育的途径 ……………（201）
　　第一节　发挥课堂教学的主导作用 ……………………（202）
　　第二节　营造校园文化的育人环境 ……………………（212）
　　第三节　夯实志愿服务的活动载体 ……………………（221）
　　第四节　强化网络空间的正面引导 ……………………（230）

结　语 ……………………………………………………………（236）

参考文献 …………………………………………………………（238）

附录　新时代大学生志愿精神培育状况调查问卷 ……………（250）

后　记 ……………………………………………………………（257）

绪　　论

第一节　新时代大学生志愿精神培育研究缘起与价值

志愿服务是现代社会文明进步的重要标志。志愿服务在促进社会和谐与进步，推进社会共享发展方面发挥着重要的作用。随着我国改革开放进程的不断加快，志愿服务已成为大学生服务社会、实现个人成长的主要渠道。当代大学生已成为青年志愿者行动中一支举足轻重的力量，而且也是实现中华民族伟大复兴中国梦的追梦者、筑梦者和圆梦者。新时代大学生志愿精神培育是新时代社会主义高校"立德树人"的内在要求。新时代大学生志愿精神培育研究具有十分重要的理论意义和时代价值。

一　新时代大学生志愿精神培育研究缘起

新时代大学生志愿精神培育存在现实困境、理论忧思，且研究大学生志愿精神培育也是新时代的必然要求。

（一）大学生志愿精神培育的现实困境

伴随着我国改革开放 40 余年的进程，大学生已成为青年志愿者行动中一支举足轻重的力量。大学生志愿服务在实践过程中取得了不少成绩，志愿服务活动得到了快速推进，主要表现为：参与人数多、活动内容丰富、活动次数与规模增长快。"我国2016年共有各类高校志愿服务组织36000余个，注册志愿者数量超过2264万人，累计服务时间约1.65亿余小时。"① 志愿服务已经成为大学生服务社会、实现个人成长的主要渠道，成为高校全方位育人、引导大学生参与政治生活、社会生活的重要载体。大学生在参与志愿服务活动的过程中，不断审视自身的道德品质，调整个人的价值追求，收到较好的思想政治教育的效果。

我国大学生志愿服务在实践过程中取得了不少成绩，但同时也存在许多问题。主要表现为：高校对志愿精神培育重视不够、大学生志愿组织内部管理不够完善、大学生参与志愿服务活动的动力不足、缺乏有效的保障机制等。究其原因，一方面，我国大学生志愿服务起步较晚，与欧美国家相比，制度保障和法律规范的不健全，导致大学生参与志愿服务的内生动力不足，这势必对大学生志愿服务事业的发展产生影响；另一方面，对大学生志愿精神培育的重要性和必要性认识不够，在实践中也没有形成大学生志愿精神的培育体系，其结果是大学生志愿服务活动的效果不佳。正因为新时代大学生志愿服务和志愿精神培育存在的现实困境，本书以问题为导向，对大学生志愿精神培育的研究进行深入探讨，以此推动新时代大学生志愿服务朝着健康方向发展。

(二) 大学生志愿精神培育的理论忧思

通过梳理文献，可以发现，学术界有关大学生志愿精神的研究成果较为丰富，大家对志愿服务、志愿精神等核心概念的界定达成了共识，对大学生志愿者活动过程中存在的问题、原因及对策的研究较为集中。但是，从总体上来看，对大学生志愿精神培育研究相对薄弱，主要表现为：首先，研究不够深入。学界现有的研究大多集中在对志

---

① 共青团中央青年志愿者行动指导中心、北京志愿服务发展研究会等编：《高校志愿服务发展报告》，中国青年出版社2017年版，第10页。

愿精神的内涵界定，而对志愿精神培育的内涵缺乏研究。其次，研究缺乏针对性。现有的研究往往因缺乏对新时代大学生志愿者特殊性的了解，导致有关大学生志愿精神培育的措施缺少针对性。最后，研究成果比较分散，缺乏系统性。研究成果的缺乏已经在某种程度上制约着大学生志愿精神培育的有效性。新时代大学生志愿精神培育呼唤系统的理论成果为其提供理论支撑。

（三）大学生志愿精神培育是新时代的必然要求

加强新时代大学生志愿精神培育是新时代的必然要求，是实现中华民族伟大复兴中国梦的现实课题。党的十九大报告指出："经过长期努力，中国特色社会主义进入了新时代，这是我国发展新的历史方位。"[①] 新时代是决胜全面建成小康社会，进而全面建设社会主义现代化强国的时代，这是一个由大国走向现代化强国的历史过程。在这一历史进程中，必须坚定不移地培养合格的社会主义建设者和接班人，以"立德树人"作为高校育人的中心环节。新时代大学生是中国特色社会主义建设事业的继承者，是实现中华民族伟大复兴中国梦的中坚力量。在中国特色社会主义迈入新时代之际，塑造大学生志愿精神，引导大学生弘扬和践行志愿精神，是一个具有根本性的重大理论课题和实践课题。为此，需要清晰把握新时代大学生志愿精神的思想资源和理论基础，客观分析和科学评估当前大学生志愿精神培育的现状，对其中存在的问题及原因有准确的认识和把握；为了更好地解决问题，需要深入分析和系统阐释其内涵、内容、机制、途径，建构系统的培育理论；在理论认知与实证分析相结合的基础上探索出新时代大学生志愿精神培育的优化策略。

二 新时代大学生志愿精神培育研究价值

新时代大学生志愿精神培育既是一个有着深刻价值意蕴的理论命

---

① 习近平：《决胜全面建成小康社会 夺取新时代中国特色社会主义伟大胜利——在中国共产党第十九次全国代表大会上的报告》，人民出版社2017年版，第10页。

题，又是一个被注入了时代内涵的鲜活生动的实践论题。

（一）理论价值

1. 有助于新时代大学生志愿精神培育理论的系统建构和阐释。本书坚持马克思主义立场，以习近平新时代中国特色社会主义思想为指导，在借鉴已有研究成果的基础上，对新时代大学生志愿精神培育的理论和实践问题进行探究。首先，本书分析了新时代大学生志愿精神的内涵、培育的特点和意义，为研究新时代大学生志愿精神培育问题构建了逻辑起点。其次，通过梳理古今中外大学生志愿精神培育理论，为新时代大学生志愿精神培育研究提供理论依据和思想借鉴，拓展了研究的广度和深度。再次，运用调查问卷，聚焦新时代大学生志愿精神培育现状、问题和影响因素，为研究提供现实依据。最后，新时代大学生志愿精神培育内容的深化，新时代大学生志愿精神培育机制的构建，新时代大学生志愿精神培育途径的提出，这些成为系统构建新时代大学生志愿精神培育理论框架的核心内容。

2. 有助于丰富和发展高校思想政治教育的理论研究。发挥思想政治理论课在大学生志愿精神培育中的作用，积极思考如何培育大学生志愿精神，这对提高大学生思想政治教育针对性和实效性有很大帮助。一方面，新时代大学生志愿精神培育的研究，是改进和加强大学生思想政治教育的重要课题之一，把大学生志愿精神培育纳入思想政治教育学科视野，拓展了思想政治教育的研究范围。深入探究新时代大学生志愿精神培育的内涵、内容、机制、途径等理论，能够丰富思想政治教育的内容，增强思想政治教育的时代感和生命力。另一方面，新时代大学生志愿精神的培育只有发挥思政课程、通识课程和课程思政的教育和培养作用，才能让新时代大学生志愿精神厚植于爱国主义情感之中，扎根于中国特色社会主义建设事业中。

（二）现实价值

1. 有利于增强对新时代大学生志愿精神培育的指导力。大学生志愿精神培育能使大学生深刻感悟到志愿服务的价值，为大学生志愿服务的蓬勃发展提供动力，从而增强其影响力和覆盖范围。通过现状调研，对新时代大学生志愿精神培育现状、问题和影响因素的分析，能充分掌握新时代大学生志愿精神培育的现实困境，为新时代大学生志愿精神机制和路径的构建提供现实依据。新时代大学生志愿精神培育机制的构建，使大学生志愿者的利益得以保障，幸福感得到提升，不仅能增强大学生志愿精神培育的实效性、持久性和稳定性，还能促使大学生志愿活动向科学化、制度化方向的转型。新时代大学生志愿精神培育的研究成果，有助于更好地开展新时代大学生志愿服务活动。有助于新时代大学生志愿精神培育行动能够更好地适应新的社会环境变化，应对新的问题，达到新的更高层次的目标要求。

2. 有利于增强思想政治教育应对现实问题的能力。新时代思想政治教育应在基本理论认知的基础上引导大学生在实践参与中阐释理论，提高思想政治教育的实效性。高校思想政治教育应把大学生志愿服务作为理论学习的实践要求，把新时代大学生志愿精神引入思想政治教育结构体系有利于思想政治教育工作贴近实际，增强思想政治教育的吸引力、感召力和实效性。

3. 有利于拓展大学生全面发展的有效途径。大学生全面发展需要完善个体人格、提升道德境界和提高各方面能力。志愿精神的培育和践行可以促进大学生个体人格完善；志愿精神培育能够培养大学生按社会的高尚行为规范和价值标准衡量自身行为。大学生通过志愿服务为他人和社会提供帮助的同时，让自身的心灵在道德上得到满足和升华。"赠人玫瑰，手留余香"的志愿服务从身边"小善"入手，实现"我为人人、人人为我"的大善大德，这种行善行为既服务了他人和社会，也净化和提升了自己。大学生通过经常性参与志愿服务，不断加强自身的思想道德修养，使自己成为一个道德高尚的人。大学生参与志愿服务能促使自身学习知识技能、增强社会交往、丰富人生阅历、实现自我价值等，从而全面提升个人能力，实现自我价值，最终实现大学生的全面发展。

第二节 新时代大学生志愿精神培育研究现状

2001年是中国志愿服务的元年,自此以后,越来越多的国内学者开展志愿服务、志愿精神培育方面的研究。笔者检索了2001—2023年中国期刊网,检索文献情况如表1-1所示。

表1-1　　　　　　　　文献检索　　　　　　　　单位:篇

检索变量	期刊论文	硕士学位论文	博士学位论文	会议	报纸	合计
大学生志愿精神	8	197	16	6	35	262
新时代志愿精神	26	40	6	0	8	80
志愿精神+培育	244	148	12	8	0	412
志愿精神+大学生	526	189	7	9	0	731
志愿精神+大学生+培育	155	60	7	2	0	224
奉献精神+大学生+培育	94	30	3	0	0	127
友爱精神+大学生+培育	3	3	0	0	0	6
互助精神+大学生+培育	3	1	0	0	0	4
进步精神+大学生+培育	13	3	0	0	0	16

一　国内研究现状与述评

本书以"志愿精神"为篇名,在图书资源中共检索到相关著作5000多本,以"大学生志愿精神培育"为篇名,检索到著作有729本,关于新时代大学生志愿精神培育的教材和专著一本都没有。关于志愿服务的专著很多,主要有:张晓红等主编的《论志愿服务教育》(人民出版社,2017年)、陶倩主编的《当代中国志愿精神的培养研究》(上海人民出版社,2013年)、陶倩等主编的《新时代中国特色志愿服务发展研究》(社会科学文献出版社,2018年)、佘双好主编的《志愿服务概论》(武汉大学出版社,2012年)、谭建光主编的《志愿服务：理念与行动》(人民出版社,2014年)、张晓红主编的《志愿服务理论与实践》(中国青年出版社,2019年)、荣德昱主编的《青春与伙伴同行——我国志愿服务法律法规与政策选编》(浙江工商大学出版社,2017年)、孙昌增等主编的《当代青年社会主义核心价值观培育与志愿服务》(西南交通大学出版社,2015年)、陆士桢主编的《中国志愿服务大辞典》(中国大百科全书出版社,2014年)、陆士桢主编的《中国特色志愿服务概论》(新华出版社,2017年)、邓宏林主编的《大学生志愿服务品牌创建研究》(吉林人民出版社,2019年)、付蕊主编的《大学生志愿服务问题研究》(黑龙江教育出版社,2013年)、周娜等主编的《"互联网+"视域下中国大学生志愿服务状况探索》(河北人民出版社,2019年)。有些论坛和期刊也开设了专栏来研究志愿服务开展和志愿精神培育的问题,如《志愿服务论坛》《中国青年研究》和《青年研究》等。

近年来,国内学者对于志愿服务概念界定、志愿精神内涵、志愿服务的立法、志愿服务长效机制等研究较多,而从志愿精神培育的角度来研究的成果不多,具体研究情况如下。

(一) 对志愿精神内涵的阐释

中国古代学者关于志愿精神的阐述,主要表现为仁爱、兼爱、积德行善、慈善等思想,中华优秀传统文化和道德思想是孕育志愿精神的理论基础。目前,我国学者对志愿精神内涵的界定是基于联合国志愿组织对志愿精神的界定上发展的。联合国志愿组织认为："志愿精神是指一种在自愿的、不计报酬或收入的条件下而参与推动人类发展、促进社会进步和完善社区工作的精神,是公众参与社会生活的一种重要的方式,是个人对生命价值、社会、人类和人生观的一种积极态度。"[①] 国内学者从多个维度对志愿精神的内涵进行了界定。陶倩、

---

① 转引自沈杰《志愿行动：中国社会的探索与践行》,人民出版社2009年版,第22页。

刘海云从"德性的动态和静态两方面对志愿精神进行了分析论述，认为奉献是德性的最高境界，友爱互助是德性的核心要素，进步是德性的实现结果"①。丁元竹等认为："志愿精神是指一种自愿的、不为报酬和收入而参与推动人类发展、促进社会进步和完善社区工作的精神，是公众参与社会生活的一种非常重要的方式，在一些国家志愿精神是公民社会和公民组织的精髓。"②张耀灿指出："志愿精神是指个人或群体在不受名利驱动、不取物质报酬的前提下，自觉自愿参与社会生活和公益服务、促进社会发展和人类进步事业所体现出的坚定的人道主义信念、强烈的社会责任感和乐于奉献的崇高伦理精神。简要地说，志愿精神就是自愿从事各种社会公共服务活动、对社会对他人乐于奉献的精神。"③他认为志愿精神具有实践性、自愿性、无偿性、公益性、组织性、价值性、融汇性的特征，并从志愿精神的育人功能分析了其社会功能。郑朝静认为："志愿精神所反映的'奉献、友爱、互助、进步'的核心价值，承载了个人对自己的责任，更有对他人、对社会的高尚情感，是以人为本价值观的体现、是中国优秀传统文化的传承、是现代社会公民精神的表现、是个体社会性本质的呈现、是人类在反思现代性问题之后所追求的价值。"④

（二）对青年志愿服务的发展研究

国内学者对青年志愿服务发展的研究内容大多集中于青年志愿服务发展的历程、现状、问题及对策等方面。例如，2019年由张晓红编著的《志愿服务理论与实践》《志愿服务蓝皮书：中国志愿服务发展报告（2017）》，2015年由张春艳、许涛等编著的《高校青年志愿服务理论与实践》，2016年由余逸群、纪秋发主编的《中国志愿服务历

---

① 陶倩、刘海云：《志愿精神的德性分析》，《上海大学学报》（社会科学版）2008年第1期。
② 丁元竹、江汛清：《志愿活动研究：类型、评价与管理》，天津人民出版社2001年版，第2页。
③ 张耀灿：《关于弘扬志愿精神的几个问题》，《思想政治教育研究》2011年第5期。
④ 郑朝静：《大学生志愿精神培育》，社会科学文献出版社2013年版，第17页。

史、实践与发展》，2014年由张晓红等主编的《大型活动志愿服务的组织与管理》，这些著作对大学生志愿服务总体情况作了介绍，有助于高校开展大学生志愿服务。梁绿琦在《中国社区志愿服务的发展历程》中从社区志愿服务形成的社会背景、文化背景，发展历程三个维度，分析了我国社区志愿服务的主要发展历程。① 张萍、杨祖婵在《中国志愿服务事业的发展历程》中分析："新中国成立以来，志愿服务事业走过了从义务运动到社区服务、再向现代志愿行动嬗变这一特殊的历史过程。我国志愿服务发展已进入了成熟、平稳的时期。"② 曹杰、贾学龙等在《大学生志愿服务活动的基本历程与经验》中系统分析了大学生志愿服务活动开展的必要性："志愿服务推动了高校思想政治教育的有序开展，志愿服务实现了与思想政治教育的融合，强化了思想政治教育的主体性，同时也指出大学生志愿服务启动、发展和成熟的三个阶段。"③ 综上所述，学者们大多是把大学生志愿服务的历程分为三个阶段，即形成—发展—成熟。

（三）关于高校大学生志愿服务的案例研究

国内学术界通过对大学生志愿服务案例的研究，分析大学生参与志愿服务的动机，并针对其存在的问题进行思考。例如，中华志愿者协会编的《志愿服务动机研究》，主要研究志愿者参与志愿服务的动机；北京志愿服务发展研究会编写的《北京志愿服务典型个案实务指南》，通过对志愿者参与志愿服务感受的研究，了解其志愿服务动机；党秀云编著的《志愿服务制度化——北京经验与反思》，陆士桢主编的《中国志愿服务大辞典》，谭建光、李森、朱莉玲主编的《与志愿者同行——中国广东志愿服务调查纪实》等。这些著作都通过了解志

---

① 梁绿琦：《中国社区志愿服务的发展历程》，《北京青年政治学院学报》2008年第4期。
② 张萍、杨祖婵：《中国志愿服务事业的发展历程》，《当代中国史研究》2013年第3期。
③ 曹杰、贾学龙等：《大学生志愿服务活动的基本历程与经验》，《学理论》2013年第3期。

愿者参与志愿服务的状态、收获、反思等,总结出志愿者参与志愿服务的动机。又如,张冰的《大学生持续性志愿服务行为影响因素》、蒋巍的《中国志愿者服务动机结构研究——基于广东省志愿者的问卷调查》都采用问卷调查方法,对大学生志愿服务的现状、动机和影响因素进行了统计分析。

(四) 关于大学生志愿精神培育的相关研究

从文献研究情况来看,当前国内学者对大学生志愿精神培育方面的研究不多,主要集中在以下两个方面。

1. 关于大学生志愿精神存在问题及其原因分析的相关研究。李倩在《大学生志愿精神培养的路径探析》中从学校、家庭、社会等方面进行阐述。[1] 郑朝静认为大学生志愿精神培育存在志愿行动保障不足、志愿者能力欠缺、志愿组织管理欠缺等方面的问题,应该从发展经济、推进民主、提高志愿组织和志愿者素质方面来研究培育大学生志愿精神。另外,有的学者是从微观角度入手,例如从大学生本身出发阐述大学生志愿服务精神缺失的原因,即缺乏严密的组织体系与监管体系、行政管理思维模式的束缚、缺乏专门培训与指导以及志愿者本身内动力不足等原因。[2] 学界对志愿精神缺失的原因研究较多,有学者从发展经济、推进民主、提高志愿组织和志愿者素质方面来研究。张洪彬提出要从高校志愿组织、社会、家庭和志愿者四个方面来加强志愿精神的培育。

2. 关于志愿精神培育路径研究,学者们从不同层面提出了观点,总的概括如下:一是从政府层面提出,政府应加强志愿精神的制度保障、机制保障和法律保证等,建立政府与社会协同机制,建立必要的激励制度,并加强社会主义核心价值观教育,营造志愿服务氛围;二

---

[1] 李倩:《大学生志愿精神培养的路径探析》,硕士学位论文,山西财经大学,2013年。
[2] 谌明举:《当代大学生志愿者活动存在的问题及解决对策研究》,硕士学位论文,华东师范大学,2010年。

是从志愿组织层面提出，加强志愿组织管理、培训和激励机制的建设；三是从志愿文化发展方面，通过积极建立志愿文化，促使志愿文化成为志愿精神培育的有效途径；四是从家庭环境层面，建设良好家风，构建和谐的家庭环境，进行志愿精神培育；五是以志愿服务为载体的社会主义核心价值观培育路径，注重与大学生自身心理特点的契合性、志愿服务时间的持续性、管理方式的创新性以及长效机制的创建，如伍廉松的《论高校志愿服务的实践育人功能及其促进策略》、杨军等的《志愿服务视阈下的大学生社会主义核心价值观培育理路》等。

二　国外研究现状与述评

早在19世纪初，国外志愿服务逐步发展起来。西方宗教的慈善服务便是志愿服务的萌芽。西方慈善活动主要由宗教教会推动起来，宣传和招募志愿者从事救助贫民、帮助老弱病残、照顾孤儿等社会服务相关的活动，在一定程度上推动了社会的进步和发展。非宗教志愿服务也在其特定的环境下产生。国外最早的志愿服务发生在英国。例如，在伦敦成立了"慈善组织会社"，以协调政府和各民间组织的慈善活动，也为了困难群众互帮互助。

随着志愿服务在国外的快速发展，国外学者关于志愿服务立法、志愿者培训等方面展开了丰富的研究，取得了一定的成果。但国外关于志愿服务的研究较多，对志愿精神的内涵和培育研究得较少。主要包括以下几点。

（一）对于志愿服务的研究

在西方学者看来，志愿服务起源于基督教的慈善活动。基督教的博爱精神宣扬上帝的爱，上帝的爱是爱人如己，对一切人的爱，人对人的同情、怜悯和慈悲是慈善行为和志愿服务产生的情感和精神基础。例如，学者认为孔德、斯宾塞的利他观是西方志愿服务的思想基础；有学者认为志愿服务是"第三域"，提出志愿服务即"第三域"是用来协调政府（第一域）和社会组织（第二域）的空白地带。美国《社会工作百科全书》第19版指出，关于志愿服务的捐助制度、志愿者管理制度等社会工作，已经是西方国家重要的职业，美国已把社会工作作为一种专业。该书明确规定了志愿服务招募与管理等制度。美国彼得·德鲁克认为志愿服务具有育人功能，他认为，志愿服务活动不仅能够帮助他人，服务社会，同时也能够提升志愿者本身的素质，提高其全方位素质，具有一定的育人功能。Clary在文章中对志愿行为的六种功能进行了划分，分别是：增强、理解、价值、职业、社会和保护。[①] Peter Graefe认为非营利组织在志愿服务活动中的作用明显，从成本角度来看，非营利组织提供的服务往往比较廉价，是福利国家机构的主要来源。[②] 国外学者还出版了一些关于志愿服务的著作，如2018年美国罗伯特·S.奥格尔维主编的《志愿服务、社区生活与伦理道德》。

（二）对于志愿精神的研究

学者们从不同的角度对志愿精神进行了研究阐释。托克维尔在《论美国的民主》一书中把美国各种民间社会置于美国历史背景、思维方式、传统习俗中考察研究，以此来论述各种西方社会思潮、传统习俗与西方志愿精神的关系。马克斯·韦伯指出，基督教提倡节约，重视道德，而人民的慈善意识、志愿精神都是在宗教伦理教义的指引下而展开的。

（三）对志愿精神培育的研究

西方注重对社会公民，尤其是青少年志愿精神的培育，把志愿服务作为对公民教育的重要渠道。美国学者Weisbrod认为志愿精神的产生需要特定的环境，所以志愿文化的建设和社会志愿服务氛围的营造

[①] Clary, E. G., Snyder, M., Ridge, R. D., et al.,"Understanding and Assessing the Motivations of Volunteers: Afunctionalap Proach", *Journal of Personality and Social Psychology*, 1998, pp. 1516 – 1530.

[②] Peter Graefe, "Personal Services in the Post—Industria Economy: Adding Nonprofits to the Welfare Mix", *Sociapolicy & Administration*, 2004, p. 5.

非常重要。因此,在社会上要广泛开展志愿精神宣传,形成志愿服务氛围。国外还非常重视志愿服务的教育工作,将其纳入小学、初中、高中和大学的课程体系中,以此增强青少年的素质和能力,增强社会责任感。西方研究志愿服务的学者较多,而对志愿精神培育的研究较少,可以借鉴的研究成果也不多。

综上所述,国内外学者在志愿服务和大学生志愿精神方面的研究取得了不少成果,主要包括以下几点:学者们对志愿精神的内涵、特点和社会功能进行了分析和阐述;对大学生志愿服务动机和存在的问题进行了大量的研究和分析;梳理了志愿精神的历史发展渊源和脉络。但其研究还存在一些不足之处,其一,学界对志愿服务的组织、管理、运行等的研究过多,真正对志愿精神的研究还处于起步阶段;其二,对志愿服务存在的问题还停留于表面的分析,没有深挖志愿精神的内涵意蕴,对如何培育志愿精神还不能全盘和系统地考虑;其三,对影响志愿精神培育的因素分析也不系统、不全面,对支持志愿精神的社会系统缺乏整体性的研究。

第三节 新时代大学生志愿精神培育研究的思路与方法

本书综合运用多种研究方法,立足于我国新的历史方位,回应时代问题,在分析新时代大学生志愿精神培育的特点、意义、理论基础的基础上,剖析新时代大学生志愿精神培育困境的表征及其归因,进而在对策层面上深入探索新时代大学生志愿精神培育的内容、培育的机制和培育的途径,这构成了本书的整体内容。

一 新时代大学生志愿精神培育的研究思路

新时代大学生志愿精神培育的研究必须立足于我国新的历史方位,回应时代问题,遵循"是什么—为什么—怎么做"的研究逻辑,遵循大学生志愿精神培育的"认知—情感—意志—行动"规律，从历史、理论、实践三个逻辑层面依次展开，分别对新时代大学生志愿精神培育的特点与意义、理论基础、困境、内容、培育的机制和培育的途径进行探讨，形成了以下布局和主要内容。

第一，研究何以培育新时代大学生志愿精神，包括本书的绪论、第一章和第二章。绪论部分。运用文献研究法对新时代大学生志愿精神培育的研究现状进行细致、认真的梳理，把握学术界对相关论题的研究动态，为本研究积累学术资源，确定研究的重点和难点。第一章，新时代大学生志愿精神培育的特点与意义。在对新时代大学生志愿精神培育的内涵进行科学界定的基础上，详细地探讨新时代大学生志愿精神培育的特点、意义，为论题研究构筑逻辑起点。第二章，新时代大学生志愿精神培育的理论基础。梳理古今中外志愿精神培育理论，为新时代大学生志愿精神培育研究提供理论依据和思想借鉴。马克思主义人学理论、劳动观、实践论是新时代大学生志愿精神培育的理论指导。中国共产党人关于志愿精神培育的思想是新时代大学生志愿精神培育的思想指导。古希腊时期的友善观、西方近代启蒙时期的博爱思想、西方现当代思想家的公益理念为新时代大学生志愿精神培育提供了思想借鉴。新时代大学生志愿精神的培育更要从中国传统儒家的"仁爱"思想、墨家的"兼爱"思想、道家的"积德行善"思想中汲取营养。

第二，研究为何要培育新时代大学生志愿精神，主要是本书的第三章和第四章。第三章，新时代大学生志愿精神培育的现状调研。新时代大学生志愿精神培育的研究必须敢于直面现实问题，通过对32所高校11448份问卷调查数据的统计分析，看到新时代大学生志愿精神培育的成绩，也发现新时代大学生志愿精神培育存在的问题是高校对志愿精神培育重视不够；志愿服务缺乏有效的物质保障；志愿组织的管理制度不够完善；大学生对培育活动的参与不足等。从主观和客观两方面剖析存在问题的归因，为改进和加强新时代大学生志愿精神培育提供现实依据。第四章，新时代大学生志愿精神培育的内容。新时代必然要给大学生志愿精神培育内容赋予时代注释。通过研究发现新时代大学生志愿精神以"扶危济困、淡泊名利、责任担当"的奉献精神为主要内容，以"尊老爱幼、善待他人、爱心善意"的友爱精神和以"助人自助、守望相助、互帮互助"的互助精神为核心要素，以促进社会崇德尚美新风、凝聚向上向善力量和勇于开拓进取的进步精神为最终实现结果。

第三，研究如何培育新时代大学生志愿精神，主要是本书第五章、第六章。第五章，新时代大学生志愿精神培育的机制。新时代大学生志愿精神培育机制是指新时代大学生志愿精神培育系统的各要素之间相互联系、相互作用的过程和方式，分为内生机制、运行机制、激励机制和保障机制等方面。建立和健全志愿精神培育机制是增强新时代大学生志愿精神培育实效性、持久性和稳定性的有力保证。第六章，新时代大学生志愿精神培育的途径。大学生志愿精神的培育是一个从志愿精神"认知—情感—意志—行动"的过程，新时代大学生志愿精神培育的途径必须始终把志愿精神培育贯穿于高校人才培养的全过程，通过发挥课堂教学的主导作用、营造校园文化的育人环境、夯实志愿服务的活动载体、强化网络空间的正面引导四个方面来进行培育。

二 新时代大学生志愿精神培育的研究方法

本书以马克思主义唯物史观为指导，坚持理论与实践相统一，采用的研究方法如下。

（一）文献研究法

文献研究法是学术研究的基本方法。本书文献研究主要集中于以下两方面：一是借助图书馆和数据库资源，对国内外公开出版的书籍、期刊论文、硕博士学位论文、报刊资料等相关研究的阅读，总结已有研究成果与不足之处，为本书的研究打下基础；二是收集和整理相关政策法规与制度、政府部门的相关调查报告,为本研究找到政策依据。

(二) 比较分析法

对于新时代大学生志愿精神培育研究,比较分析法主要包括两个维度:一是纵向维度,通过对不同历史时期志愿精神培育的背景、内容、特点的比较研究,总结出可以借鉴的经验;二是横向维度,对比东方和西方志愿精神培育理论,找出大学生志愿精神培育的理论借鉴和相似之处。

(三) 实证调研法

新时代大学生志愿精神培育的研究必须敢于直面现实问题。必须通过第一手资料才能了解新时代大学生志愿精神培育存在的问题。本书通过网络问卷调查的形式进行部分实地调研,问卷涉及湖北、湖南、江西、海南、四川、山东等省份的11448位大中专院校专科生、本科生、研究生,根据答题时间,对少于180秒的样本予以剔除,保留最终样本10303份,有效回收率为90%。这些学生来自985高校、211高校、普通本科院校和专科院校共32所高校。通过对问卷的整理分析,剖析新时代大学生志愿精神培育困境的表征及其归因,为研究新时代大学生志愿精神培育的机制和途径提供现实依据,提高了研究的实效性,增加了理论的实用性。

第一章　新时代大学生志愿精神培育的特点与意义

科学把握新时代大学生志愿精神培育的内涵与意义，剖析新时代大学生志愿精神培育的特点，既是新时代大学生志愿精神培育问题研究的逻辑起点，也是有效开展大学生志愿服务活动的理论前提。

第一节　新时代大学生志愿精神培育的内涵

大学生作为中国志愿服务活动的主力军，在推动我国志愿服务事业建设、不断提高公民素质过程中发挥着重要的作用。新时代大学生志愿精神培育要将志愿精神融入实现中国梦的伟大进程中去把握。对于新时代大学生志愿精神培育的研究，必须先解决相关前提性问题：何为志愿精神？志愿精神培育的含义是什么？才能厘清新时代大学生志愿精神培育的内涵。

一　志愿精神的含义

界定志愿精神的内涵，首先要从界定相关概念开始，特别要对概念进行元分析，有助于理解志愿精神的实质，认清志愿精神的真实面目。

（一）志愿的内涵

志愿精神是一个复合词，由"志愿"和"精神"构成。要理解志愿精神的内涵，首先要理解"志愿"的含义。"志愿"由"志"和"愿"组成，需对它们的词义分别进行研究。《辞海》中"志"的解释有如下几种：一是意向；二是记在心里；三是记号；四是记载的文字；五是称轻重，量长短、多少；六是姓。"愿"的基本字义有三种：一是乐意、想要；二是希望；三是老实谨慎、恭谦。愿，本义为谨慎，现译为心愿，愿望。

"志愿"是从英文 Volunteer 翻译而来，志愿在《辞海》里的解释有两种意思。一种是志向、意愿。王羲之在《与谢万书》中说道：老夫志愿，尽于此也。《金史·王若虚传》："东游泰山，至黄岘峰，憩萃美亭，顾谓同游曰：'诚得终老此山，志愿毕矣。'"[1] 二是出于自愿，如志愿军。"志愿"不仅仅是指意愿和志向，也指行动的自愿性，否则就会忽略了行动的自愿性。志愿概念是从慈善概念中独立出来的。志愿属于现代词汇，在西方，志愿不仅体现着奉献的精神，也强调公民自觉、无偿地贡献自己的时间、精力、技术等来表达对公共事务的关切。

（二）志愿精神的含义

"精神"在《辞海》里的解释有以下意思：（1）与"物质"相对。唯物主义认为是意识的同义概念，通常指人的思维、情感等内心世界有意识的行为，也含其他心理活动和无意识的行为。（2）神智或心神。（3）精力或活力。（4）神采或韵味。（5）内容实质：传达会议精神；领会文件的精神。广义的精神包括一切有意识的活动。狭义的精神指反映事物的本质、发展趋势的意识。

志愿精神是精神存在的特殊样式，是体现在志愿者、志愿服务之中的内在精神特质。学术界从很多方面对志愿精神概念进行界定，张

---

[1] 杨坚：《二十五史精华》第 4 册，岳麓书社 1989 年版，第 143 页。

耀灿认为:"志愿精神是指个人或群体在不受名利驱动、不取物质报酬的前提下,自觉自愿参与社会生活和公益服务、促进社会发展和人类进步事业所体现出的坚定的人道主义信念、强烈的社会责任感和乐于奉献的崇高伦理精神。"① 联合国前秘书长科菲·安南曾指出:"志愿精神的核心,是服务和团结的理想,是共同使这个世界变得更加美好的信念。"② 志愿精神的实质,是人们基于一定的公共意识、关怀意识(利他精神)、责任意识、参与意识、合作意识和奉献意识——当然还有一定的个人偏好(例如自由、自愿、追求生命的意义和价值)基础之上的自觉努力。③ 志愿精神是志愿者在志愿服务的社会实践中逐渐形成的具有普适性价值的规范、原则和理念的统称。④

学者对志愿精神进行多维的解释,联合国志愿人员组织从人文价值角度认为,志愿精神是一种人生积极态度,包括对生活、生命、社会和人类等的态度;曹刚等从伦理学角度解析:"志愿精神是以自愿、无偿和公益为特征的伦理精神,其实质可以理解为一种服务社会即'利他'与自我完善即'为己'之间的中道,即志愿者通过志愿服务来追求'为己'与'利他'的和谐,从而将促进公益与自我实现结合为一的价值取向。"⑤

综上所述,学界从不同视角对志愿精神内涵进行了界定,尽管是仁者见仁智者见智,但仍有些基本共识:志愿精神以自觉自愿为前提;志愿精神的本质是无私利他;促进人类发展和社会进步是志愿精神的根本目的;志愿精神的内在表现是责任意识。笔者认为,志愿精神是一种个人或团体心甘情愿地无偿为他人和社会服务,促进社会进

---

① 张耀灿:《关于弘扬志愿精神的几个问题》,《思想政治教育研究》2011年第5期。
② 转引自李自根《志愿服务二十年》,广州出版社2017年版,第113页。
③ 陈学明:《中国青年志愿者行动与和谐社会构建》,《中国青年政治学院学报》2006年第2期。
④ 陶倩:《当代中国志愿精神的培养研究》,上海人民出版社2013年版,第4页。
⑤ 曹刚、任重远:《为己与利他的中道——志愿精神的伦理解读》,《广西民族大学学报》(哲学社会科学版)2009年第3期。

步和人类发展的一种精神形式,体现着利他的社会理念和强烈的社会责任意识。

顾名思义,大学生志愿精神是大学生在大学学习生活中呈现出的志愿精神,它不仅具有一般志愿精神的内涵,更具有大学生群体的独特性。大学生志愿精神是在校大学生群体以公共利益为价值导向,以"奉献、互助、友爱、进步"为核心,以志愿服务活动为践行载体,将知识、技能服务于受助群体所呈现出的一种可贵的精神品质。

二 志愿精神培育的含义

只有理解志愿精神培育的含义,才能准确把握新时代大学生志愿精神培育的内涵。现代汉语中,对"培育"的基本释义有三种:一是培养幼小生物,使其发育成长;二是使某种感情得到发展;三是培养教育。志愿精神培育中的"培育"意思为培养教育。一般而言,现代汉语中对培养的理解为,培养是指以适宜的条件促使其发生、成长和繁殖,也指按照一定的目的长期地教育和训练,使其成长。在《宋史·苏轼传》中写道:轼之才,远大器也,他日自当为天下用。要在朝廷培养之。教育家陶行知在《新学制与师范教育》中认为:总之,教育界要什么人才就培养什么人才。上述都表达了培养是按照一定的目标长期教育和训练。

对"教育"的定义,各国学者认识不同。美国著名学者杜威认为:教育即生活。英国哲学家斯宾塞认为:教育为未来生活之准备。中国学者李壮认为:教育是强迫或引导被教育者接受特定的知识、规矩、信息、技能、技巧等。汉语中"教育"一词,始见于《孟子·尽心上》:"君子有三乐,而王天下不与存焉。父母俱存,兄弟无故,一乐也;仰不愧于天,俯不怍于人,二乐也;得天下英才而教育之,三乐也。"[①] 许慎在《说文解字》中解释:教,上所施,下所效也;

---

① (战国)孟子:《孟子选注》,周满江译,漓江出版社2014年版,第166页。

育，养子使作善也。"教育"成为常用词，则是在19世纪末20世纪初的事情。现代汉语中"教育"一词的通行，与中国教育的现代化联系在一起，反映了中国教育话语由"以学为本"向"以教为本"的现代化转变。教育也是一种教书育人的过程，可将一种最客观的理解教予他人，而后在自己的生活经验中生成自己所认为的价值观。教育，是一种提高人综合素质的实践活动。

《辞海》中"教育"的概念：广义指以影响人的身心发展为直接目的的社会活动，狭义指由专职人员和专门机构进行的学校教育。教育随社会的产生而产生，是作为个体的人与社会发展必不可少的手段，为一切社会所必需，又随社会的进步而发展；受社会政治、经济、文化等方面的制约，也对社会整体及其诸多方面产生影响，还受制于个体的身心发展规律。我国社会主义的教育是建设中国特色社会主义和促进个人全面发展的有力工具。现代社会经济和科学技术的高度发展，提出了教育终身化的要求，教育在社会发展中的作用日益突出。这说明教育的主体是学校，而且提倡终身教育，认为人要终身受教。

志愿精神培育是培育主体运用理论与实践的方法使"奉献、友爱、互助、进步"的志愿精神内化于心、外化于行的一种教育过程。志愿精神是一种个人或团体心甘情愿地无偿为他人和社会服务，促进社会进步和人类发展的一种精神形式，体现着利他的社会理念和强烈的社会责任意识。改革开放以来，我国社会政治、经济、文化等各个方面都发生了急剧的变化，在这个"社会转型"期出现了一系列社会问题，如失业问题、贫富分化等问题。究其原因，是由市场失灵和政府失灵所致。如何应对社会转型中的"两个失灵"问题？有学者提出了"第三次分配"的概念，即基于道德信念而进行的收入分配。其目的在于通过动员社会力量，建立社会救助、民间捐赠、慈善事业、志愿者行动等多种形式的制度和机制，对市场及政府的服务不足予以补充，这是出于责任的分配方式。弘扬志愿精神，推进志愿服务，有助于缓解社会分工和社会不公等问题，促进不同社会群体、社会阶层之间的沟通和了解，从而弥补市场和政府服务的不足，促进社会公正的实现。"奉献、友爱、互助、进步"的志愿精神集中体现了社会主义核心价值观的要求。

三　新时代大学生志愿精神培育的含义

要准确把握新时代大学生志愿精神培育的内涵，需要先界定新时代的含义，并充分把握新时代大学生的特点。只有明确了这一概念展开的时代背景、时代要求和时代条件，了解其培育对象所应遵循的规律，才能更好地阐释新时代大学生志愿精神培育的含义。

（一）新时代的含义

"时代"简明解释是时期的意思，一是指在历史发展过程中，按照政治、经济、文化等发展水平状况为依据而划分的某个时期；二是指个人生命中的某个时期。本书中的"时代"为第一种含义。"新时代"中的"新"是相对于旧时代而言，表明时代进步的"新的时代"，社会生产力得到充分发展是时代进步的最主要标志。习近平总书记指出："经过长期努力，中国特色社会主义进入了新时代，这是我国发展新的历史方位。"[①] 在新时代，我国社会的主要矛盾也会发生变化，这揭示了我国发展状况和人民生活状况出现新的阶段性特征。从严格意义上来说，新时代的时间起点应从党的十九大召开算起。然而，中国特色社会主义进入新时代，是表明我国从"未发展起来"时期进入"发展起来以后"时期。"发展起来以后"时期是"未发展起来"时期发展历程的延续，在新旧两个时代交替的过程中，往往会出现一个过渡时期，这一过渡期就是党的十八大以来，以习近平同志为核心的党中央高举中国特色社会主义伟大旗帜，迎来了中国特色社会

---

① 习近平：《决胜全面建成小康社会　夺取新时代中国特色社会主义伟大胜利——在中国共产党第十九次全国代表大会上的报告》，人民出版社2017年版，第10页。

主义事业新的发展,呈现了新气象和新起点。从这点来看,"新时代"时间起点可以从党的十八大召开的时间算起。

党的十九大报告用五个"是"表述了新时代的特征。新时代具有延续性,新时代拥有丰厚的历史脉络,它是5000多年的中华民族文明史、近代以来中华民族由衰到盛的奋斗史、100年党领导人民进行的伟大社会革命史、70多年的中华人民共和国发展探索史、40多年的改革开放伟大实践史。新时代标志着中国特色社会主义从"富起来"的阶段进入"强起来"的阶段。要实现"强起来"的奋斗目标,即在中国共产党成立100周年时,要全面建成小康社会;到2035年基本实现社会主义现代化,再从2035年到2049年新中国成立一百周年时,要把我国建设成为社会主义现代化强国。新时代具有人民性。新时代凸显了以人民为中心的发展思想,以促进人民幸福、实现全体人民共同富裕为发展目标。新时代又具有世界性,从新时代的空间坐标来看,突出了中国在世界现代化进程中的地位和作用。面对世界百年未有之大变局和中华民族伟大复兴中国梦的战略布局,中国积极倡导构建人类命运共同体,始终做世界和平的建设者和贡献者,以中国智慧向全世界人民提出了解决问题的中国方案,为人类的进步和发展作出新的贡献。

(二)新时代大学生的特点

新时代大学生处在世界多极化、经济全球化、文化多元化、信息社会化的时代环境中,在中国改革开放40多年带来的社会进步和发展过程中成长,大部分是"95后"青年且大多为独生子女。当前,中国特色社会主义进入新时代,中国社会的主要矛盾发生了变化,互联网高速发展,新一轮科技革命和产业革命的到来,多元价值观的存在,这些都会影响新时代大学生的思想和行为。

1. 在心理上,新时代大学生普遍以自我为中心,个性比较强,有强烈的自主意识,追求思想独立。新时代大学生正处于青年时期,其心理还未完全成熟,这个时期的大学生,就是要让自己的心理尽快成熟，具有这个时期所特有的心理现象。比如，自我意识越来越稳定和成熟，具有一定的独立性，有强烈的好奇心和求知欲，喜欢接受新事物；自尊心强，心理素质差，抗压能力不够，在遇到困难时一般会不知所措。这些都是因为新时代大学生家庭条件好，家里又只有一个孩子，家庭氛围比较和谐，父母与子女间是朋友关系，氛围比较民主、开放。这一时期的孩子普遍比较自信乐观、很有主见、崇尚自由，这是较好的。但是，家里人过分宠溺，并受社会不良思潮的影响，造成他们普遍有以自我为中心的心理特征。

2. 在思想上，新时代大学生整体表现出积极健康向上的一面。比如，他们人生态度积极，大部分新时代大学生能正确处理个人理想与社会理想的关系，有奉献精神；高度认同社会主义核心价值观；政治立场坚定，有强烈的民族自豪感和社会责任感等。但是，享乐主义倾向也存在。新时代大学生还具有务实的特征，实用主义现象也存在。

3. 在认知上表现为综合认知和碎片化认知。新时代大学生处于社会转型和信息技术高速发展的背景下，有其共性特征，也有其个性特征。在共性上表现为碎片化认知和综合认知。碎片化认知是伴随网络信息爆炸而产生的对事物的某一方面和某一要素而非整体的一种简单的认知。所谓综合认知，就是能辨别传统与现代、东方和西方不同价值中最好的成分，并将其融为一体的一种认知方式。在个性上，他们思维敏捷，善于接受新知识、新思想，辩证思维能力高度发展，能全面分析问题，敢于发表自己对事物的看法和意见，不迷信权威，勇于探索和创新；但缺乏理性思维，辨别力薄弱。

4. 在情感意志上，新时代大学生内心情感丰富，自我情感体验意识强，但容易激动和情绪化，情绪不稳定。新时代大学生非常热爱生活，注重自己的感受和想法，但缺乏实际付出；想法和梦想很多，但缺乏吃苦耐劳的精神，自我管理和自我定力不足，不能坚持不懈地努力；竞争意识强烈，但缺乏价值理性。

5. 在生活上，有很强的网络依赖性。随着互联网的飞速发展，新时代大学生沟通方式、生活方式、学习方式等都发生了变化,网络已经渗透到学生学习、生活和工作的各个方面。网络给人们提供了各种各样的信息、有趣的游戏、发表自由言论的平台等。大学生可以通过网络获得各种资源、娱乐消费、聊天交友等,在网上发泄情绪、交流沟通、解决困惑等。网络一方面加强了人与人之间的沟通,另一方面也减少了人与人面对面的沟通机会,致使部分大学生的生活变得很"宅"。新时代大学生对网络的依赖性很强,有的学生甚至沉迷于网络的虚拟世界中。

(三)新时代大学生志愿精神培育的界定

"新时代大学生志愿精神培育"是相对严谨和规范的学术词汇。大学生志愿精神培育是指通过引导大学生参与志愿服务活动,深刻领悟"奉献、友爱、互助、进步"所蕴含的真正深刻内涵。本书认为,新时代大学生志愿精神培育是指在中国特色社会主义新时代,高校贯彻落实党和国家弘扬志愿精神培育和立德树人根本要求,根据新时代中国特色社会主义现实条件和新时代大学生实际,遵循志愿精神的生成发展逻辑和大学生志愿精神品质形成发展规律,有目的、有计划、有组织地联动社会对大学生施加教育影响,着力加强大学生对志愿精神的理论认知,培养大学生对志愿精神的情感认同和坚定信念,增强大学生弘扬和践行志愿精神的主动性和自觉性,使大学生具有"奉献、友爱、互助、进步"精神,成为堪当实现中华民族伟大复兴中国梦的时代新人。

党的十九大报告指出:"这个新时代,是承前启后、继往开来、在新的历史条件下继续夺取中国特色社会主义伟大胜利的时代,是决胜全面建成小康社会、进而全面建设社会主义现代化强国的时代,是全国各族人民团结奋斗、不断创造美好生活、逐步实现全体人民共同富裕的时代,是全体中华儿女勠力同心、奋力实现中华民族伟大复兴中国梦的时代,是我国日益走近世界舞台中央、不断为人类作出更大贡献的时代。"① 上述五个"是"从延续性、实践性、人民性、民族性、世界性五个维度表述了新时代的特征。

新时代大学生志愿精神培育要深刻领会习近平总书记在党的十九大报告中关于志愿服务制度化建设重要性的意义，坚决贯彻习近平总书记关于志愿服务必须遵从规范意识、责任意识和风险意识的指示。贯彻落实习近平总书记对志愿服务工作的指示，一方面要把培育大学生志愿精神置于培养社会主义事业建设者和接班人的高度予以重视，并清晰认识到大学生志愿精神培育对大学生个人的全面发展、社会良好风气的养成的重要性；另一方面从理论引导、制度设计和实践养成等多个维度进行顶层设计，尤其是要在制度上实现大学生志愿精神培育逐渐走向整体化、规范化和常态化，营造"我为人人、人人为我"的大学志愿文化氛围。

新时代大学生志愿精神培育应结合时代内容，回应时代问题。新时代大学生志愿精神培育的研究要根植于实现中国梦的伟大进程中去探讨。开展新时代大学生志愿服务工作，要合乎时代潮流，顺应人民意愿，做到正确认识大局、自觉服从大局、坚决维护大局。坚持以培育和践行社会主义核心价值观、满足人民群众日益增长的社会服务需求为出发点，充分发挥志愿精神对大学生思想道德素质的引领与塑造作用，培养大学生勇于担当、乐于奉献的精神，通过志愿服务，引导大学生成为中国特色社会主义建设的骨干力量。

新时代大学生志愿精神的培育要坚持改进与加强的原则。针对实践中存在的对志愿精神认知上存在偏差、培育机制不完善、培育效果不够理想等问题，切实遵循内化与外化的规律，遵循知行合一的规律，提升大学生志愿精神认同感，不断加强自身建设，以能力建设为基础，以建立健全政策制度、完善体制机制、增强法律保障为重点，

---

① 习近平：《决胜全面建成小康社会　夺取新时代中国特色社会主义伟大胜利——在中国共产党第十九次全国代表大会上的报告》，人民出版社2017年版，第10—11页。

积极扶持发展志愿服务组织。

第二节 新时代大学生志愿精神培育的特点

大学阶段是大学生处于从未成年人到成年人的转化时期，也是其人生观、价值观塑造的关键时期。无论是对志愿精神的认知，还是志愿活动的参与，都依赖于学校培育。本书探讨的是大学生志愿精神培育，它与广义的志愿精神培育有共性，但也有其特殊性。时代性、组织性、制度性、定向性和实践性是新时代大学生志愿精神培育体现的特征。

一 时代性

新时代大学生志愿精神培育的时代性主要是指培育内容的时代性和培育方法的时代性。

（一）培育内容的时代性

马克思主义认为："每一个时代的哲学作为分工的一个特定的领域，都具有由它的先驱传给它而它便由此出发的特定的思想材料作为前提。"[1] 习近平总书记在党的十九大精神研讨开班式上明确指出："这个新时代是中国特色社会主义新时代，而不是别的什么新时代。"[2] 因此，新时代大学生志愿精神培育必须从大处着眼，站在新的历史方位，在改革发展的大局中来谋划和推进，进一步明确新时代中国特色志愿服务事业在"五位一体"总体布局中的重要位置、历史责任和重点工作，完善新时代大学生志愿精神培育的整体实施路径。

志愿精神会随着时代的发展而具有新的内涵，因而它具有时代

---

[1] 《马克思恩格斯选集》第4卷，人民出版社2012年版，第612页。
[2] 人民日报社评论部：《论学习贯彻习近平总书记"1·5"重要讲话》，人民出版社2018年版，第3页。

性。新时代大学生志愿精神培育需要着眼于党建引领和"以人民为中心"的发展定位，遵循"四个全面"战略布局，坚持用正确的发展理念指引新时代大学生志愿精神培育的方向。新时代大学生志愿精神培育要以培养民族复兴大任的时代新人为目标，新时代志愿服务开展要凸显人民的立场，着力提升人民群众的获得感。新时代大学生志愿精神培育也要牢牢把握志愿精神的时代内涵。

（二）培育方法的时代性

新时代大学生志愿精神培育方法的时代性，一是体现在网络媒体的应用。21世纪是全球化、网络化、信息化的时代，新时代大学生有很强的网络依赖性，大部分大学生通过网络交友、网络沟通、在网上发泄情绪，在网上进行学习和生活，网络已经渗透到学生学习、生活和工作的各个方面。信息网络正改变着大学生的生存方式、工作方式和交往方式，并给新时代大学生志愿精神的培育既带来了机遇，也带来了一定的挑战。因此，在新时代大学生志愿精神培育过程中，必须利用网络空间，强化内容建设，丰富公益活动，营造舆论氛围。二是要注重学校和社会协同育人。学校与社会要协同培育新时代大学生志愿精神。中国教育源远流长，古有"教，上所施下所效也。育，养子使作善也"之释义，亦有"养不教，父之过；教不严，师之惰"之民间训诫，很早就注重学校家庭社会共育后代的责任关系，成为维系中华文明绵延不绝的价值理念之一。新中国成立以来特别是改革开放以来，传承弘扬中华优秀传统文化，愈加融入社会主义精神文明建设进程，践行社会主义核心价值观，增强中华民族凝聚力，学校、家庭、社会的相互配合显得格外重要。随着志愿服务事业的发展，高校已把志愿服务纳入高校德育与人才培养计划中，志愿服务参与度越来越高，政府也出台了相应的政策和法规来规范志愿服务行为。奉献、友爱、互助、进步的氛围对培养大学生成长成才起着积极的促进作用。

二 组织性

组织即团体，大学生志愿者是志愿者队伍中的一个特殊群体。其志愿精神培育在培育载体和培育活动的方面具有显著的组织性。

（一）培育载体的组织性

志愿精神培育的载体是志愿服务组织。从20世纪70年代开始，有组织的志愿活动开始在全球范围内蓬勃兴起，志愿服务组织也逐渐成为现代社会的一支活跃力量。对志愿组织的另类称呼有很多，如第三部门、非政府公共部门、慈善组织等。有学者认为："志愿组织（在英国极少使用'非营利部门'这一词）为集体名词，指具有社会性目标而在会员中不进行利益分配的各种正式或非正式组织。慈善机构、社会组织、志愿组织、社会企业以及一些互助组织均属此列，它们都不以营利为目的。"[①] 联合国将志愿服务组织定义为：公民所成立的地方性、全国性或国际性的非营利、志愿性组织。广义上的志愿服务组织是指以志愿参与为特征、以公益产权为基础、主要开展公益性或互益性活动的非营利组织。狭义的志愿服务组织是指依法在民政部门登记注册、专门从事志愿服务的公益性社会团体。《志愿服务条例》明确规定：志愿服务组织是指依法成立，以开展志愿服务为宗旨的非营利性组织。现代的志愿组织形式多样，领域宽广，涉及环境保护、公共福利、教育、医疗、弱势人群关注等领域。

大学生志愿组织是以大学生志愿者为行为主体，以志愿精神为动力，无偿提供志愿服务的非营利组织。大学生志愿组织是新时代大学生志愿精神培育的载体，更是推动新时代大学生志愿服务事业发展的骨干力量，大学生志愿服务组织主要包括在各高校团委成立的青年志愿者协会和各公益社团等。

---

① 王名、李勇等：《英国非营利组织》，社会科学文献出版社2009年版，第96页。

（二）培育活动的组织性

新时代大学生志愿精神的培育依托于志愿服务活动的开展。大学生志愿服务活动的组织化是大学生志愿精神培育的一个显著特点，体现了志愿者从自发自为朝着共促共进发展。组织性不排斥"非正式的志愿服务"，志愿服务组织旨在为志愿者提供一个更好的、更专业的实践平台。大学生志愿服务活动作为一项体验式的社会实践形式和一种社会化的教育活动，在高校的影响力越来越强，接受和参与的大学生越来越多。教育工作者或志愿活动的组织实施者从有利于大学生的全面成长成才出发开展志愿服务活动，保证政府和教育者的教育目标得到实现。志愿服务活动的开展必须按照一定的程序才能顺利进行。因此，新时代大学生志愿精神培育活动具有一定的组织性。

三 制度性

大学生志愿精神培育的制度性，是在大学生志愿精神培育的过程中，必须有一系列的制度保障，主要是培育机制的制度化与培育队伍的制度化。

（一）培育机制的制度化

中国志愿服务法治建设始于地方性志愿服务法规，截至2012年底，我国已相继颁布实施了34部地方性志愿服务法规。1999年《广东省青年志愿服务条例》的出台，标志着地方服务法治建设的开端。2001年，一系列国际志愿者活动的开展促进了我国志愿服务法治建设。同年，《山东省青年志愿服务规定》颁布实施，该条例首次规定捐赠人捐赠财产用于青年志愿服务活动，依法享有税收优惠；县级以上人民政府应当对青年志愿服务活动予以表彰和奖励。2002年，《宁波市青年志愿服务条例》颁布。2003年，《黑龙江省志愿服务条例》颁布实施，该条例主要特点是将志愿服务的范围从青年拓展到全民。同年，福建省、河南省都颁布了关于志愿服务的条例。随后，杭州市、成都市、湖北省、深圳市等城市都施行了地方志愿服务条例。

2008年，北京市、天津市和青岛市也先后颁布了志愿服务条例。2009年，《四川省志愿服务条例》颁布实施，该条例首次对突发事件志愿服务活动作出规范。党的十八大以来，地方志愿服务法治建设持续快速发展，这些地方志愿服务条例的出台标志着志愿服务走向法治化。

团中央、民政部等部门也出台了一系列关于志愿服务的制度性文件：1996年团中央颁布了《关于青年志愿者为大型活动提供志愿服务的暂行规定》，1999年民政部颁布了《中国青年志愿者协会章程》，2013年团中央颁布了《中国注册志愿者管理办法》，2014年中央精神文明建设指导委员会印发了《关于推进志愿服务制度化的意见》，2015年教育部印发了《学生志愿服务管理暂行办法》，2016年中宣部、中央文明办等7部门印发了《关于公共文化设施开展学雷锋志愿服务的实施意见》，等等。这些制度法规的出台，有力推进了志愿服务事业的发展。

2016年9月1日，《慈善法》正式施行，这是我国首部慈善领域的专门法律。《慈善法》第六十一条将"慈善组织和其他组织以个人基于慈善目的，向社会或者他人提供的志愿无偿服务以及其他非营利服务"界定为慈善服务，因此慈善服务也是志愿服务，《慈善法》成为我国志愿服务组织和慈善志愿服务发展的重要法律保障。《慈善法》涉及服务的条款共有13条，分布于第一章"总则"、第七章"慈善服务"和第十一章"法律责任"。从这些法律条款来看，《慈善法》具有保障志愿者权益、规范志愿服务项目管理、提升志愿服务质量等功能，必将引领我国志愿服务事业持续深入发展。2017年，全国性法律《志愿服务条例》出台，条例对志愿服务、志愿服务组织和志愿服务活动都作出了明确的规定，为志愿服务在全社会开展提供了依据和保障。

法律制度是一切社会活动得以正常有序开展的最强有力保障。从志愿服务活动的地方性立法到全国性法律，在促进志愿服务的发展和维护志愿者的合法权益等方面都起到制度保障作用。

(二) 培育队伍的制度化

新时代大学生志愿精神培育的重要保障条件就是志愿者队伍建立。2013年12月27日，民政部发布了《中国社会服务志愿者队伍建设指导纲要（2013—2020年）》，该纲要指出："以建立健全服务体系、提升服务能力为目标，以扩大队伍规模、提高队伍素质为重点，以制度化建设为保障，加快建设一支数量充足、素质优良、结构合理、长期稳定、服务规范的社会服务志愿者队伍，不断满足人民群众日益增长的服务需求，为发展社会事业、创新社会治理、加强社会建设、促进社会和谐凝聚强大社会力量。"①

2018年，团中央提出要建设社会志愿服务队伍，不断壮大青年志愿服务力量。构建"团干部+社工+青年志愿者"队伍格局，运用社会化、市场化手段，强化品牌建设，由政府、社会、学校一起推动志愿服务的发展，志愿服务的实施单位是志愿组织，对志愿服务所要达到的目标和效果等负责，因此，志愿队伍的建设就显得尤为重要。

四 定向性

汉语中的定向一般指转向指定的方向，定向的解释是指一定的方向、目的和目标。新时代大学生志愿精神培育的定向性体现在培育内容的定向性和培育活动的定向性两方面。

(一) 培育内容的定向性

中国青年志愿者协会把中国志愿精神概括为四个方面：奉献、友爱、互助、进步。新时代大学生志愿者作为我国志愿者中的一个特殊群体，其志愿精神的内容应该更加深刻，其培育内容更具有定向性。奉献是指志愿者无私地付出行为，是志愿精神的精髓所在，通过扶危

---

① 《中国社会服务志愿者队伍建设指导纲要（2013—2020年）》，中国政府网（https://www.gov.cn/gongbao/content/2014/content_2667619.htm），2013年12月27日。

济困、淡泊名利、责任担当等精神培育，帮助大学生志愿者真正领悟奉献的精髓。志愿精神是一种友爱精神，在大学生志愿者中倡导尊老爱幼、善待他人、爱心善意。在大学生志愿者中提倡助人自助、守望相助和互帮互助，达成互助精神。进步是志愿精神的实践归宿，大学生通过参与志愿服务活动，促进社会崇德尚美新风、凝聚向上向善力量和勇于开拓进取的进步精神。

（二）培育活动的定向性

大学生志愿服务活动是由热心公益的在校大学生自觉奉献的一种社会实践活动。大学生志愿服务组织通过不断普及志愿理念、传承"奉献、友爱、互助、进步"的志愿精神，推动社会崇德尚美新风的建立和个人向上向善的发展进步。志愿服务组织属于学校第二课堂组织，旨在弘扬志愿精神，提高大学生的综合素质。志愿组织的成立就有其定向性，其开展的活动也旨在丰富校园生活，培养大学生成长成才，履行社会责任。开展的内容也具有定向性。现在高校志愿服务组织主要开展的志愿服务活动领域有：扶贫济困、扶老助残、救孤助学、大型活动、环保文化领域。通过开展爱心助学、知识普及、医疗卫生等志愿服务，帮助贫困人群减轻生活压力等。如"青年志愿者扶贫接力计划"；通过开展生活照顾、文化娱乐、法律援助等志愿服务，为有困难的特殊群体提供便利的生活环境和空间，营造共享社会美好的氛围，如"全国助残志愿服务行动""关爱空巢老人暖冬服务行动"等；通过开展学业辅导、生活料理等志愿服务，帮助留守儿童提高学习和生活自理能力等，如关爱农村留守儿童"小饭桌计划"。这些志愿精神培育活动内容具有定向性。

五 实践性

新时代大学生志愿精神培育的实践性主要包括新时代大学生志愿精神培育指向的实践性和培育活动的实践性。

(一) 培育指向的实践性

新时代大学生志愿精神培育指向是促进大学生全面发展、培养能担当中华民族伟大复兴中国梦的时代新人。最关键是他们要有崇高的理想信念和道德品质。而人的理想和思想道德素质与客观外界环境存在着密切关系，正如恩格斯所说："人们自觉地或不自觉地，归根到底总是从他们阶级地位所依据的实际关系中——从他们进行生产和交换的经济关系中，获得自己的伦理观念。"[①] 中国古代管子也说：仓廪实而知礼节，衣食足而知荣辱。人高尚的理想和道德品质不是与生俱来的，必须进行培育。新时代大学生志愿精神培育是帮助大学生形成高尚道德情操、实现自身全面发展的重要实践活动。

大学生全面发展需要完善个体人格、提升道德境界和提高各方面能力。志愿精神培育和践行可以促进大学生个体人格完善。志愿精神培育可以帮助青年学生树立正确的人生观、世界观和价值观；志愿服务活动能够培养学生按社会高尚的行为规范和价值标准衡量自身行为。大学生通过志愿服务为他人和社会提供帮助的同时，不仅使自身身心感到愉悦，收获快乐，也会净化他们的心灵，无形中提升了大学生的道德境界。大学生通过经常性参与志愿服务，不断加强自身的思想道德修养，使自己成为一个道德高尚的人。大学生参与志愿服务能促使自身学习知识技能、增进社会交往、丰富人生阅历、实现自我价值等，从各方面提升个人能力，实现自我价值。因此，新时代大学生志愿精神培育指向具有鲜明的实践性。

(二) 培育活动的实践性

《志愿服务条例》规定：志愿服务是志愿者、志愿服务组织和其他组织自愿、无偿向社会或者他人提供的公益服务。对于志愿服务的

---

① 《马克思恩格斯选集》第3卷，人民出版社2012年版，第470页。

界定，国内外学者有着不同的理解。美国学者 Barker 认为："志愿服务是为追求公共利益而提供的服务，强调对公共利益的追求。"[①] 英国学者 Bills 和 Harris 认为："志愿服务是一种有组织的利他行为"[②]，国内学者丁元竹等认为："志愿工作是为任何人自愿贡献个人时间和精力，在不为物质报酬的前提下，为推进人类发展、社会进步和社会福利事业而提供的服务。"[③]

大学生志愿服务是大学生服务社会、增长才干、实现个体价值的实践性活动。志愿者开展的是一种崇高的精神活动，在帮助他人服务社会的过程中，自身的心理和行为也得到了净化和提升。志愿服务作为人类一种崇高的精神追求，对个体精神世界的提升和良好品德的形成起着巨大推动作用。

第三节 新时代大学生志愿精神培育的意义

志愿服务在促进社会和谐与进步、推进社会共享发展方面发挥着重要的作用，是社会文明进步的重要标志。青年大学生是实现中华民族伟大复兴中国梦的建设者，新时代研究大学生志愿精神培育具有重要的意义。

一 助力学生成长成人

新时代志愿精神培育能促进大学生的全面发展，帮助学生成长成人。人的全面发展理论是马克思主义人学理论的重要内容，促进人的全面发展是新时代我国社会主义现代化建设的重要内容。根据马克思

[①] Barker, R. L., *The Social Work Dictionary*, New York: National Association of Social Work, 1998, p. 348.
[②] Bills, D., Harris, M., *Voluntary Agencies: Challenges of Organization and Management*, London: Macmillan Press Ltd., 1996, p. 287.
[③] 丁元竹、江汛清：《志愿活动研究：类型、评价与管理》，天津人民出版社 2001 年版，第 1—10 页。

关于人的全面发展的论述，人的全面发展有两个层面的含义：一是人类社会从必然王国向自由王国的过渡；二是个人在人格、智力、能力、体力和创造力的全面发展等。大学生全面发展包括个体人格的完善、道德境界的提升和综合素质能力的提高三个方面的内容。

(一) 有益于完善个体人格

人格是指个体在对人、对事、对己等方面的社会适应中行为上的内部倾向和心理特征。一个人的人格主要表现为性格、气质、价值观、动机和能力等方面的整合。一个人人格的形成受特定历史条件的影响，是人通过社会实践活动而产生的。一个人的人格涉及人的心理活动的知、情、意等方面，包括个人对社会和个人的认知能力、产生某种行为的动机、世界观、价值观等。人格是个体之间相互区别的差异所在，要实现大学生的成长成人，就需要培养大学生完善的人格。

一个人人格的完善需要不断加强对自我认识和自我的提升。志愿精神培育和践行可以促进大学生个体人格完善。志愿精神培育可以帮助青年学生树立正确的人生观、世界观和价值观，志愿服务活动能够培养大学生按社会高尚的行为规范和价值标准衡量自身行为。

(二) 有利于提升个体道德境界

青年成长成人的基础就是提升道德修养。蔡元培先生说："若无德，则虽体魄智力发达，适足助其为恶。"[①] 成才成人必先修德。人成长成人的基础是"德"，一个人只有以"德"为价值取向，做到德才兼备，才能成为祖国和社会需要的栋梁之材。习近平总书记认为青年应该具备明大德、守公德、严私德的道德品质。

个体的道德境界包括个体的思想觉悟和精神修养，一个人的道德境界水平的高低取决于个人的思想觉悟和精神修养的水平。社会中个体道德境界和精神修养会因个体人生境界的不同而有差异，但是每个人都希望自己能成为一个有良好修养的人。个人的人生境界最终由他

---

① 《蔡元培全集》第 4 卷，浙江教育出版社 1997 年版，第 328 页。

的经历和悟性所决定，也导致了个体之间存在道德境界和道德层次的差异。个体道德境界是道德个体的道德觉悟、道德品质和道德情操水平的表现，在不同的社会发展阶段，就有不同层次的个体道德境界，个体道德境界的层次或水平也各有不同，包括他律、自律和自由的道德境界；个体道德境界根据对善的行为的趋向程度不同也可划分为不同的层次。孔子将人分为小人、君子、贤人、仁人、成人和圣人等。冯友兰认为人对宇宙人生的见解不同，表示宇宙人生对人的意义也不同。因而人对宇宙人生的不同意义，即构成了人的境界。他将人生境界划分为四种，即自然境界、功利境界、道德境界和天地境界。他认为只有通过引导教育才能提升个人道德水平。

大学生参加志愿服务，在帮助他人和社会的同时，不仅使自身身心感到愉悦，收获快乐，也会净化他们的心灵，无形中提升了大学生的道德境界。"赠人玫瑰，手留余香"的志愿服务从身边周围"小善"入手，实现了"我为人人、人人为我"的大善大德，这种行善行为既服务了他人和社会，也净化、完善和提升了自己，使自己成为一个道德高尚的人。

（三）有助于大学生综合素质能力的提高

青年成长成人需要增强本领能力。习近平总书记指出青年要有真学问，练真本领。大学生参与志愿服务能促使自身学习知识技能、增强社会交往、丰富人生阅历、实现自我价值等，从各方面提升了个人能力，实现自我价值。

大学生根据个人的兴趣爱好和知识选择相应的志愿服务活动，把所学的理论知识与社会实践有机结合起来，能更好地激发其学习兴趣和创新热情。大学生在参与志愿服务实践活动中积累了实践经验，对所学专业知识有更深的理解，并在实践中锻炼了自身的技能，志愿服务是实现知与行统一的有效途径。大学生社交面窄，人生阅历简单。志愿服务提供了人与人交往的机会，大学生与社会上不同的人打交道，志愿者之间相互熟悉了解，甚至成为好朋友，各自的人际关系变得更广阔了，丰富了人生阅历。大学生在志愿服务实践活动中通过奉献自己的知识和爱心获得成就感和愉悦感，培养了担当精神。大学生参与志愿服务，有更多机会接触不同的人和事，这促使他们积极思考如何与人沟通、如何解决志愿服务活动时出现的各种情况，从而锻炼了处理问题的应变能力。这不仅使大学生内心变得更自信成熟，也会对其心态产生积极的改变，对生活更加热爱，更具有包容心。志愿服务也提供学生独立完成一项任务的机会，提高大学生独立生活和处理事情的能力。大学生在志愿服务中实现了个人理想和抱负，将自身的个人能力发挥到极致，达到自我实现的境界要求。志愿者在志愿服务中获得成就感和满足感，个体实现了自身的价值。

二　有效培养时代新人

习近平总书记指出，时代新人就是要能担当民族复兴大任的人。他认为时代新人首先是有理想、有梦想的人，是要将自己的个人梦和个人理想融入国家和民族复兴的伟大事业中的人。志愿服务是志愿精神培育的重要渠道，志愿服务已成为当代青年了解国情、社情、民情，培养公民责任意识，促进其个人成人成才的有效途径。习近平总书记指出："把青年一代培养造就成德智体美劳全面发展的社会主义建设者和接班人，是事关党和国家前途命运的重大战略任务，是全党的共同政治责任。"[①] 大学生志愿服务活动在培养人的道德修养、智力发展、劳动能力等方面发挥着重要的作用。

习近平总书记指出："要以培养担当民族复兴大任的时代新人为着眼点，强化教育引导、实践养成、制度保障，发挥社会主义核心价值观对国民教育、精神文明创建、精神文化产品创作生产传播的引领作用，把社会主义核心价值观融入社会发展各方面，转化为人们的情

[①] 习近平：《在纪念五四运动100周年大会上的讲话》，人民出版社2019年版，第12页。

感认同和行为习惯。"① 新时代大学生志愿精神与培育和践行社会主义核心价值观具有高度契合性，志愿精神培育有利于弘扬和践行社会主义核心价值观。倡导"扶危济困、淡泊名利、责任担当"的奉献精神和"尊老爱幼、善待他人、爱心善意"的友爱精神，对于公民个人层面实现诚信、友善的价值理念具有重要的作用；倡导"助人自助、守望相助、互帮互助"的互助精神有助于维护社会平等、公正，是社会主义核心价值观社会层面价值的体现；倡导"崇德尚美、向上向善、开拓进取"的进步精神，有助于促进社会的文明和谐，是社会主义核心价值观国家层面价值的体现。从道德实践方面来看，大学生志愿服务活动是培育和践行社会主义核心价值观的道德实践。弘扬"奉献、友爱、互助、进步"的志愿精神一方面有利于人们产生利他向善行为；另一方面，通过参与志愿服务，促进了社会主义核心价值观的培育和践行，奉献精神也内化为志愿者内心的道德理想和目标。作为新时代的大学生，既要从情感上认同社会主义核心价值观，更要从行为上自觉践行。志愿精神的培育集中体现了"爱国、敬业、诚信、友善"这一要求。

时代新人要勇于责任担当。志愿精神的培育需要通过志愿服务这一实践活动的开展得以发展。志愿服务作为志愿者自愿开展的社会公益活动，它的活动目标是推动社会发展，促进社会和谐稳定，帮助社会进步。虽然志愿服务的形式多种多样，但始终以城乡社区为重点，以扶危济困、责任担当为主题，在扶危济困、大型活动、环境保护、社区服务等公益事业发展过程中构建互帮互助、爱心善意，增加了和谐因素，维护了公平正义，促进了人际关系的和谐和社会的稳定。特别是改革开放以来，志愿服务有效弥补了政府在公共福利和公共资源上的不足，公益社会力量增加了社会活力。

---

① 习近平：《决胜全面建成小康社会　夺取新时代中国特色社会主义伟大胜利——在中国共产党第十九次全国代表大会上的报告》，人民出版社2017年版，第42页。

志愿精神的价值取向是促进社会和个人的进步。志愿精神的核心要素是友爱互助。志愿精神通过促进人与自身、人与人、人与社会的和谐发展，构建社会和谐的美好局面。"奉献、友爱、互助、进步"的志愿精神促进人与人的友爱互助、人与社会的和谐融合，是构建和谐社会的有力精神支持。当前，我国发展处在百年未有之大变局中，我国社会的主要矛盾发生了变化，面对社会矛盾和问题，志愿服务采取积极主动的作为态度，从自身力所能及的一些周边具体小事做起，通过这些小善积累成社会的大善，它具有通过每一个人"从我做起，从现在做起"的小善，到推动整个社会形成我为人人、人人为我的社会风气的作用，志愿精神是一种公民精神，更是一种看不见的和谐。

三　落实教育立德树人

教育是民族振兴、社会进步的重要基石，是功在当代、利在千秋的德政工程，对提高人民综合素质、促进人的全面发展、增强中华民族创新创造活力、实现中华民族伟大复兴具有决定性意义。教育的任务是立德树人。党的十八大以来，习近平总书记对教育事业特别是培养社会主义建设者和接班人工作高度重视，强调"高校立身之本在于立德树人"[1]，"要坚持把立德树人作为中心环节，把思想政治工作贯穿教育教学全过程，实现全程育人、全方位育人，努力开创我国高等教育事业发展新局面"[2]，"要把立德树人的成效作为检验学校一切工作的根本标准"[3]，"要把立德树人内化到大学建设和管理各领域、各方面、各环节，做到以树人为核心，以立德为根本"[4]，等等。

习近平总书记指出："高校思想政治工作关系高校培养什么样的人、如何培养人以及为谁培养人这个根本问题。要坚持把立德树人作

---

[1]《习近平谈治国理政》第 2 卷，外文出版社 2017 年版，第 377 页。
[2]《习近平谈治国理政》第 2 卷，外文出版社 2017 年版，第 376 页。
[3] 习近平：《在北京大学师生座谈会上的讲话》，人民出版社 2018 年版，第 7 页。
[4] 习近平：《在北京大学师生座谈会上的讲话》，人民出版社 2018 年版，第 7 页。

为中心环节,把思想政治工作贯穿教育教学全过程,实现全程育人、全方位育人,努力开创我国高等教育事业发展新局面。"① 可见,人的思想道德观念和精神境界的提升并不是一个自发的形成过程,它需要一定的知识作为储备,需要一定的精神要求作为导向,需要个体自己不断修养和提高才能提升自身的道德素养和精神境界。

志愿服务是高校思想政治教育的实践环节,是劳动教育的一种方式。志愿服务可以树德、可以增智、可以强体、可以育美,具有综合育人价值。志愿服务活动可以提升个体的精神境界。但是,人的精神境界的提升不是一蹴而就的,它需要通过实践,并以一定的知识为基础来提升。社会的和谐发展,需要物质文明和精神文明共同发展。党的十九大报告指出:"中国特色社会主义进入新时代,我国社会主要矛盾已经转化为人民日益增长的美好生活需要和不平衡不充分的发展之间的矛盾。我国稳定解决了十几亿人的温饱问题,总体上实现小康,……不仅对物质文化生活提出了更高要求,而且在民主、法治、公平、正义、安全、环境等方面的要求日益增长。"② 要"加强思想道德建设。要提高人民思想觉悟、道德水准、文明素养,提高全社会文明程度。……推进诚信建设和志愿服务制度化,强化社会责任意识、规则意识、奉献意识"③。由此观之,个人的思想道德水平和精神境界的提升不是一个自然发展的过程,而是需要加强和培育的,需要用社会主义核心价值体系进行引领,用中华民族几千年来形成的优秀文明成果来武装人们,形成高尚的思想道德情操和精神境界。个体道德需要的发生是个体在参与社会活动的过程中主动内化社会道德规范的结果。参与志愿服务的个体通过对志愿者角色的扮演过程,不断感

---

① 习近平:《把思想政治工作贯穿教育教学全过程 开创我国高等教育事业发展新局面——在全国高校思想政治工作会议上的讲话》,《人民日报》2016年12月9日第1版。
② 习近平:《决胜全面建成小康社会 夺取新时代中国特色社会主义伟大胜利——在中国共产党第十九次全国代表大会上的报告》,人民出版社2017年版,第11页。
③ 习近平:《决胜全面建成小康社会 夺取新时代中国特色社会主义伟大胜利——在中国共产党第十九次全国代表大会上的报告》,人民出版社2017年版,第42—43页。

受与体会志愿者角色的规范要求，在此基础上逐渐内化与认同这种规范要求。这样的认同过程，促进了个体道德需要的发生与发展，从而提高了个体的道德境界。"奉献、友爱、互助、进步"的志愿精神是志愿服务的价值核心，体现了人类的美好和追求。志愿者在志愿服务中不断完善自我，从而提升了个体的思想道德境界。

志愿服务以弘扬志愿精神为核心，在个体无偿、自愿参与的前提下，自觉为他人和社会服务，体现着公民的社会职责意识和担当精神。大学生在志愿服务的过程中成人成才，提升个体道德境界，践行了社会主义核心价值观，也落实了高校立德树人的目标。

第二章 新时代大学生志愿精神培育的理论基础

新时代大学生志愿精神培育，必须坚持马克思主义的理论，以中国共产党人关于志愿精神培育的思想为指导，不断丰富中国特色志愿服务理论体系。同时，新时代大学生志愿精神培育也需要借鉴和汲取中西方志愿精神培育思想的精华。

第一节 马克思主义的理论指导

在新时代，中国共产党人仍然要学习和实践马克思主义。习近平总书记指出："马克思主义是我们立党立国的根本指导思想。背离或放弃马克思主义，我们党就会失去灵魂、迷失方向。在坚持马克思主义指导地位这一根本问题上，我们必须坚定不移，任何时候任何情况下都不能有丝毫动摇。"[①] 研究新时代大学生志愿精神的培育，必须以马克思主义思想为指导。

一 马克思主义人学理论

马克思主义人学理论包含人的存在、人的本质、人的全面发展理

[①] 习近平：《在庆祝中国共产党成立95周年大会上的讲话》，人民出版社2016年版，第9页。

论，这些理论为新时代大学生志愿精神培育的价值依归指明了方向。

马克思指出："人的本质不是单个人所固有的抽象物，在其现实性上，它是一切社会关系的总和。"① 人具有自然属性和社会属性，人的本质由社会属性决定。"人的本质"也会随着历史时代的变化而改变，"整个历史也无非是人类本性的不断改变而已"②。马克思关于人的本质的论述，人是一切社会关系的总和，人具有社会属性，体现了人的活动是一种社会化的活动，个体通过社会实践活动培养自己的独特人格，实现人的社会化的转变。大学生要实现人的全面而自由的发展，需要大学生通过志愿服务活动实践方式来实现人的社会本质属性。志愿者通过参与志愿服务活动提升个人能力和促进自我价值的实现，从而实现人的全面发展。志愿服务实践活动通过推动人与人社会关系的丰富和发展实现人的本质属性，从而促进人的全面发展，这符合马克思主义关于人的本质的理论学说。新时代大学生志愿精神培育，旨在提高大学生在志愿服务活动中的能力和水平。

马克思主义认为："代替那存在着阶级和阶级对立的资产阶级旧社会的，将是这样一个联合体，在那里，每个人的自由发展是一切人的自由发展的条件。"③ 马克思主义关于人的全面发展理论是对人的本质性规定。马克思指出："人以一种全面的方式，就是说，作为一个完整的人，占有自己的全面的本质。"④ 这是马克思关于人的自由而全面发展的论述，大学生志愿精神培育必须以马克思主义关于人的自由和全面发展理论为指导。大学生通过志愿服务实践活动来实现人的需要、人的素质和人的本质的全面提高和发展。

新时代大学生志愿精神培育旨在推进大学生的全面而自由发展为目标，促进大学生素质、能力、个性等的全面发展。大学生志愿精神

---

① 《马克思恩格斯选集》第1卷，人民出版社2012年版，第135页。
② 《马克思恩格斯选集》第1卷，人民出版社2012年版，第252页。
③ 《马克思恩格斯文集》第2卷，人民出版社2009年版，第53页。
④ 《马克思恩格斯文集》第1卷，人民出版社2009年版，第189页。

培育就是以大学生的素质、能力、个性等提高为目标，让大学生通过志愿服务活动实践平台走出校园、接触社会，增长才干，帮助大学生树立社会责任感，树立利他的公共精神，并实现自身的全面发展。

二　马克思主义劳动观

马克思指出："服务这个词，一般地说，不过是指这种劳动所提供的特殊使用价值，就像其他一切商品也提供自己的特殊使用价值一样；但是，这种劳动的特殊使用价值在这里取得了'服务'这个特殊名称，是因为劳动不是作为物，而是作为活动提供服务的。"[①] 服务劳动和生产劳动要实现其价值，都需要劳动者付出自身的时间、知识、精力和技能等。志愿服务从本质上看是一种自愿无偿的劳动。古典经济学认为劳动使人感到痛苦和不快乐，人是被迫劳动的。而马克思认为劳动是人与动物相区别的类属性，人类有意识的劳动创造了人类和人类社会。因此，劳动是人类与生俱来的需求，人类真正想回归劳动的本质。人类依靠人的主观能动性在劳动中实现自身自由而全面的发展。

志愿服务是马克思主义劳动观中的一种实践活动之一。自愿性、无偿性、公益性和实践性是志愿服务的特征。志愿服务具有自愿性，志愿服务自愿性指志愿者参与志愿服务是出自本人意愿，而非出于强迫或环境造成的压力。自愿性是区别志愿服务与其他公益服务的典型特征，决定了志愿服务参与者的主体地位。自愿性不排斥组织化的社会动员行为，但要求动员行为体现对志愿者意愿的充分尊重。志愿服务的自愿性决定志愿服务不是商品，是志愿者出于自愿贡献自己的劳动的一项积极的行动。志愿服务具有无偿性，志愿服务无偿性并不代表开展志愿服务活动所需的交通费用、餐饮费等都不发放，只是说为他人和社会提供服务可以无偿。同时，志愿服务无报酬，但是志愿服

[①]《马克思恩格斯选集》第2卷，人民出版社2012年版，第865页。

务有成本，因此不能以无偿性作为拒绝完善志愿服务保障的理由。志愿服务的无偿性充分体现了志愿者的价值信仰和道德理念。志愿服务通过志愿者付出劳动和精力回归了人的本质属性，志愿者所做的服务就是一种劳动，是自愿的劳动。志愿服务具有公益性，志愿服务的公益性是区别亲社会行为和反社会行为的基本特征。不具有公益性的志愿行为，不是社会倡导的志愿服务。志愿服务的公益性能激发志愿者的热情，能使志愿者充分发挥自己的能动作用，在服务劳动中感受到快乐，并产生自信、愉悦等积极的心态。志愿服务具有实践性，在志愿服务中，志愿服务的分工以体现人的完整性为前提。在现代社会中，劳动力分工越来越细化、专业化，劳动在客观上也丧失了令人主动从事的乐趣和动因。但在志愿服务活动中，志愿者可以根据自身特长和个性特征选择自己擅长或喜欢的服务领域和项目，每一个人都是以积极的态度参与整个志愿服务过程。劳动分工的自主性能激发志愿者的服务热情，使其感受到劳动所带来的认同和快乐的感受。

三　马克思主义实践论

实践是人类能动地改造世界的社会性的物质活动。马克思主义实践观是马克思主义理论的重要组成部分，主要包括本体论和认识论意蕴。关于马克思主义实践观的本体论意蕴，马克思在《关于费尔巴哈的提纲》这个"包含着新世界观的天才萌芽的第一个文献"[①]中，认为"全部社会生活在本质上是实践的"[②]，强调人的存在和世界存在的基础就是实践。

人们实践的目的是改造客观世界。在实践活动中，实践主体担负着改造实践客体的任务；同时，实践客体又具有能动的作用。实践主体和客体相互作用，促进实践客体的改造和进步。实践具有多重特

[①]《马克思恩格斯选集》第4卷，人民出版社2012年版，第219页。
[②]《马克思恩格斯选集》第1卷，人民出版社2012年版，第135页。

性，比如社会历史性、直接现实性、自觉能动性。人的本质属性是其社会性，人只有在社会中才能成长和发展，人的成长离不开实践，这体现了人的社会历史性，人的社会性也就决定了人只有在推动社会进步的过程中，才能实现自我的发展。人的观念通过实践在现实世界里实现，从而改变客观世界。实践可以改变客观世界和人的主观世界，是对现实社会的改变，这体现了实践的直接现实性特征。实践把人和动物区分开来，在实践中，实践主体是有意识地改造客观世界的，这体现了实践的自觉能动性。

辩证唯物主义认为，实践决定认识，实践是认识的基础。人的主观世界的观念也只有在接触社会、参加实践中获得。人通过实践锻炼自己的思维能力、体力、智力，为他人和社会服务，同时也为自己服务，从而满足自身物质和精神方面的需要。人的认识只有在实践中才能产生、发展，并得到检验。大学生参与志愿服务是一种有意识和自觉的活动，志愿精神培育是从心理认知、情感生成到实践养成的一个过程。一方面，马克思主义认为："全部社会生活在本质上是实践的。"① 人要正确地认识世界和改造世界，必须通过实践，实践是人维持生存和发展所必需的。志愿精神培育必须通过有组织、有计划的志愿服务实践活动才能实现。大学生通过志愿服务活动，把志愿精神从知识形态、观念形态、信仰形态转化为实践形态的行为模式。大学生志愿者在理智和情感上接受志愿精神价值系统的基础上对自己已有价值观念的重构，形成符合大学生志愿精神要求的价值观念，且以此作为自己的行为准则和道德规范，从而转化为良好行为，形成一种实践自觉。实践自觉是指实践主体发挥主观能动性，在对实践对象、环境、过程、目标等有科学认识的基础上，主动自觉地进行一定的实践活动。大学生志愿精神实践自觉，是指大学生具有弘扬和践行志愿精神的高度自觉，能够在志愿服务活动中践行志愿精神所蕴含的价值观

---

① 《马克思恩格斯选集》第 1 卷，人民出版社 2012 年版，第 135 页。

念，投身于新时代中国特色社会主义伟大实践。另一方面，实践是认识的基础、认识的来源、认识发展的动力。志愿精神培育是一种由精神认知到个体实践的过程，必须以实践为最终落脚点，也必须把实践原则贯穿培育方法全过程。志愿服务实践是公民参与公共社会生活的一种实践方式，也是培养人德性的一种实践活动。志愿服务活动为大学生志愿者搭建了一个奉献社会、服务社会的平台，为志愿者寻找与社会发展的切入点实现个人价值与社会价值的统一提供了条件。通过志愿服务，大学生志愿者建立了与其他人的良好的人际关系，有利于提升其组织、管理、协调、沟通、交流、交往能力，为将来建立良好的人际关系打下了坚实基础。不仅如此，志愿服务还能拓展大学生志愿者的知识视野，帮助他们学习新知识与新技能，增强他们服务社会的本领。通过志愿服务，大学生志愿者丰富了人生阅历和生活体验，增进了对社会和他人的理解。这些都有利于培养大学生志愿者个体亲社会行为，为个体适应社会创造良好条件。只有通过志愿服务这一实践活动，志愿精神才能实现从道德认知、道德情感到道德实践的转变，志愿精神所包含的德性意蕴才能体现和发展。现在，公民对志愿精神的认知和理解都是以志愿服务实践为载体，也以志愿实践为目标。脱离志愿实践来探讨志愿精神和志愿精神培育方法，只能是空中楼阁。新时代大学生志愿精神培育的途径和方法也必须坚持实践原则，接受实践的检验，在实践中丰富和发展。

第二节　中国共产党人关于志愿精神培育的思想

伴随着我国现代志愿服务事业的发展，我国的大学生志愿服务也应运而生。志愿服务奉行"奉献、友爱、互助、进步"的志愿精神，这表明了志愿服务与大学生社会责任担当具有高度的契合性。大学生不求回报，积极主动自愿地参与到志愿服务中，自觉地承担社会责任,在参与志愿服务的过程中形成了正确的世界观、人生观、价值观。新中国成立以后,特别是改革开放以来,我国大学生志愿服务活动在参与人数、活动内容、活动范围以及活动方式上都发生了极大的变化,取得了突破式的进展。在大学生志愿服务不断优化的过程中,大学生的志愿精神也逐渐培养起来。进入新时代,在党和国家的高度重视下,志愿服务成为大学生日常生活的重要组成部分,大学生志愿精神始终在高扬。中国共产党历来重视志愿精神培育,中国共产党历代领导人对志愿精神、志愿服务提出过许多重要思想。

一　改革开放前关于志愿精神培育的思想

中国现代意义上的志愿服务虽是改革开放的产物,但无论是20世纪50年代自发的青年志愿垦荒活动还是60年代掀起的学雷锋活动,都带有志愿服务的特征;无论是扎根边疆的无私奉献还是雷锋精神,都激励着一代又一代青年积极投身志愿服务的浪潮。50年代到60年代,许多大学生走出校园,开展一系列社会服务活动。他们深入农村、工厂,为工人和农民们开展一系列的生活服务,如支农、扫盲、除四害、义务劳动等。全国人民沉浸在长久的学雷锋活动的热潮之中,特别是大学生群体,他们用学习和实际行动积极履行"为人民服务"的诺言,并在大学校园里组织开展多种多样的学雷锋活动,将雷锋精神发扬光大,志愿精神也由此萌芽。

毛泽东"为人民服务"思想和"向雷锋同志学习"的思想为新时代大学生志愿精神培育提供了理论指导。毛泽东《为人民服务》名篇诞生于抗日战争后期,是1944年毛泽东在张思德追悼会上的讲话。张思德在工作中关心同志,爱护同志,同时也爱护老百姓。毛泽东指出:"我们的共产党和共产党所领导的八路军、新四军,是革命的队伍。我们这个队伍完全是为着解放人民的,是彻底地为人民的利益工作的。"① 他指出，人的死要有价值，要不计较个人得失，要为了人民的利益而死。毛泽东在1939年评述孔子的道德论时，就使用了"为人民服务"②一词。毛泽东在延安文艺座谈会上指出，对旧文艺加以改造深化，就可变成为人民服务的文艺了。毛泽东指出："党的根本宗旨是为人民服务，对人民负责"③，这是区乡干部应该有的作风。毛泽东《为人民服务》的思想基础是马克思列宁主义和中华优秀传统文化的结合。之后直至中共七大期间，毛泽东在各种场合利用各种机会向全党和全军宣扬为人民服务思想。从七大以后，党章中都明确把全心全意为人民服务作为党的宗旨。历代领导人对"为人民服务"的思想发表了重要论述。毛泽东指出，共产党就是要奋斗，就是要全心全意为人民服务，不要半心半意或者三分之二的心三分之二的意为人民服务。邓小平指出："全心全意为人民服务，一切以人民利益作为每一个党员的最高准绳。"④ 江泽民认为："全心全意为人民服务的宗旨永远不能变。"⑤ 胡锦涛认为："只有我们把群众放在心上，群众才会把我们放在心上；只有我们把群众当亲人，群众才会把我们当亲人。"⑥ 习近平总书记以"为人民服务，担当起该担当的责任"⑦为执政理念。为人民服务思想为新时代大学生志愿精神培育提供了理论指导。

在毛泽东"为人民服务"思想的指导下，我国志愿精神培育活动处于萌芽发展状态，1955年北京共青团带头发起的青年志愿垦荒队，是我国有组织地开展志愿服务活动的最早记录。青年志愿垦荒队是社会主义建设起步时期的一大创举，是当代青年志愿活动的萌芽。在毛

---

① 《毛泽东选集》第3卷，人民出版社1991年版，第1004页。
② 《毛泽东书信选集》，中央文献出版社2003年版，第132页。
③ 《毛泽东年谱（1893—1949）》中卷，中央文献出版社2013年版，第573页。
④ 《邓小平文选》第1卷，人民出版社1994年版，第257页。
⑤ 《十四大以来重要文献选编》下册，人民出版社1999年版，第1964页。
⑥ 《胡锦涛文选》第3卷，人民出版社2016年版，第532页。
⑦ 《习近平谈治国理政》，外文出版社2014年版，第101页。

泽东为人民服务思想的指导下，涌现出了一批为了国家和人民的利益无私奉献的人。雷锋就是其中的一个代表。1962年，雷锋同志因公殉职，雷锋同志生前一直以为人民服务为自己的座右铭，在工作和生活中以党员的标准严格要求自己，乐于奉献、助人为乐。1963年3月5日，毛泽东发出"向雷锋同志学习"的号召，中国共产党第一代中央领导，还有周恩来、刘少奇、朱德、董必武、邓小平、陈云、叶剑英都为雷锋题了词。他们提出要学习雷锋同志高尚的品格和为人民服务的精神。雷锋精神的诞生开创了一代新风，是一种为共产主义而奋斗的无私奉献的精神。雷锋精神体现出崇高的中国特色社会主义志愿服务品格，雷锋已经成为我国志愿者的形象代言人。

二 改革开放后关于志愿精神培育的思想

邓小平共同富裕思想是发展青年志愿服务的指南。"共同富裕"就是让全社会人民过上美满、富足的生活。这是中国人民千百年来一直追求的梦想，也是人类自古以来长久的向往。在中国，儒家经典就有"大道之行也，天下为公"①的天下大同思想。邓小平提出，贫穷不是社会主义，共同富裕是社会主义的本质特征；鼓励一部分地区一部分人先富起来，先富带动、帮助后富，最终实现共同富裕。邓小平"共同富裕"思想是对马克思主义共同富裕思想的延伸，他把"共同富裕"与社会主义进程相结合，为共同富裕的实践开辟了新的道路和途径。

志愿服务"体现着公民的社会责任意识，是人们自觉为他人和社会服务、共同建设美好幸福生活的生动实践，是现代社会文明程度的重要标志，是新形势下推进精神文明建设的有效途径"②。志愿服务是青年大学生成长成才的重要途径，每一代党的中央领导人都非常重视

---

① 崔高维校点：《礼记》，辽宁教育出版社2000年版，第75页。
② 袁媛、刘建成：《志愿服务政策法规概览》，山西经济出版社2009年版，第4页。

青年的发展，大力倡导青年加入志愿服务，在时代进步中贡献自己的力量。志愿服务有效弥补了政府在公共福利和公共资源上的不足，以志愿精神凝聚起来的社会力量，成为重构"小政府"与"大社会"、增强社会活力的重要支点。志愿服务在增加和谐因素、促进公平正义、维护社会稳定方面发挥了重要的作用。

在邓小平理论的指导下，我国志愿精神培育活动处于起步发展阶段。天津和平区新兴街志愿者协会志愿服务活动始于1988年，1989年3月，新兴街成立了全国第一个社区服务志愿者协会。社区志愿服务组织的建立是志愿服务扎根基层群众、服务基层群众的开始，天津和平区新兴街志愿者协会的成立具有示范和引领作用，在这一阶段，志愿服务组织在全国范围内陆续出现，我国志愿服务事业也开始融入国际社会整体发展中。

江泽民非常重视青年志愿服务事业的发展，1998年1月，江泽民为"中国青年志愿者"题名，这是对青年志愿者行动的充分肯定和对广大青年志愿者的热情勉励。2000年1月，江泽民在杰出青年志愿者的来信上作出重要批示："青年志愿者行动，是当代社会主义中国一项十分高尚的事业，体现了中华民族助人为乐和扶贫济困的传统美德，是大有希望的事业。努力进行好这项事业，有利于在全社会树立奉献、友爱、互助、进步的时代新风。希望你们在新的世纪里继续努力，发扬我国青年的光荣传统，不懈奋斗，不断创造，奋勇前进，为实现中华民族的伟大复兴作出新的更大的贡献。"[①]

"三个代表"重要思想始终贯穿"为人民服务"思想，把人民的根本利益作为出发点和归宿。"三个代表"重要思想是新时代大学生志愿精神培育的行动指南，新时代培育志愿精神需要以人民的根本利益为出发点，引导大学生走出课堂、走出校园、走向社会，为社会上需要帮助的人贡献自己的力量和爱心，根据社会的需求提供志愿服

---

① 《江泽民文选》第2卷，人民出版社2006年版，第508页。

务。在"三个代表"重要思想的指导下，我国志愿精神培育事业进入普及阶段，这个时期，全国各个系统的志愿服务组织开始建立，如1994年12月5日，团中央成立了我国最早促进志愿服务事业发展的全国性社会团体——中国青年志愿者协会。在志愿服务法治建设方面也取得了进步，1999年《广东省青年志愿服务条例》的出台，标志着地方服务法治建设的开端。"中国2001国际志愿者年"活动的启动，预示着中国志愿服务开始走向国际化。

胡锦涛非常重视大学生志愿服务的发展，科学发展观中坚持以人为本的思想是新时代大学生志愿精神培育的理论指导。胡锦涛指出："坚持以人为本，树立全面、协调、可持续的发展观，促进经济社会和人的全面发展。"① "以人为本"的思想就是强调把人和人的价值放在首位，是新时代大学生志愿精神培育的理论指导。要理解"以人为本"的内涵，需要厘清以下关系：（1）"以人为本"不同于民本思想，古代民本思想有孟子"民贵君轻"思想，还有唐太宗李世民提出的"水可以载舟，亦可以覆舟"的思想。民本思想中的"民"是相对于"君"而言的，强调的是要重视"民"。"以人为本"思想中的人，是泛指的人，强调的是要实现人的价值和幸福。（2）"以人为本"也不同于以个人为本。"以人为本"中的"人"指的是大多数人，甚至是全人类。而以个人为本只为个人，即自己，这是利己主义和以自我为中心的表现。（3）"以人为本"思想还具有阶级性。马克思、恩格斯在《共产党宣言》中指出，"过去的一切运动都是少数人的，或者为少数人谋利益的运动。无产阶级的运动是绝大多数人的，为绝大多数人谋利益的独立的运动"②。资本主义社会体现的是剥削人和压迫人的本质。在社会主义社会，人作为世界的根本，人是社会历史的创造者，也是推动人类文明前进的决定性力量。朱熹认为：人是

---

① 邢贲思：《科学发展观读本》，人民出版社2006年版，第18页。
② 《马克思恩格斯选集》第1卷，人民出版社2012年版，第411页。

万物之灵，劳动是人区别于动物的最根本之处。人是实践和价值的主体，人实践的目的是实现人的价值和利益。

党的十七大把"以人为本"为核心的科学发展观写入党章。党的十八大指出："必须更加自觉地把以人为本作为深入贯彻落实科学发展观的核心立场，始终把实现好、维护好、发展好最广大人民根本利益作为党和国家一切工作的出发点和落脚点，尊重人民首创精神，保障人民各项权益，不断在实现发展成果由人民共享、促进人的全面发展上取得新成效……在全面建设小康社会进程中推进实践创新、理论创新、制度创新，强调坚持以人为本、全面协调可持续发展。"① 党的十八大提出："坚持以人为本、执政为民，始终保持党同人民群众的血肉联系。为人民服务是党的根本宗旨，以人为本、执政为民是检验党一切执政活动的最高标准。"② "以人为本"的思想是对马克思主义人本思想的继承和创新。因此，中国的志愿服务也要凸显"以人为本"的思想，才能更好地实现人的全面发展，从而保障人在社会中的主体地位。

志愿服务在促进人的全面发展方面发挥着重要的作用，在"以人为本"思想的指导下，我国志愿精神培育活动逐步进入全面发展阶段，特别是2008年的汶川地震和奥运会，这两个事件极大地促进了志愿服务的发展。在2010年上海世博会、广州亚运会等大型赛会和活动中，志愿者都发挥了十分重要的作用，赢得了国内外的广泛赞誉。抗震救灾、大型赛会等活动推动志愿服务全面发展，据民政部《社会服务发展公报》统计，2012年注册的社区志愿服务组织达到9.3万个，全年有1293.3万人次在社会服务领域提供了3639.6万小

---

① 胡锦涛：《坚定不移沿着中国特色社会主义道路前进　为全面建成小康社会而奋斗——在中国共产党第十八次全国代表大会上的报告》，人民出版社2012年版，第8—11页。

② 胡锦涛：《坚定不移沿着中国特色社会主义道路前进　为全面建成小康社会而奋斗——在中国共产党第十八次全国代表大会上的报告》，人民出版社2012年版，第50—51页。

时的志愿服务。

三　新时代关于志愿精神培育的思想

党的十八大以来，习近平总书记先后给"'郭明义爱心团队''本禹志愿服务队''南京青奥会志愿者'回信，肯定志愿者作出的贡献，勉励广大志愿者与祖国同行、为人民奉献，为实现中国梦有一分热发一分光"①。新时代大学生志愿精神的培育必须贯彻落实习近平总书记对志愿服务工作的指示，围绕立德树人的根本目标，立足于我国新的历史方位。

（一）"以人民为中心"的理念

习近平新时代中国特色社会主义思想坚持"以人民为中心"的思想，中国共产党人具有强烈的为人民、为人类谋幸福的使命意识。习近平总书记指出："必须牢记我们的共和国是中华人民共和国，始终要把人民放在心中最高的位置，始终全心全意为人民服务，始终为人民利益和幸福而努力工作。"②"坚持全心全意为人民服务"③"让人民有更多获得感""必须坚持人民主体地位"是党执政为民理念的体现，"发展为了人民、发展依靠人民、发展成果由人民共享"④诠释了党执政的基本要求。就志愿服务的现实作用来看，志愿服务是对市场、政府在第一、第二次分配中的不足予以补充，它属于第三次再分配，它是个体、组织等基于道义的力量对资源、财富、价值的转移，以此来缓解社会发展中资源、财物占有悬殊的问题，实现"发展为了人民"的目标。

---

①《走近习近平总书记回信的三支志愿者服务队：奉献　友爱　互助　进步》，新华网（http：//www.xinhuanet.com//politics/2014-12/04/c_1113525328.htm），2014年12月4日。

②《习近平谈治国理政》第3卷，外文出版社2020年版，第139页。

③《中国共产党章程》，人民出版社2017年版，第10页。

④《深入学习胡锦涛同志在纪念党的十一届三中全会召开30周年大会上的重要讲话精神》，人民出版社2018年版，第201页。

志愿服务的民生导向目标体现着中国共产党人的使命意识。党的十九大报告指出："不忘初心，方得始终。中国共产党人的初心和使命，就是为中国人民谋幸福，为中华民族谋复兴……永远把人民对美好生活的向往作为奋斗目标。"① 习近平总书记指出："我们党已经走过了95年的历程，但我们要永远保持建党时中国共产党的奋斗精神，永远保持对人民的赤子之心。"② 习近平总书记在纪念红军长征胜利80周年大会上强调："弘扬伟大长征精神，走好今天的长征路，必须把人民放在心中最高位置，坚持一切为了人民、一切依靠人民，为人民过上更加美好生活而矢志奋斗。"③ 习近平总书记坚持把群众路线融入经济社会发展全过程、贯穿党的全部工作之中。

我们必须站在人民立场谋划中国志愿服务发展，发挥志愿服务解决民生问题、发挥弥补社会公共服务缺口功能的重要任务，这是志愿服务的硬目标，是造福广大人民群众的重要举措。如今，我国已经出台了《慈善法》《志愿服务条例》及一系列的文件，为弘扬志愿精神，促进志愿服务的发展，提高公民道德素质提供了制度保证，也为志愿服务事业更多更广地惠及普通民众提供了坚实的保障。

（二）"人类命运共同体"思想

党的十八大以来，志愿精神培育呈现国际化发展态势。志愿服务国际化是新时代中国特色志愿服务发展的基本趋势之一。当代中国志愿服务已经成为国家公共外交的一张崭新的名片。新时代中国特色志愿服务要取得长足发展，进一步迈向国际化，需要以构建人类命运共同体为旨归，以"一带一路"倡议为重要契机，在人类命运共同体理念的指引下朝着国际化方向发展。

---

① 习近平：《决胜全面建成小康社会 夺取新时代中国特色社会主义伟大胜利——在中国共产党第十九次全国代表大会上的报告》，人民出版社2017年版，第1页。

② 习近平：《在庆祝中国共产党成立95周年大会上的讲话》，《人民日报》2016年7月2日第2版。

③ 习近平：《在纪念红军长征胜利80周年大会上的讲话》，人民出版社2016年版，第14页。

习近平总书记在国际国内重要场合多次阐释"人类命运共同体"理念，2015年在博鳌论坛上，习近平总书记提出推动建设"人类命运共同体"的"四点主张"；在日内瓦万国宫，习近平总书记全面阐述构建人类命运共同体的理念，为人类社会发展进步描绘了蓝图……人类命运共同体理念既是我国外交理念的重大创新成果，也是人类文明的伟大创新，有利于建设一个更加包容和美好的世界。2018年3月，"发展同各国的外交关系和经济、文化交流，推动构建人类命运共同体"[①] 载入《中华人民共和国宪法》。推动构建人类命运共同体，世界各国必须积极发展全球伙伴关系，扩大同各国的利益交汇点，与各国共同促进社会的和平、发展、繁荣。

在人类命运共同体理念的领引下，中国志愿服务朝着国际化的方向快速发展。一是积极开展援外志愿服务。中国的对外援助以维护世界和平、维护我国的根本利益、保障我国的安全、提高我国的国际地位和进一步营造和平的国际环境为战略目标。例如，援外志愿者在2005年正式被纳入国家援外体系。二是主动参与全球事务的治理过程。例如主动参与联合国志愿人员组织去海外开展志愿服务活动和志愿服务项目。三是努力构建志愿服务发展的国际话语权。从21世纪初至今，中国的海外志愿服务逐步向规模化、组织化、规范化、多元化方向发展。创设了各类具有本国特色，又符合本国社会公益事业发展的国际志愿服务项目。例如，2016年启动了通过南南合作与"一带一路"倡议促进中国参与国际志愿服务发展项目。

新时代志愿精神培育以"人类命运共同体"理念为指导，当前，全球政治、环境、经济和生态等都存在挑战，全球问题关乎各国人民的共同利益，应当由各国人民共同应对并解决。国际志愿服务作为全球治理的有益补充，可以有效应对全球问题，促进全球社会的可持续发展。2013年10月，习近平总书记倡议建设21世纪"海上丝绸之

---

① 《中华人民共和国宪法》，人民出版社2018年版，第7页。

路"，即"一带一路"倡议，"一带一路"倡议推动国际新秩序的建构，是"人类命运共同体"理念的最佳实践。"一带一路"倡议对于促进各民族民心起到了重要作用。自"一带一路"倡议提出以来，中国向"一带一路"合作伙伴输送了许多志愿者和志愿服务项目。这些举措增强了国与国之间的感情，促进了各国之间文化、经济等各方面的交流和合作。

新时代中国志愿服务发展要以"一带一路"倡议为重要契机。"一带一路"倡议促进中国与世界各国共同发展，把中国梦同沿线和世界各国人民的梦想结合在一起。"一带一路"倡议以共商共建共享为基本原则，以深化"五通"合作为关键支撑。共商共建共享，是习近平总书记倡导的全球治理观，也是发展国际志愿服务的重要目标。"一带一路"倡议与国际志愿服务相互融合又相互促进，共同推动世界各国经济、社会、文化的交流和合作，推动全人类美好生活的构建。

党和政府以"一带一路"倡议为契机，深化中国特色志愿服务国际化发展。一是推动构建新型国际伙伴关系，促进中外沟通与理解。通过"一带一路"国际志愿者交流活动，加强国际上对我国的认识，拓宽合作领域，推动中国与"一带一路"合作伙伴进行更深入的交流与合作。二是搭建开放型合作交流平台，深化国际志愿服务长效合作机制。三是加强内涵建设，提升"一带一路"志愿服务国际化水平。通过打造符合国际志愿服务要求的人才队伍，推动"一带一路"海外项目与中国国际志愿服务共同发展。

在国际舞台上，我国志愿精神培育国际化发展取得了一系列成绩。第一，主动参与了全球事务的治理过程。例如积极参与由联合国等牵头的志愿服务组织和志愿服务项目。第二，积极开展援外志愿服务。从2002年选派700名志愿者开展海外青年志愿服务开始，已扩展至亚非拉的23个国家和地区；世界各国的孔子学院总人数超过190万，重要的师资来源是志愿者；我国的对外援非医疗队队员由各医疗领域的志愿者组成,成为一支广获赞誉的海外志愿服务力量。第三,积极参与海外赛会志愿服务。2012 年以来,我国志愿者积极参与伦敦奥运会、残运会、里约奥运会、索契冬奥会、平昌冬奥会等国际重大盛事,都展现了大国风采。第四,"一带一路"总体建设包含志愿服务建设,推动了志愿服务国际化发展。首先,推动新型国际伙伴关系,促进中外沟通与理解。通过"一带一路"国际志愿者交流活动,拓宽合作领域,如 2016 年北京项目办派出志愿者参与泰国、缅甸联合国志愿人员组织办公室工作。这些合作项目推动了中国与"一带一路"合作伙伴的合作。其次,用开放包容的态度鼓励和欢迎来自"一带一路"合作伙伴的志愿组织参与联盟发展,为国际志愿服务的探索、交流与合作作出重要贡献。最后,加强内涵建设,使"一带一路"志愿服务达到国际化水平。通过强化国家志愿服务制度建设,打造符合国家志愿服务要求的人才队伍等。

新时代志愿精神培育国际化发展,一方面有助于推动中国构建"人类命运共同体",为"一带一路"倡议提供新的增长点;另一方面有助于提升我国"软实力",帮助我国在国际舞台上树立中国形象,传递中国声音,展现中国力量。

第三节　西方志愿精神培育理论的借鉴

从古希腊时期的友爱教育观,到启蒙时期的博爱实践观和现当代公益践行观,这些构成了志愿精神培育发展的西方理论渊源。

一　古希腊时期的友善教育观

希腊文明是欧洲最早出现的文明,但文明成果长期被遗忘,直至欧洲中世纪时才被再次发现。各个民族的神话、文字、数学、建筑风格、军队组织等汇集到希腊,展现其文明形象。有一个希腊文词语 arete,后世译为"品德""德性"。这大概表达的就是没有更高的品位，谈何德性？希腊人认为"同侪和后人的称颂才是对卓越的回报"①。希腊人卓越的观念和希腊城邦的尺度有关，在希腊人眼中，只有全面发展的优异个人才有个性，个性的广泛目标就是城邦的福祉和更高的生存。

（一）古希腊时期的友善观

研究古希腊时期友善教育观，必须关注古希腊时期城邦制与德性论。亚里士多德的"友善论"是古希腊时期"友善论"最典型的代表。亚里士多德友善论是以城邦的共性为基础，以友爱联结各个城邦的。亚里士多德认为，在城邦体制中，友善论中的友爱德性比正义更重要。

希腊人把自己的城邦当作神来膜拜，而不是单纯视其为公共机构；他们认为古城邦把个人从特殊家庭形式的自然崇拜的严格束缚中解放出来。除了给个人空间，城邦也带给他们激励。把公民从家庭束缚中解放出来，并没有剥夺他们的亲密感。在很大程度上，城邦本身是一个足够小的共同体，它能够让公民之间直接对接工作，就像家庭工作一样。希腊人把自己看作城邦的一部分，为了城邦可以作出任何牺牲，认为自己从精神到身体都应该属于城邦，城邦就是他们的宗教，自己只要当一名有成就的公民就可以。古希腊人认为，一个人的德性就在于他圆满地履行了作为一个人的职责。在城邦中作为一个人的职责履行得好，就是一个有成就的公民。亚里士多德认为，城邦不是一个普通的共同体，城邦中的主体成员构成多样化，并共同享受一定权利，城邦中的事务和活动也由成员共同承担，在社会公共的活动过程中形成一种相互支持的关系纽带。古希腊城邦承载了城邦的伦理，即城邦的伦理形式，这就是亚里士多德说的德性生活。德性生活促进了城邦中每个成员的城邦意识和伦理生活的繁荣。古希腊城邦制

---

① ［英］基托：《希腊人》，徐卫翔、黄韬译，上海人民出版社1998年版，第318页。

第二章 新时代大学生志愿精神培育的理论基础

具有明显的共同体特征,亚里士多德认为,城邦在本性上先于家庭和个人。

柏拉图的灵魂论充满着理性和神学的尖锐冲突。柏拉图在《斐德罗篇》中,他把灵魂认为是纯粹的精神性实体,被毁灭就是被分成各个部分,而因为灵魂没有分成不同部分,所以它是不朽的。柏拉图又赋予灵魂以理性的实质,所谓"灵魂不死是和思维的本性、思维的内在自由密切联系着的"[①]。梯利也认为:柏拉图的理想是要培养理性,即灵魂不死的一面。我们要从柏拉图灵魂论的两重性中找到合理的观念。在《国家篇》中,柏拉图把灵魂分成理性、意志和欲望三部分,提出"四主德",正义、智慧、勇敢、节制是人主要的美德。柏拉图通过对正义的讨论,阐述了他的伦理思想。在正义、智慧、勇敢、节制这四种德性中,柏拉图认为,智慧统治管理所有,只有智慧的人才能勇敢和节制。而在人的美德中,勇敢是用来护卫的;节制代表社会全体的德性而不是某一个等级的德性。正义就是每个人都清楚他自己的适当位置,不受等级和等级间的关系影响。灵魂中涉及的正义就是灵魂各个部分履行其适当的和既定的职责。柏拉图认为哲学家的最高任务是要认识"善"的理念,"善"是理念世界存在的根本,而"正义"的本质就是以"善"为核心。在古希腊,城邦和个人是一体的,"个人是缩小的城邦,城邦是扩大的个人。在个人道德要求上……个人的'善生'体现在现实生活中就是自我'正义'行为的追求和实现"[②]。

在如何使自己成为一名有成就的公民的问题上,柏拉图认为,正义包括国家的正义和个人的正义。在《国家篇》中,对于国家来说,统治者的道德是"智慧";卫国者的道德是"勇敢";第三阶层的人

[①] [德]黑格尔:《哲学史讲演录》第2卷,贺群译,商务印书馆1978年版,第187页。
[②] 宋希仁:《西方伦理思想史》,中国人民大学出版社2010年版,第43页。

是受节制的主要对象,"节制"是一个整体性的德性。这种思想意味着城邦是促进每个公民能够正义地对待他人。城邦的各个阶层各尽其职就是"正义"。对于个人而言,柏拉图认为,理性就是"智慧",意志应为"勇敢",欲望应受"节制",城邦里的个人各就其位就是"正义",这也是个人在现实中行善的标志。

对于古希腊而言,另一个重要的特征便是德性论。亚里士多德认为至善就是幸福,幸福是善的最终目的或目标,幸福是一个自足的善,"人的善就是合乎德性而生成的灵魂的现实活动"[①]。一个有德性的人是拥有善的人。亚里士多德认为:"理性行为是人所特有的实践,藉此便可以界说人类所特有的善。人类的善被界说为灵魂与德性相一致的活动;或者说,如果有一些人类的优点或德性,那么善就是灵魂与其中最好的和最完善的德性相一致的活动。……道德本性要求道德成为人类生活的精神规范,这是道德产生的必然结果,包含着人类原始的道德冲动。"[②]亚里士多德把道德分为理智德性、道德德性。关于道德德性,他认为,德性是选择适度的那种品质,德性是以求取适度为目的的。美德是一种适中。在具体的德性里,亚里士多德着重研究公正、自制、快乐、友爱、幸福。他认为公正包括守法与平等,守法是总体上的公正,它是把城邦联系起来的纽带。这种思想体现在为城邦事业而付出的劳动中,这种德性是至善的,是无限的幸福。关于理智德性,亚里士多德将理智德性分为知识的部分和推理或考虑的部分,认为奴斯与欲求主导着人对实践的真的追求。智慧是具体的和总体的。这包含一种具体的技艺和活动的善行,这也是一种幸福,但这种幸福是有限的。总而言之,只有在城邦中,一个人的个性才能展现,人的本性才能体现出来。

---

① [古希腊]亚里士多德:《亚里士多德全集》第8卷,苗力田译,中国人民大学出版社1992年版,第14页。
② [美]阿拉斯代尔·麦金太尔:《伦理学简史》,龚群译,商务印书馆2003年版,第99页。

亚里士多德认为，每个人都是以一种德性的样式存在于现实的社会中，这种德性需要通过实践才能培养。德性伦理告诉人们以理性之善的方式来生活，这是幸福生活最好的体现，这也说明德性是人们在对自身所处的现实世界认知基础上的一种不懈的价值追求，这需要人们运用理性的智慧去认识、分析这个世界，然后决定自己的行为选择。

（二）古希腊时期的教育观

古希腊教育家普罗泰戈拉认为：第一，城邦存在和发展的基础是德行，如果城邦中的个人没有德行和公正，必须受到惩罚，也就是说德行是城邦中的个人应该具备的品质。他们认为，通过学习、训练和受教育，人的德行是可以产生的，即道德是可教的。第二，教育是德行产生的重要实现手段，城邦非常重视对于个人的教育。第三，人人皆需德性，既然德性需要通过教育来获得，那说明人人都有享有受教育的权利。人受教育获得了道德和能力的提高，才有可能成为城邦的统治者。第四，道德是可教的，这种教育应当是一种实践的教育，而不是简单的说教。苏格拉底是古希腊哲学家、教育家，他接受了良好的教育后致力于讲学，在各种不同的场合与人讨论政治、社会和道德问题，他以这种方式教育和培养了一批学生。苏格拉底提出"德性可教"的理念，也就是说道德非与生俱来，必须通过教育获得知识和智慧，进而发展为美德，道德教育的基本途径是知识教育。苏格拉底还创造了"苏格拉底法"，他认为，教师的主要任务不只是传授知识和真理，更应该与学生交谈和讨论，来唤醒学生的意识，从而发现真理。他认为教师可以通过三个步骤来实现这个方法。（1）教师要以无知的面目出现，通过设计一系列巧妙的问题，促使学生意识到自己原有观点的错误性，即让学生认识到自己的无知。（2）通过归纳总结，引导学生掌握明确的定义和概念。（3）教师要不断启发和引导学生思考，从而得出结论。这种用辩论的方法使学生获得知识犹如助产师的工作。柏拉图20岁以后追随苏格拉底学习，苏格拉底死后，他在雅典创办学园，以教授学生。在他看来，只有通过有效的教育，才能培养出理想国家的良好公民和"明智"的统治者。他认为需要对全体公民实施强迫教育。亚里士多德主张由国家管理教育事务，使教育成为公共事业。他强调统治者要高度重视公民教育，否则就会危害到国家。古希腊时期的教育观为当今志愿精神培育提供了理论和实践的借鉴。

二　近代启蒙时期的博爱实践观

从西方历史发展进程来说，"近代"是继"中古时期"——中世纪而后的历史时期。这个时期人的思想见解和中古时期、古希腊时期的思想见解有许多不同。这段时期教会的威信衰落下去，科学的威信逐步上升。这一时期，资本主义生产关系正处在逐步形成和确立的过程，资产阶级逐步开始成为社会的主导和统治阶级，利他和利己思想引起了当时思想界的广泛争论，其中，以博爱为核心的利他主义伦理思想开始形成。

（一）博爱利他的思想

博爱的意思就是人人相爱，无差别地爱一切人。据考证，西方博爱的概念是以宗教的形式最初源自基督教。法文中的"博爱"与"兄弟"同根，故有时也把兄弟般的友爱视为博爱。博爱要求关爱生命，每一个人都要得到尊重并受到重视，博爱能促进人类进步和社会发展，是最广泛、最深厚的爱，它以友爱互助为纽带，一切从人的利益出发。

17世纪英国思想家沙夫茨伯里是利他主义的倡导者之一。他认为人性本善，天生具有互助和仁爱之心。他认为，情感驱动着人的行动的产生。沙夫茨伯里虽认为情感的目标趋向是个人的好处，但他也同样认为，这种情感能够适度而不超越一定的限制，它也无害于社会生活，或破坏道德。他认为，引起人们幸福的快乐或满足，"或属于身体的满足和快乐，或属于心灵的满足和快乐"①。沙夫茨伯里认为仁慈之心是每个人天生的情感，这种情感驱使人去帮助别人，从而得到快乐和幸福。总之，沙夫茨伯里认为，人的善可以创造幸福，善跟福是一致的。他对利己主义伦理思想进行了批判，确立了利他主义道德准则，提出了利己和利他相统一的思想。

英国学者哈奇森发展和系统化了沙夫茨伯里道德感的理论。哈奇森认为人的道德和美感是与生俱来的，且是相通的，他认为："我们所谓道德感，只不过是我们心灵在观察行为时，在我们判断该行为对我们自己为得为失之前，先具有的一种对行为采取可爱与不可爱意见的作用。"② 哈奇森伦理学的核心是仁爱，他认为人的真正的善是以善良、同情之心等来促进社会公共福利事业的发展。他指出道德善来自仁爱，而非利己动机；因为"一想到仁爱，就是想到无利害计较和为他人之善而着想的"③。他认为只要是仁爱的活动就能促进他人和社会的利益。哈奇森的仁爱理论强调了道德感的共同性和普遍性。

由沙夫茨伯里提出、哈奇森进一步丰富的道德感理论，发展到18世纪，开始有些新的表现形态，如巴特勒的道德良心论。良心是人对社会中的现象和行为产生赞成和反对的一种心理机能。人的这种机能是天生就有的，是人区别于其他动物、能向自己做反省的原则。他认为，是否有良心是人赞许或不赞许他的心胸、性情和行为的原则。他认为人不是一个孤立的存在者，每个人和社会都是密不可分的，社会的公共福利需要每个人作出应有的贡献。从人的社会性出发，巴特勒得出了仁爱和自爱"契合无间"的结论。巴特勒站在人的社会性的高度来把握人性，超越了一般仁爱论先天性的局限，进一步增强了利他理论的说服力，并能够综合人性中的各种倾向性。他认为，人不仅要

---

① 周辅成：《西方伦理学名著选辑》上卷，商务印书馆1964年版，第769页。
② 周辅成：《西方伦理学名著选辑》上卷，商务印书馆1964年版，第790页。
③ 周辅成：《西方伦理学名著选辑》上卷，商务印书馆1964年版，第793页。

自爱，还要为社会和他人谋福利。人的行为不能任性为之，必须受到制约，必隶属于良心和受良心的指导。

（二）博爱的实践观

在18世纪德国理性主义思想启蒙的大背景下，康德作为集德国理性主义之大成的代表人物，与强调个体本位和个人为基础的功利论思想不同，康德的道义论从某种意义上超越了个体本位和个人主义。善良意志是康德伦理学的核心概念。康德制定了一个严密的道德形而上学体系，从对个人义务和对他人义务的两个方面对美德和恶德进行了规定。康德认为善良意志不是本能的意志，不是单纯追求感性快乐和幸福的意志。他认为至善是单个人达不到的，只有通过日常生活范围即理性才能引导人们去追求更高的目的和价值，从而"促进作为社会之善的至善"。他认为，一切行为只有处于义务才有道德价值，否则就没有道德价值。康德强调，道德行为不能处于偏好，只能处于义务。康德把人二重化了，即把人的现实存在和理想存在区分开来，这就是自然人和道德人的区别。自然人追求快乐和幸福，具有自然人性，这是人作为个体存在的本性；道德人有超出自然要求而追求道德完善的要求，具有道德人性。

黑格尔的伦理思想是西方近代伦理思想史上整体主义的最高峰。黑格尔认为道德是"主观意志的法"或"主观意志的内部规定""自由意志在主体内部的规定"。道德的发展过程，是一个向善的过程，即提高的过程。这个过程经过三个环节：故意、意图、良心，以及与此相应的责任、福利和善。人追求幸福，这是从动物、自然人提高到人的自觉意志，使人成为一个人的必要环节。否则，人就只是一种精神、范畴。黑格尔认为，人是生物，又不是纯粹的生物。仅仅停留于追求个人"福利"的阶段并不能得到真正的自由，人应该把现有的东西提升为某种创造的东西，在"善"中达到更高境界。

黑格尔认为善是福利和法的统一，是特殊意志与普遍意志的统一。黑格尔把善称为被实现了的自由，是世界的绝对最终目的。

三 现当代思想家的公益践行观

西方现当代思想史对个体与群体、个人与社会关系的思考有了新的内容和特点。

（一）孔德与斯宾塞的利他公益观

孔德是 19 世纪法国著名哲学家、社会学家，也是实证主义者，他把利他主义这个概念引进伦理学系统。他认为，人类既有利己的冲动，又有利他的冲动，利他必须以利己为基础。所谓利他主义，就是为了社会利益而牺牲个人利益的生活态度和行为原则。利他主义提倡尊重社会和他人的利益。孔德认为："利己心、利他心对于社会都是必要的，两者是可以'并存不悖的'。"① 他断言利他心是必要的，它可以促进社会的"合作"和"稳定"，这是社会进步的必不可少的条件。他认为，社会的发展需要人们具有利他之心。在他看来，家庭是达到利己心和利他心一致与和谐的一种形式。每个家庭都是个小社会，家庭的好坏直接影响着家庭成员对于社会的看法。孔德倡导家庭要有爱的氛围，社会需要合作。孔德宣称，人类社会应发展到了高度发展的工业社会，在这个社会中，利己心和利他心必须高度结合，发扬利他心（爱）以调节利己心是这个社会的重要原则。

斯宾塞把生物进化论原则引入伦理学，坚持用"社会有机体"的进化来说明人类道德的进化，把道德看成生物进化的结果。斯宾塞的进化论伦理学是对功利主义伦理学的补充和发挥。他认为，快乐就在于生命获得扩充和延伸，痛苦是对生命衰退的一种感受。人们希望追求快乐，而避免痛苦。他认为，不同物种对快乐和痛苦的感受不同。他还认为人们的快乐和痛苦是不断变化的，也就是说，越进化人类就越幸福，幸福就在进化之中。由此演绎出的结论应当被公认为行为律

---

① ［法］孔德：《实证主义概观》，萧赣译，商务印书馆 1938 年版，第 102 页。

法，也就是说促进生命力增长就是人的道德义务。

斯宾塞通过进化论的原理来解释利己和利他的关系。他认为，一方面，人首先得维持自己的生命，才能谈生命的意义和善行，从这一点看，也就在于利己。他认为，人之利己，是由其生命本身决定的。另一方面，由于人的社会性，维护他人和社会的利益是保护个人自己的前提。斯宾塞从进化论的角度解释了利他产生的必然性。斯宾塞指出："人类的利他行为经历了一个从无意识的血亲利他主义到有意识的血亲利他主义的进化过程。利他的行为是在人类之前就存在的。从生物本能上说，动物为自己的雏婴觅食辅育，甚至为了保存后代不惜牺牲自己，这是出自自然本能的、天然的利他行为。……无意识的血亲利他就进化为有意识的血亲利他，亲子关系中的利他就转变为社会的利他。"[①] 斯宾塞指出，社会是个有机统一体，人们需要把个人利益和社会利益相统一，共同促进社会的友爱和谐。

(二) 罗尔斯的正义观

自罗尔斯20世纪70年代出版《正义论》以来，正义就成为当代道德哲学的核心议题。罗尔斯继承了康德道义论的思想，提出了分配正义理论，它关注的是社会分配。罗尔斯把道德视为人们生活中对正义的追求和对善的渴望。

罗尔斯认为，正义论原则是可以替代功利原则的，而且正义原则必须优先于功利原则。他批判功利主义将"善"定义为欲望或者理性欲望的满足，它忽略了人是社会中的人的社会属性。他还批判功利主义忽视公共福利如权利、义务、财富、特权等在人际分配中的突出问题。罗尔斯在《正义论》中写道："原初契约的目标正是适用于社会基本结构的正义原则。这些原则是那些想促进他们自己的利益的自由和有理性的人们将在一种平等的最初状态中接受的，以此来确定他们联合的基本条件。这些原则将调节所有进一步的契约，指定各种可行

---

① 宋希仁：《西方伦理思想史》，中国人民大学出版社2010年版，第406页。

的社会合作和政府形式。"① 罗尔斯构建了关于原始状态的理论模型，这个模型由三个前提构成：一是"无知之幕"，无知之幕后面的所有人都是对自身的目标和切身的处境的无知，其实就是让人们不得不去考虑其他人的利益；二是相互冷淡状态；三是最低限度下的最大限度。

罗尔斯把平等视为正义的首要原则，强调了原始状态下人们平等的存在状态。自由和机会、收入和财富等社会的基本善都应被平等分配，如果不能平等分配也需要顾及最不利者的最低分配，应首先考虑到最少受惠者的利益。罗尔斯提出的"差异原则"是用来帮助弱势人群改变其不利地位，表明了他对弱势群体的深切同情，这也是他公平正义理论的鲜明的价值指向。

（三）社群主义的公益观

社群主义理论是在20世纪70年代和80年代逐渐产生的，"社群"一词在政治哲学中最早出现，要追溯到亚里士多德的著作。新集体主义是社群主义的哲学基础。社群主义坚持集体优先于个体的原则。社群主义批判自由主义有两点：一是社群主义者认为，个人主义关于理性的个人可以自由地选择的前提，是错误的或虚假的，理解人类行为的唯一正确方式是把个人放到其社会、文化和历史的背景中去考察。换言之，分析个人首先必须分析其所在的社群和社群关系。社群是人们必须具备的善。二是对新自由主义普遍主义原则的批评。新自由主义者认为，公平和正义原则是一种超越时空的普遍原则，每个人都必须遵从正义和公平。新自由主义要求个体从所有社会关系的特殊性中抽象出来，每个个体都是没有差异、没有特殊性、中立的抽象的个人，而忽视了道德说教。而社群主义认为道德说教必须扎根于历史性形成的社会规范，需要广泛宣扬道德和善良。

---

① [美]约翰·罗尔斯：《正义论》（修订版），何怀宏、何包钢、廖申白译，中国社会科学出版社2009年版，第9页。

社群主义有两个理论：一是个人的利益必须与社群的利益结合在一起，且社群利益高于个人利益。二是公民必须具有公民德性。公民美德不是与生俱来的，而是需要通过教育获得，国家应承担起对公民道德教育的责任。

总之，西方的友善、博爱和公益培育实践思想源远流长、丰富多彩。新时代我们在培育志愿精神时必须借鉴西方培育思想的有益资源。在批判的基础上继承人类文明的优秀成果，促进建构适应新时代的志愿精神培育理论。

第四节　中国传统志愿精神培育观的汲取

志愿精神源于悠久的历史文化积淀。从志愿服务的起源来看，无论东方还是西方，它都与慈善、利他、爱和善有关。现代意义上的志愿文化则与民主思想的广泛兴起密切相关，除了传统意义上的扶贫助弱，志愿服务已由"慈善"走向"公益"，志愿文化被赋予了更多公共责任和公共意识的内涵。中华优秀传统文化和道德思想是孕育志愿精神的理论基础。中国古代"仁爱""兼爱""积德行善"思想其内在包含的以"讲信修睦，明伦知礼""帮扶弱者，患难相恤""亲仁善邻，国之宝也""自律慎行，协和人我"为主的德行要素成为新时代志愿精神培育的价值根基。

一　儒家的"仁爱"培育思想

儒家以仁爱思想为核心。仁者爱人是儒家思想的重要内容之一，指仁者是充满慈爱之心、具有大智慧的善良之人。孔子认为：一个人在社会中行事为人应遵守义务，义务的本质就是"爱人"，即"仁"。"仁"是孔子伦理学说的根本，孔子平生谈得最多的是"仁"，他认为，在任何情况下，一个讲道德的人都不可以没有"仁"。仁字由"人"和"二"组成，表示人与人之间具有相互依赖、相互亲爱的关系。孔子提倡仁者爱人，对于他人应有"仁爱"精神。孔子所说的"爱人"的"人"，泛指自己以外的人。孔子的这一思想，被认为是重视"人的价值"学说，是世界思想史上最早的人道主义思想之一。孔子由"爱人"而"泛爱众"的思想就是要求人们普遍地博爱众人。

儒家的仁爱思想还体现在亲情之爱与非亲之爱。孟子认为，父母对子女的慈爱是亲情之爱，子女对父母的孝顺也属于亲情之爱。儒家所说的"孝"包括孝养、孝敬和孝顺三层含义。养是孝的最低层次，养而敬才能称之为孝，孝养必须提高到孝敬和孝顺的高度，百善孝为先。孝顺父母是世界文明的共同点，儒家的特点在于强调孝顺，将"孝"作为治理国家的根本原则。孟子认为"孝"不仅是家庭和谐的根本，还是奠定社会安定有序的基础。

非亲之爱包含忠君之爱和泛爱两层意思。忠君是指忠于国家、忠于社稷。忠君之仁爱是不断变化的。"定公问君使臣，臣事君如之何？孔子对曰：君使臣以礼，臣事君以忠。"① 孔子认为，君臣的关系是相对的，君主对臣子有权威，但君主也有一定的义务。孟子提出"民为贵，君为轻"的思想。荀子也认为国君"故有社稷者而不能爱民，不能利民，而求民之亲爱已，不可得也"②，汉代董仲舒认为君权不可违抗，提出君为臣纲、父为子纲、夫为妻纲的理论。子曰："弟子入则孝，出则弟，谨而信，泛爱众而亲仁。行有余力，则以学文。"③ 这是孔子对"仁"的概念的进一步拓展，即倡导普遍的人类之爱。之后韩愈首次提出"博爱"并用来解释"仁"。他认为：博爱之谓仁，行而宜之谓义，由是而之焉之谓道，足乎已无待于外之谓德。

孔子道德观的核心是"仁"，认为道德远高于政治、法律、教育、艺术、宗教，并主张德治。他说：为政以德，譬如北辰，居其所而众

---

① 《论语·孟子》，燕山出版社 2001 年版，第 25 页。
② 《荀子·君道》，孙安邦、马银华译注，山西古籍出版社 2003 年版，第 143 页。
③ 赵霞编：《论语》，甘肃少年儿童出版社 2013 年版，第 10 页。

星共之。他认为，统治者应该用自己的道德行为去教育和感化人民。孔子认为道德教化比刑罚更重要。他说：道（导）之以政，齐之以刑，民免而无耻；道（导）之以德，齐之以礼，有耻且格。他极力主张统治者加强对人民的道德教化，认为德治比法治更重要。

  孔子是我国古代杰出的教育家，他非常重视学校教育对于培养人的良好道德品德的重要作用，在学校道德教育方面提出了一系列独到的思想。一是德教为主。孔子把教育看作提高人们道德水平的手段，认为教育的根本目的是培养人的美德。孔子认为：在德行、言语、政事、文学等教育内容中，道德教育位居之首。二是寓德育于教学。孔子认为品德高尚的"君子"是社会发展需要的。他认为，道德观念以文化知识为基础，不论是"教"还是"学"，都应在努力增进人的知识的过程中完善人的道德品质。他认为知识传授和道德培养应同时进行，贯穿每堂课同一教学过程中。孔子认为学生应摆正心态，把任何一次学习和经历都当成自我道德修养的提升过程，在学习过程中同时培养自己高尚的品德。三是为仁由己。孔子强调发挥人们在道德修养上的自觉能动性。他认为，一个人道德境界的提高、美德的形成主要依靠"内化"，依靠自我的努力与锻炼。在道德教育实践中，他提出一整套完整的道德自我进取途径和方法，用深思、立志、克己、力行、内省的方法来进行自我境界的提升。他要求学生对自己的言行自觉进行道德是非的思辨和选择，要求学生在道德境界与事业上树立崇高的标准与理想，要求学生在处理人际关系上，注重严格要求自己，时时以道德规范自觉检点自己的言行，要求学生懂得为"仁"的道理，就应在自己的行动中"躬行"，体现"仁"的精神，言行一致，要求学生经常对自己的思想和行为进行自我思想检查，自觉进行道德反省。四是以身作则。孔子不仅重视"言教"，更重视"身教"。提出教师要以身作则，给学生作出榜样。他多次提到统治者或师长在道德方面以身作则的重要性。

  儒家"仁爱"思想为当时封建社会提供了社会伦理思想，这种思想将人们生活现实中的行为规范用通俗的语言，即道德意识规范起来，让人们听从社会道德思想，完成了社会国家双重治理的理想效果。新时代中华民族正处于伟大的民族复兴时期，需要尊重优秀历史文化。"仁爱"思想对于建设美好家庭、建设友好人际关系以及促进人类友好、和平梦想的建设等都具有重大的现实意义。儒家"仁爱"思想与志愿精神的奉献、友爱、互助精神存在内在的一致性。儒家"仁爱"思想的推广对于新时代志愿精神培育具有重大的积极作用。

二 墨家的"兼爱"培育思想

"兼爱"思想是墨家学说的核心思想。墨家的博爱说强调"视人之国，若视其国；视人之家，若视其家；视人之身，若视其身"[1]。"兼爱"就是把别人的国、家、身当作自己的国、家、身一样看待，同等地爱护。"天下之人皆相爱"，才能创造和谐美好的人际关系。墨子的"兼爱"强调一视同仁、对等互报。墨子的"兼爱"是指天下所有人都应当不分高低，彼此相爱，即爱无差等。墨子认为社会上之所以有各种各样的矛盾，是因为人与人之间不相爱。要解决不相爱的问题，第一，"夫爱人者，人必从而爱之；利人者，人必从而利之"[2]。即要"得爱"便要"施爱"，要"得利"便要"利人"，强调要爱别人，才能得到别人的爱，人与人之间通过互助互爱而满足相互之间的利益，才能创造美好的人际关系。第二，兼爱是"爱人若己"，"爱人不外己，己在所爱之中。己在所爱，爱加于己。伦列之爱己，爱人也"[3]。墨子认为爱人亦包括自己，所以应该爱己。第三，兼爱便是"平等互惠"。

墨子十分重视道德教育对人的发展所起的重要作用。他兴办私

---

[1] 付海江：《墨子》，西安交通大学出版社2014年版，第78页。
[2] 付海江：《墨子》，西安交通大学出版社2014年版，第79页。
[3] （战国）墨翟：《墨子》，上海古籍出版社1999年版，第302页。

学，以"中国家百姓人民之利"作为教育的最高目标，把培养"兼相爱、交相利"作为自己的使命。墨子提出了一些富有启发意义的道德教育思想。其一，人性如素丝。他认为，人的本性和品德，本来并没有善恶的区别，而是受后天环境、师长、朋友影响、教育、熏染的结果。他从人的品德善恶的可塑性，认为学生道德观念和道德行为的形成，主要取决于教师的言传身教，说明了教育对人的影响作用。其二，有道者劝以教人。他认为，有力者疾以助人，有财者勉以分人，有道者劝以教人。若此则饥者得食，寒者得衣，乱者得治。他认为，教师能把自己认识的"兼爱"的良道劝以教人，使天下百姓都能明此理，行此道，才能天下有序，人民幸福。墨子深知当时社会混乱，道德沦丧，进行道德说教不易，只有奋力而为，循循善诱才能奏效。其三，志功合一。这里的"志"是指行为动机，"功"是指行为的功效。对于人的行为善恶的评价，就是要把一个人的动机与效果结合起来考察，强调动机与效果的统一。他认为，一种良好的道德行为，有益的功效应多多益善。判断一个人仁义与否，不在于他是否懂得"仁"的概念，而是看他是否有"仁"的行动，对善恶行为能够取舍。

墨家"兼爱"思想提倡：有力者要施力，有财者要施财，有道者要施道，即"有力者疾以助人，有财者予以分人，有道者劝以教人"。墨家"兼爱"思想是人内心的利人的情感和行为，也是《墨子·所染》中所说的，人的品性在后天是可以被塑造的，跟什么样的人接触，就会成为什么样的人。有德性的人要用道义来劝导别人，把自己认识的"兼爱"良道向大家传播，使大家明白其中的道理，体现了尽己为人的精神。即使很多人不会主动向有德行的人请教，"仁者"也应当主动说教，教化于民，帮助那些品行不端的人向善，这样，社会才能和谐，天下才能安生，人民才能幸福。"兼爱"思想扩展了当代志愿服务的思想根基。它阐明了人们从事志愿服务不仅基于"善"的本性，也可以因要"得善"而为之。

三 道家的"积德行善"培育思想

道教是中国土生土长的宗教,道家思想与儒家思想形成了隐显的关系,对中国社会发展和民族精神的形成有着深刻的影响。老子是道家学派的创始人,在老子看来,"道"是人类生活的最高准则,"德"是人类的本性或品德。他说:圣人之道,为而不争。就是说,圣人以与世无争作为自己的最高生活准则。道家主张"自然无为"思想,"道常无为而无不为"[1],只要人人都能做到"无为","天下将自定"。他说:"道者同于道,德者同于德。"就是说,人类生活中的"道"与"德"应当以自然界的"道"与"德"为依据。老子认为,天道自然无为,人道也应该依循天道,做到自然无为。道家要求的"爱"是一种无私无欲的"爱"、一种"无爱之爱"、一种广博的"大爱之德",这种"爱"顺应人的内心,是一种真实的自然流露。

道家的"善"思想影响深远,宣扬的是一种"无心"之善、"无争"之善,是一种自然而然的"善"。道家认为人有一颗"执着心",做任何事都是"成心"要做,做成了,心情好;做不成,就徒生烦恼。道家就提出了"无心""无为",只有放下执念和诚心,顺其自然,才能获得内在的自由。放下了,看待世事万物,心情就平和多了。道家的善,从解决自己的内心的执着开始,与人与世无争。这种善,可谓上善,是合乎天道的大德,即为"道德"。所谓上善若水,水善利万物而不争。上善若水,从善如流,如水人生,随缘而安。这告诉我们做人要弘扬水的精神,能适应任何环境,能包容万物,内心大气至刚,这是一种"不争"之善、"无心"之善。

道家还特别重视人生的充实和提高,讲究行善积德,造福人类。道家认为有德性的人是能够"大小多少,抱怨以德"[2]。"积德行善"

---

[1] 张改琴:《道德经》第三十七章,甘肃人民出版社2017年版,第50页。
[2] 张改琴:《道德经》第六十三章,甘肃人民出版社2017年版,第80—81页。

是人追求的最高层次的德，可以让人感到幸福。自爱精神、自然精神、阴柔精神和博大精神是道家思想的主要体现。在道家看来，积德行善的人对他人与社会都有帮助，既有利于愉悦自己的身心，又能使自己产生幸福感和快乐感。道家行善积德思想昭示了自我生命对他人的意义和价值，使人感受到自己的能力除了保证自我以外还能帮助别人，这是对一个有限的生命最高层次的满足。这与"奉献、友爱、互助、进步"的志愿精神在伦理价值上是一致的。

《文昌帝君阴骘文》里劝人行善，时时处处随手行善积德，随分行事。为善不论大小，行善不计较得失。道家劝人们行善，要从身边做起，且不带功利心，不计较得失。将行善培养成一种生活的习惯。道家讲善，主要是讲修德，要修到行了善而没察觉的境界。德有上德和下德之分。上德，"无为而无不为"，即无私心，不带功利性地随本分行善事；下德，"有为而有以为"，即常计较，带有功利性地做好事。修德是道家的根本。道家认为，行善积德后，可以修身齐家睦乡治国平天下。老子《道德经》第五十四章讲：善，建立在"德"上，才不会从内心中拔除；善，拥抱在"道"上，才不会从内心脱落，道德之下行善，子孙绵延，家族兴旺。所以，自身修善，就能了解别人也能修善，自家修善，别家也能修善；本乡修善，别乡也能修善；天下修善，则知天下已太平了。可见，"无为"而治，就是与世无争，积德行善后加以影响感化；就是以德治国，德化天下，达到天下太平。

综上所述，中国传统文化中有关"爱"的阐述进行如下归纳：从爱的对象范围来看，古代"仁爱""兼爱""积德行善"思想，既包括对人的关爱，也包括对物的关爱。它们之间的差异是：儒家"仁爱"思想强调"爱有等差"，墨家"兼爱"思想指出"爱无差等"，道家"积德行善"思想强调"大爱无形"。从爱的实施路径来看，儒家强调推己及人，强调仁政；墨家要求视人若己地爱他人；道家要求顺应内心、他人、外物之自然，泛爱万物。中国传统文化中的理论精华成为当代中国志愿精神培育的宝贵思想资源。

第三章 新时代大学生志愿精神培育的现状调研

新时代大学生志愿精神培育要敢于直面现实问题。通过对新时代大学生志愿精神培育现状问卷调查，看到新时代大学生志愿精神培育的成绩，也发现新时代大学生志愿精神培育存在的问题，如高校对志愿精神培育重视不够、志愿服务缺乏有效的物质保障、志愿组织的管理制度不够完善、大学生对培育活动的参与不足等。从主观和客观两方面剖析存在问题的原因，以便提出相应的培育对策。

第一节 调查基本情况分析

为了准确把握新时代大学生志愿精神的培育现状，笔者运用问卷星网站设计制作发放了《新时代大学生志愿精神培育状况调查问卷》，对全国32所高校学生进行了问卷调查。

一 调查对象分析

调查分析首先要分析调查资料，主要是分析问卷设计与发放情况，再针对调查对象进行分析，包括调查对象的自然属性、社会属性和参加志愿服务的情况分析。

(一) 调查资料来源

笔者运用问卷星网站设计制作发放了《新时代大学生志愿精神培育状况调查问卷》(见附录),采用的是目的性抽样问卷调查,调查对象通过网上发布的问卷,利用手机、电脑等设备填写问卷。调查时间为2020年3月15日至2020年4月15日,根据研究需要,把全国不同省份不同高校的在校学生作为问卷发放的对象,涉及部属、省属、市属、高职高专等不同类型层次的32所高校(见表3-1),涉及研究生、本科生、专科生不同学历层次的学生,并且尽量涉及不同学科类型的学生。总体说来,调研基本做到了高校范围广泛,层次多样,具有一定的代表性。通过对32所高校11448份问卷调查数据的统计分析,掌握新时代大学生志愿精神培育的现状,为理论探讨提供实证根据。调查秉持科学严谨、求真务实的态度选取样本,通过问卷星网站作为媒介发放问卷,共收回问卷11448份,根据答题时间,对少于180秒的样本予以剔除,保留最终样本10303份,有效回收率为90%。最终利用问卷星网站的交叉分析、统计分析功能具体分析调查数据。

表3-1　新时代大学生志愿精神培育状况调查问卷样本高校分布

序号	学校	序号	学校
1	武汉大学	11	武汉工程大学
2	华中科技大学	12	湖南工程学院
3	山东大学	13	武汉纺织大学
4	湖南大学	14	乐山师范学院
5	华中师范大学	15	衡阳医学院
6	华中农业大学	16	江西农业大学
7	中南民族大学	17	湖北民族大学
8	湖北大学	18	江汉大学
9	长江大学	19	湖北理工学院
10	三峡大学	20	怀化学院

续表

序号	学校	序号	学校
21	湖北经济学院	27	荆州职业技术学院
22	湖北科技学院	28	湖北中医药高等专科学校
23	湖北医药学院	29	武昌职业学院
24	湖南人文科技学院	30	武汉职业技术学院
25	长江大学工程技术学院	31	武汉交通职业学院
26	益阳医学高等专科学校	32	武汉华夏理工学院

注：回收问卷 11448 份，通过 IP 筛选出湖北省外数据 6993 份，同时根据答题时间，对少于 180 秒的样本予以剔除，保留最终样本 10303 份，有效回收率为 90%。

根据研究的需要，此次问卷主要以选择题呈现，包括单选题和多选题。问卷内容分为四个方面，共 34 个问题：第一个方面是了解调查对象的基本情况，如：性别、就读专业、年级、政治面貌、家庭收入、是否参与志愿服务等；第二方面是了解大学生志愿精神培育的现状、成绩和养成因素，分别设计了不同的问题，其中，针对现状和成绩的调查，主要是了解调查对象对于志愿者的概念、精神实质、行为活动、素质、服务组织等的认识程度，而针对养成因素的调查，则主要了解学校、志愿组织和社会等方面的情况；第三方面是了解当前大学生志愿精神培育存在的问题和原因，包括高校、志愿组织、志愿者本身存在的问题；第四方面是从社会和高校的角度来了解新时代应如何培育大学生志愿精神。

（二）调查对象情况

针对调查对象的分析，主要分为三部分：自然属性、社会属性和参加志愿服务情况分析。

1. 调查对象的自然属性

在本问卷设计的指标中，只有性别结构这一指标属于自然属性，如表 3-2 所示，在本次调查对象中，男生和女生的占比相差较大，女生居多。本研究调查的大学生涉及不同类型的高校、不同学历层次、不同学科类型，推断调查对象的性别结构与大学生是否参加志愿服务的关系不大。

表3-2　　　　　　　　　调查对象的性别结构

选项	人数（人）	比例（%）
A. 男	3064	29.74
B. 女	7239	70.26
本题有效填写人次	10303	

2. 调查对象的社会属性

在本次问卷中，社会属性主要包括调查对象所在年级（见表3-3）、就读高校类型（见表3-4）和就读专业（见表3-5）。由于不同的大学生个体具有不同的兴趣爱好、价值取向和能力素质，因此在校大学生其社会属性又包含政治面貌和担任学生干部经历（见表3-6、表3-7）。此外，他们的家庭收入水平差异与参加志愿服务也有关系（见表3-8）。

表3-3　　　　　　　　　调查对象所在年级

选项	人数（人）	比例（%）
A. 大一	1985	19.27
B. 大二	4362	42.34
C. 大三	2811	27.28
D. 大四	887	8.61
E. 大五	9	0.09
F. 研究生	249	2.42
本题有效填写人次	10303	

表3-4　　　　　　　　　调查对象所在高校类型

选项	人数（人）	比例（%）
A. 高职高专	321	3.12
B. 省属普通本科高校	9445	91.67
C. 211 高校	264	2.56
D. 985 高校	273	2.65
本题有效填写人次	10303	

表3-5　　　　　　　　　调查对象所学专业类型

选项	人数（人）	比例（%）
A. 人文社科类	2845	27.61
B. 理工农医类	4180	40.57
C. 其他	3278	31.82
本题有效填写人次	10303	

表3-6　　　　　　　　　调查对象的政治面貌

选项	人数（人）	比例（%）
A. 中共党员（含预备党员）	549	5.33
B. 共青团员	9209	89.38
C. 其他	545	5.29
本题有效填写人次	10303	

表3-7　　　　　　　　　调查对象的学生干部经历

选项	人数（人）	比例（%）
A. 是	6759	65.60
B. 否	3544	34.40
本题有效填写人次	10303	

表 3-8　　　　　　　　　调查对象的家庭收入水平

选项	人数（人）	比例（%）
A. 10001 元以上	674	6.54
B. 8001—10000 元	830	8.06
C. 5001—8000 元	1892	18.36
D. 3001—5000 元	2995	29.07
E. 1001—3000 元	2868	27.84
F. 1000 元及以下	1044	10.13
本题有效填写人次	10303	

3. 调查对象参加志愿服务情况分析

如表 3-9 所示，在以上调查对象中，有 7151 人"偶尔参加"志愿服务，占 69.41%；"经常参加"志愿服务的占 11.40%；但仍然有 19.19% 的大学生"没有参加过"志愿服务。通过在调查报告数据的基础上，用问卷星网站的交叉分析功能对这些问题进行比较，能清晰地看到以上的社会属性和是否参加过志愿服务之间存在的关系以及有什么关系，以便更好地发现新时代大学生志愿精神培育的问题所在（见表 3-10 至表 3-15）。

表 3-9　　　　　　　　调查对象是否参加过志愿服务

选项	人数（人）	比例（%）
A. 没有参加过	1977	19.19
B. 偶尔参加	7151	69.41
C. 经常参加	1175	11.40
本题有效填写人次	10303	

表 3-10　调查对象所在学校类型与是否参加过志愿服务的分析

单位：人；%

X/Y	A. 没有参加过	B. 偶尔参加	C. 经常参加	小计
A. 高职高专	94（29.28）	196（61.06）	31（9.66）	321
B. 省属普通本科高校	1832（19.40）	6589（69.76）	1024（10.84）	9445
C. 211 高校	20（7.58）	195（73.86）	49（18.56）	264
D. 985 高校	31（11.36）	171（62.64）	71（26.01）	273

表 3-11　所学专业类型与是否参加过志愿服务的分析

单位：人；%

X/Y	A. 没有参加过	B. 偶尔参加	C. 经常参加	小计
A. 人文社科类	441（15.50）	2056（72.27）	348（12.23）	2845
B. 理工农医类	752（17.99）	2908（69.57）	520（12.44）	4180
C. 其他	784（23.92）	2187（66.72）	307（9.37）	3278

表 3-12　家庭收入水平与是否参加过志愿服务的分析

单位：人；%

X/Y	A. 没有参加过	B. 偶尔参加	C. 经常参加	小计
A. 10001 元以上	129（19.14）	431（63.95）	114（16.91）	674
B. 8001—10000 元	168（20.24）	573（69.04）	89（10.72）	830
C. 5001—8000 元	353（18.66）	1340（70.82）	199（10.52）	1892
D. 3001—5000 元	531（17.73）	2171（72.49）	293（9.78）	2995
E. 1001—3000 元	579（20.19）	1960（68.34）	329（11.47）	2868
F. 1000 元及以下	217（20.79）	676（64.75）	151（14.46）	1044

表 3-13　所在年级与是否参加过志愿服务的分析

单位：人；%

X/Y	A. 没有参加过	B. 偶尔参加	C. 经常参加	小计
A. 大一	665（33.50）	1227（61.81）	93（4.69）	1985
B. 大二	686（15.73）	3146（72.12）	530（12.15）	4362
C. 大三	470（16.72）	1977（70.33）	364（12.95）	2811
D. 大四	124（13.98）	624（70.35）	139（15.67）	887
F. 研究生	27（10.84）	175（70.28）	47（18.88）	249

表 3-14　　　政治面貌与是否参加过志愿服务的分析　　　单位：人；%

X/Y	A. 没有参加过	B. 偶尔参加	C. 经常参加	小计
A. 中共党员（含预备党员）	56（10.20）	352（64.12）	141（25.68）	549
B. 共青团员	1761（19.12）	6465（70.20）	983（10.67）	9209
C. 其他	160（29.36）	334（61.28）	51（9.36）	545

表 3-15　　是否有学生干部经历与是否参加过志愿服务的分析　　单位：人；%

X/Y	A. 没有参加过	B. 偶尔参加	C. 经常参加	小计
A. 是	973（13.86）	4844（71.67）	978（14.47）	6759
B. 否	1040（29.35）	2307（65.10）	197（5.56）	3544

通过上述交叉分析，有相对较多的新时代大学生参加志愿服务，表 3-10、表 3-11 显示，这和他们的学校、专业没有多大关系。表 3-12 显示，大学生参加志愿服务也没有被家庭收入水平的差异所影响。所以，这些社会属性在分析新时代大学生志愿精神培育存在的问题中，可以不予考虑。但同时我们也可以从表 3-13 至表 3-15 中看出，在调查对象所在年级、政治面貌、学生干部经历的分析中，对大学生是否参加志愿服务有所影响。因此，推断新时代大学生志愿精神培育可能存在对志愿精神认识不足、志愿者的素质能力需提升等问题。

二　调查内容分析

本小节通过分析新时代大学生志愿精神培育调查的具体内容，明晰当代大学生志愿精神培育的现状、取得的成绩和影响因素。

（一）对志愿精神内涵的认识分析

在 2008 年，许多大学生志愿者成为北京奥运会的志愿者，为奥

第三章 新时代大学生志愿精神培育的现状调研

运会比赛提供服务,他们的突出表现引起了人们对大学生志愿服务的关注,对于大学生志愿服务的来源和现状,也慢慢开始有更多的人去了解。一些学校开始组建志愿组织、成立志愿者协会或社团,对大学生志愿服务活动进行有组织的引导。而大学生在参与志愿服务活动的过程中,通过所见所闻,经过实践体验,对志愿精神的认识都有了不同的理解。

在问卷表中,设计了"您认为志愿精神的实质是什么"指标,调查对象最多可以选择其中的三个选项。结果显示:新时代大学生基本上选择了"奉献精神"这一项,占比高达92.71%,"社会责任感的表现"是其次的选择项,占69.55%(见图3-1)。并且通过交叉分析,我们可以看到"没有参加过"志愿服务的大学生对于志愿精神的实质选择项的排位是一样的(见表3-16)。因此,我们可以了解到,奉献是新时代大学生对志愿精神的一个普遍的认识。而排在第四、第五位选择项的"我为人人,人人为我"和"慈善精神"其实也是奉献的一种体现。

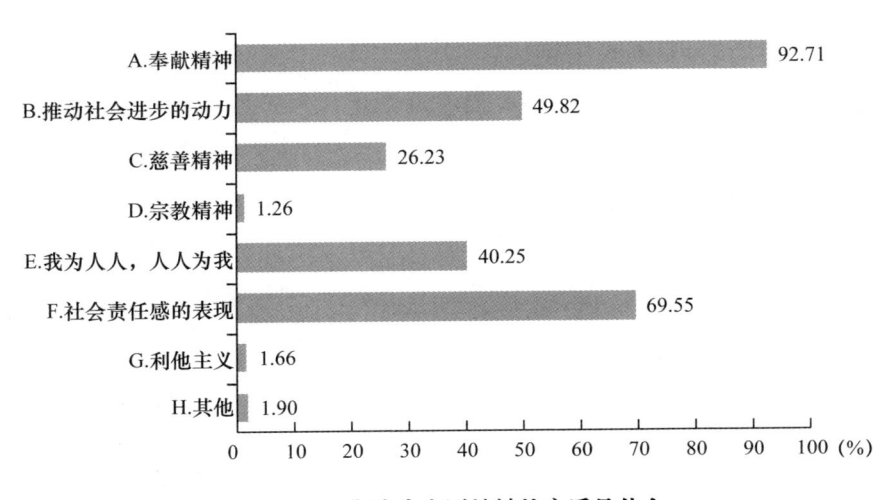

选项	百分比
A.奉献精神	92.71
B.推动社会进步的动力	49.82
C.慈善精神	26.23
D.宗教精神	1.26
E.我为人人,人人为我	40.25
F.社会责任感的表现	69.55
G.利他主义	1.66
H.其他	1.90

图3-1 您认为志愿精神的实质是什么

表3-16　是否参加过志愿服务与志愿精神的实质是什么的分析　单位：人；%

X/Y	A. 奉献精神	B. 推动社会进步的动力	C. 慈善精神	D. 宗教精神	E. 我为人人，人人为我	F. 社会责任感的表现	G. 利他主义	H. 其他
A. 没有参加过	1811 (91.60)	941 (47.60)	488 (24.68)	24 (1.21)	717 (36.27)	1343 (67.93)	38 (1.92)	56 (2.83)
B. 偶尔参加	6660 (93.13)	3595 (50.27)	1908 (26.68)	83 (1.16)	2937 (41.07)	5035 (70.41)	118 (1.65)	111 (1.55)
C. 经常参加	1081 (92.00)	597 (50.81)	306 (26.04)	23 (1.96)	493 (41.96)	788 (67.06)	15 (1.28)	29 (2.47)

此外，在问卷调查中，指标"您从何时第一次听说志愿者这一概念"的结果显示，大部分人在初中及以前都听说过"志愿者"这一概念，对志愿服务有一定的了解，这与学校、老师对学生进行相关的教育息息相关，学生从小接受的关于志愿服务的教育观念就是奉献、服务、帮助别人等。因此，在关于"做一名志愿者最应该是一个什么样的人"的调查中，如表3-17所示，有92.04%的人认为大学生志愿者是"助人为乐的人"，但仍然有少数调查对象认为大学生志愿者是"廉价劳动力"，这可能与他们在日常生活中经历和感受到的志愿服务有关，改变了他们对于志愿服务的看法，这也正是新时代大学生志愿精神培育可能存在的问题，需要进一步分析探讨。

表3-17　　　　　做一名志愿者最应该是……

选项	人数（人）	比例（%）
A. 助人为乐的人	9483	92.04
B. 哗众取宠的人	99	0.96
C. 廉价劳动力	347	3.37
D. 谋取私利的人	43	0.42
E. 其他	331	3.21
本题有效填写人次	10303	

(二) 志愿行动的运作管理分析

1. 志愿服务的主要类型

志愿服务的形式多种多样，新时代大学生在日常生活中所了解的志愿服务类型各不相同，问卷调查结果显示，大学生了解的志愿服务活动有80%左右是"帮老助幼、帮残助弱"，其次是"大型活动、赛会服务""环境保护"，再次是"社会服务""青少年教育与心理咨询服务""日常帮助"（见图3-2）。由此可以反映出新时代大学生了解的志愿服务活动更多的是与其日常生活紧密相关且相对容易组织开展的。这是由于大学生的时间和精力主要集中在学习上，参加志愿服务的时间和精力相对有限，并且大学生参加志愿服务的能力也相对存在一些不足。当然，不能因此表明大学生从事的志愿服务活动没有意义或价值，他们更多的是在日常生活中尽自己的所能去帮助别人，如为老弱病残让座，去敬老院看望老人，自觉参与学校或社区组织的志愿活动，为举办大型活动、赛会工作，打扫卫生，保护环境，贡献自己的一份力量。而在新时代中国特色社会主义不断发展的今天，仍然需要有更多的大学生为社会服务，促进经济社会发展，也就需要进一步培育新时代大学生的志愿精神。

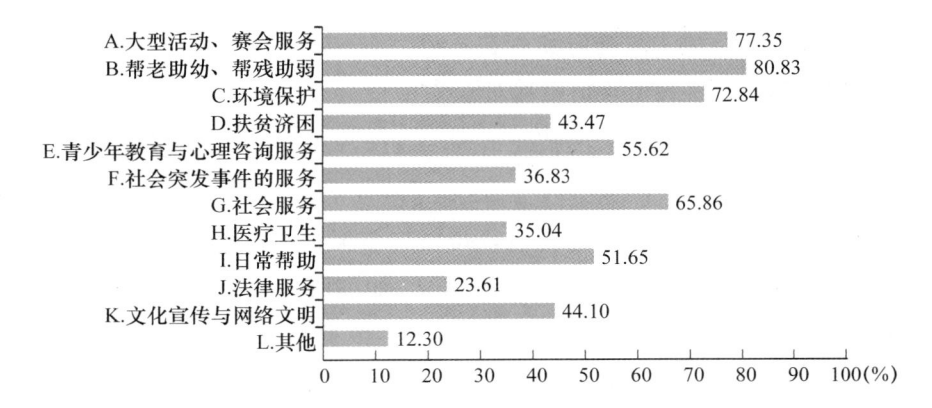

选项	百分比(%)
A.大型活动、赛会服务	77.35
B.帮老助幼、帮残助弱	80.83
C.环境保护	72.84
D.扶贫济困	43.47
E.青少年教育与心理咨询服务	55.62
F.社会突发事件的服务	36.83
G.社会服务	65.86
H.医疗卫生	35.04
I.日常帮助	51.65
J.法律服务	23.61
K.文化宣传与网络文明	44.10
L.其他	12.30

图3-2 您所知道的大学生志愿服务活动的内容有哪些

此外，根据图 3-2 的统计数据，大学生了解的志愿服务活动中，关于"医疗卫生"和"法律服务"方面是最少的，在志愿服务活动上可能需要涉及一些专业知识，这两方面对大学生来说接触相对较少；同样，新时代大学生也很少能够有意识地进行与自己专业相关的志愿服务，更多的是与日常生活相关的服务活动。大学生都有自己的专业特长，要把自身的专业特长运用到志愿服务中，有效发挥自身的优势。如果能够引导新时代大学生自觉地把专业知识与志愿服务结合起来，则有助于提高志愿服务的效果。这不仅可以促进大学生把理论知识运用于实践活动中，巩固、深化专业知识的学习，而且也有利于提高新时代大学生志愿精神培育的有效性。

2. 志愿服务的激励机制

大学生参加志愿服务，虽然不讲求回报，但一味地付出也会降低大学生参与志愿服务的积极性和热情，可以适当地进行精神激励或荣誉激励，让大学生有所获得，精神上得到满足。此外，在志愿服务中，志愿者的技能非常重要，志愿者只有掌握了相关技能，才能在志愿服务中给予受助对象最有力的帮助；同时，才不会减弱志愿者的热情，避免"在其位不谋其事"的现象。志愿者掌握了相关技能，对其经常性参加志愿服务有推动作用，也有激励的作用。

在调查问卷中，调查对象所在学校，有 63.24% 没有把志愿服务纳入课程体系（见图 3-3），而且现实中也只有少部分学校在志愿服务开展前对学生进行相关的技能培训，这反映了志愿服务在激励机制上的不足。

对于"参加志愿服务是否应该得到物质奖励"的调查中，"不应该"这一选项占 55.66%（见图 3-4）。如前所述，大部分大学生普遍认为志愿精神的实质在于奉献，而这一数据结果与其有一定的关系。虽然志愿服务都强调公益性和无偿性，不要求物质报酬，把"奉献、友爱、互助、进步"体现在服务中，但这并不表明作为补偿或激励的物质奖励志愿者不应该得到。并且在调查中，有 44.34% 的被调

第三章 新时代大学生志愿精神培育的现状调研 ·89·

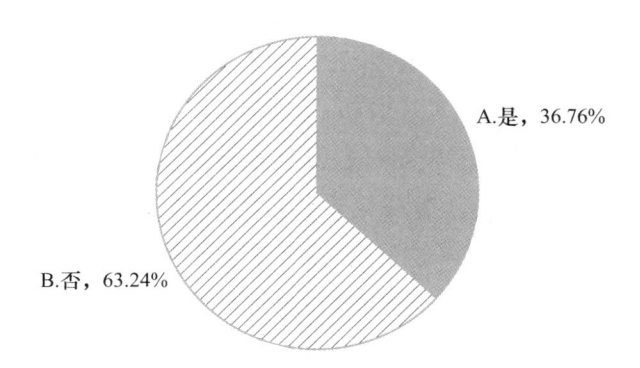

A.是，36.76%
B.否，63.24%

图 3-3 您所在学校是否把志愿服务纳入课程体系

查者认为应该得到物质奖励，这也反映了新时代大学生在志愿精神认识上的一些转变，与时俱进，不再一味地接受无偿奉献。其实，对志愿者给予恰当的奖励，是一种肯定、尊重、认同其服务行为的方式，也有利于志愿精神的宣传。

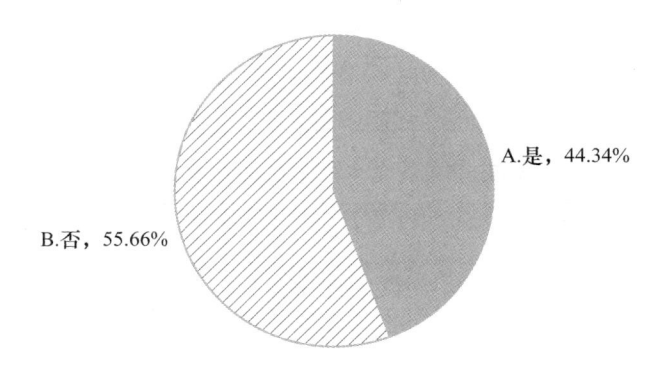

A.是，44.34%
B.否，55.66%

图 3-4 您认为参与志愿服务是否应该得到物质奖励

3. 志愿服务的宣传情况

宣传，不只是为了使人们了解某一事项，短期宣扬。宣传要收到的效果是深入的，长期地渗透到人们的思想中，指导他们作出实践行动，特别是对于任何一种精神的培育，简单直白的宣传不能表现其实质性的吸引力，因而无法使群众认同，更不能指导他们的行动。所以，要科学灵活、以多种途径和方式宣传志愿精神和志愿服务。

在问卷调查中，通过交叉分析，"偶尔或经常参加"志愿服务的大学生大部分知道所在学校设有志愿服务组织，他们对志愿服务相关信息的了解主要来源于"学校相关部门的通知"。而"没有参加过"志愿服务的大学生有34.65%不知道所在学校的志愿服务组织，除了学校相关部门的通知，他们更经常利用网络、电视、报纸等媒体的宣传来了解志愿服务的相关信息（见表3-18、表3-19）。当然，这也离不开大学生个人的自觉意识。但无论是否参加过志愿服务，在生活中，主要是高校教师、同学和思想政治工作者会更多地向新时代大学生提起关于志愿精神的话题，少部分则是父母、亲戚和党员干部（见图3-5）。

表3-18　是否参加过志愿服务与是否知道您
所在学校的志愿服务组织的分析　　　　单位：人；%

X/Y	A. 是	B. 否	小计
A. 没有参加过	1292（65.35）	685（34.65）	1977
B. 偶尔参加	6164（86.20）	987（13.80）	7151
C. 经常参加	1100（93.62）	75（6.38）	1175

表3-19　是否参加过志愿服务与如何
了解志愿服务的相关信息的分析　　　　单位：人；%

X/Y	A. 学校相关部门的通知	B. 同学朋友经常谈论	C. 网络电视报纸等媒体宣传	D. 其他	小计
A. 没有参加过	896（45.32）	216（10.93）	621（31.41）	244（12.34）	1977
B. 偶尔参加	4183（58.50）	683（9.55）	1687（23.59）	598（8.36）	7151

续表

X/Y	A. 学校相关部门的通知	B. 同学朋友经常谈论	C. 网络电视报纸等媒体宣传	D. 其他	小计
C. 经常参加	729（62.04）	122（10.38）	215（18.30）	109（9.28）	1175

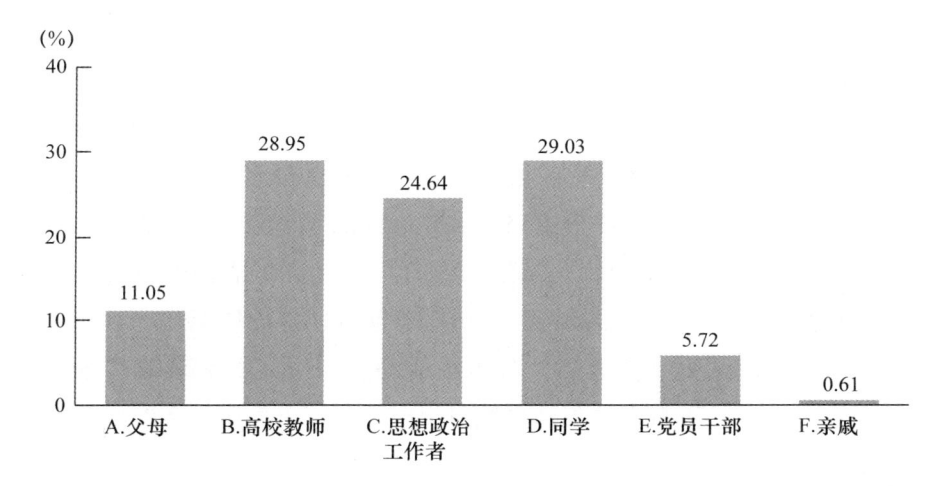

图 3-5 在生活中，哪些人会向您提起关于志愿精神的话题

（数据：A.父母 11.05；B.高校教师 28.95；C.思想政治工作者 24.64；D.同学 29.03；E.党员干部 5.72；F.亲戚 0.61）

以上数据说明：一方面，在大学生与志愿者组织之间，由于学校对志愿服务的宣传不够，双方沟通渠道不畅，新时代大学生获取志愿服务的信息仅仅局限于学校的相关部门和师长。因此，学校要创新宣传方式，把志愿精神和志愿服务的宣传融入学校教育各方面，提高相关部门的宣传能力，让志愿精神潜移默化地深入新时代大学生的思想中。另一方面，对于志愿精神的宣传工作，网络、电视、报纸等媒体的作用不大，大多数媒体针对重大事项中的志愿服务进行报道，这类报道虽然能引起人们对志愿服务的关注和敬意，但是缺乏对志愿精神的深刻理解和深远意义的宣传，所以不能真正指导人们把志愿服务落到行动上去。

(三) 志愿组织的角色作用分析

大学生志愿组织是促进新时代大学生参加志愿服务活动的一个重要角色,在对志愿服务宣传、志愿者招募与培训、志愿服务的信息发布、志愿服务活动的组织与管理等方面都起着关键作用。大学生志愿组织的管理能力,不仅直接影响大学生志愿服务的效果,而且也影响到大学生志愿精神的培育。

在问卷调查中,问及"您知道您学校的志愿活动的组织方式有哪些"(见图3-6),大部分是由高校的各级团组织和社团组织带头进行的,其中,绝大多数是校团委组织、院系组织和大学生志愿者社团自行组织,而只有少部分是个人自发组织的志愿服务活动,占24.27%。因此,社团组织是推进新时代大学生开展志愿服务活动的一个重要角色,大学生主动进行志愿服务活动还是比较少。

而新时代大学生在认知上对志愿活动组织方式的看法却有所不同,在关于"是否只有参与到志愿组织中才能从事志愿服务"这一问题中,调查对象中无论是否参加过志愿服务,超过一半的人持否定态度,见表3-20。

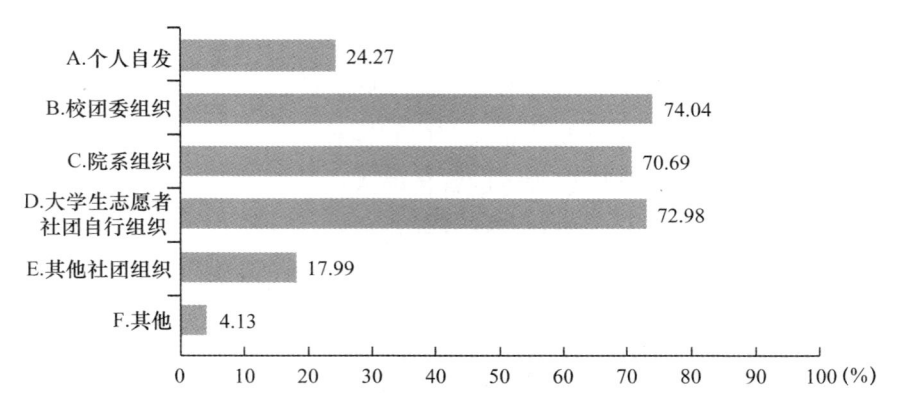

选项	百分比
A.个人自发	24.27
B.校团委组织	74.04
C.院系组织	70.69
D.大学生志愿者社团自行组织	72.98
E.其他社团组织	17.99
F.其他	4.13

图3-6 您知道您学校的志愿活动的组织方式有哪些

表 3-20　　　　　　是否只有参与到志愿组织中
　　　　　　　　　才能从事志愿服务的分析　　　　　单位: 人;%

X/Y	A. 赞同	B. 比较赞同	C. 无所谓	D. 不赞同	E. 很不赞同	小计
A. 没有参加过	188 (9.51)	322 (16.29)	171 (8.65)	1159 (58.62)	137 (6.93)	1977
B. 偶尔参加	579 (8.10)	1233 (17.24)	601 (8.40)	4316 (60.36)	422 (5.90)	7151
C. 经常参加	116 (9.87)	183 (15.57)	110 (9.36)	652 (55.49)	114 (9.70)	1175

综上所述，目前各种志愿组织和社团组织在大学生志愿服务活动开展过程中的效果都不是很好，不利于志愿精神的培育。通过问卷调查，我们可以清楚地了解到目前大学生志愿组织存在的具体问题。大学生志愿组织的问题既存在内在和外在的因素，也涉及经济和社会的原因。在关于当前大学生志愿组织主要存在的问题调查中，设置最多可有三个选择项。"结构松散，管理效率低"占比最高，达61.29%；排第二位的是"缺乏社会支持系统"；排第三位的是"官僚化倾向明显"。另外，志愿组织还存在没有激励机制、缺乏资金保障等问题（见图3-7）。

以上所出现的问题归纳为以下两点。一方面，新时代大学生志愿组织的结构不完善，管理水平不高。一些组织者功利心过重，不重视志愿服务的意义，违背了志愿精神的根本要求。另一方面，对于志愿组织的支持，仍然主要以学校支持为主，社会支持还比较少，如资金支持、政策支持等，影响了大学生的参与度，使志愿服务的作用无法真正发挥出来。

（四）志愿者的行为动机分析

一个人作出的某种行为总是由一定的动机引起的，行为动机即人

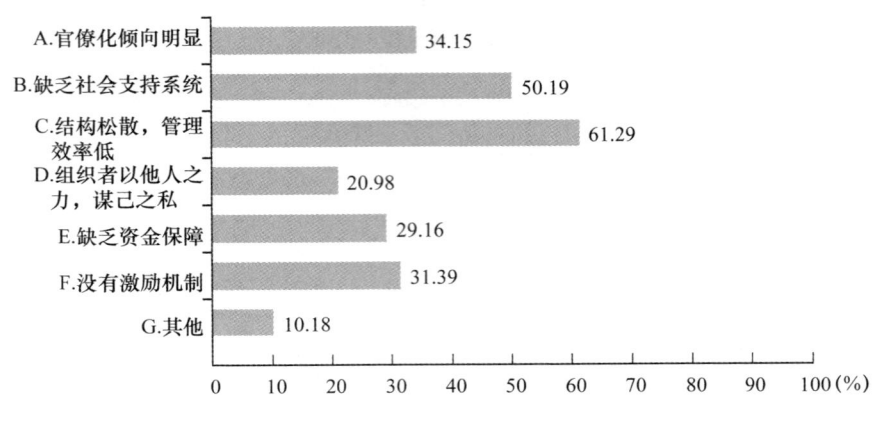

```
A.官僚化倾向明显    34.15
B.缺乏社会支持系统  50.19
C.结构松散,管理效率低  61.29
D.组织者以他人之力,谋己之私  20.98
E.缺乏资金保障  29.16
F.没有激励机制  31.39
G.其他  10.18
```

图 3-7　您认为当前大学生志愿组织主要存在哪些问题

们作出行为的意愿，志愿者的行为动机则反映了其价值诉求，大学生志愿者的行为动机既包括利他因素，也包括利己因素，参加志愿服务在帮助有困难的人的同时也可以发展自我、完善自我。但如果大学生去参加志愿服务时，更多地考虑利己方面，就很难长期坚持参与，所以，高校要引导大学生正确看待志愿服务。在关于"学生暂未参与志愿服务活动的原因"调查中，设置为最多选三项（见图 3-8），排在第一位的原因是"学业紧张，课余时间不多"，排第二、第三位的原因是"对志愿精神认识不足""觉得自己还不具备参与志愿服务的能力"。由此可以看出，新时代大学生不参加志愿服务的主要原因是课余时间少，其次是对参与志愿服务的能力和认识不足。因此，不仅需要加强对志愿者行为动机的引导和志愿精神的培育，而且其能力也需要提高。

因此，动机和行动之间有差距。一方面，在新时代大学生的意识里，专业学习与志愿行动之间有冲突，他们一般会优先选择学习，在学习之余再去参加志愿服务活动。另一方面，大学生认为参加志愿服务活动的能力不足。从图 3-8 中可以看出，有接近一半的大学生对

第三章　新时代大学生志愿精神培育的现状调研　·95·

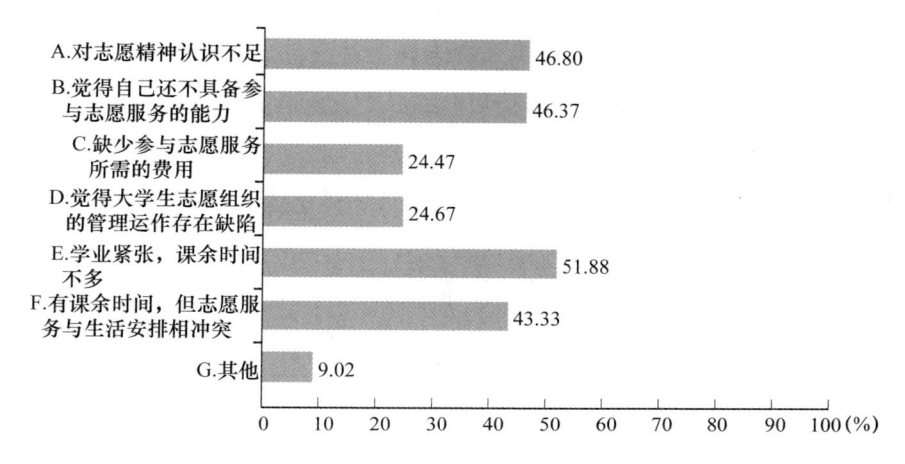

```
A.对志愿精神认识不足                46.80
B.觉得自己还不具备参
  与志愿服务的能力                  46.37
C.缺少参与志愿服务
  所需的费用                        24.47
D.觉得大学生志愿组织
  的管理运作存在缺陷                24.67
E.学业紧张，课余时间
  不多                              51.88
F.有课余时间，但志愿服
  务与生活安排相冲突                43.33
G.其他                              9.02
  0  10  20  30  40  50  60  70  80  90  100(%)
```

图 3-8　您认为部分学生暂未参与志愿服务活动的原因

自己参与志愿服务活动的能力感到怀疑，这就容易致使大学生在考虑参加志愿服务活动时退缩。其实，对大学生来说，参加志愿服务活动也是一种学习，不仅可以锻炼和提高各方面的能力，而且也有利于将来的就业。所以，只要合理安排时间，志愿服务活动也不会占用过多的时间和精力。此外，在真正参与志愿服务活动时，也不需要具备过高的能力，只要认识到志愿精神的核心，理解志愿服务活动的社会意义，从小事做起，从点滴服务做起，就能在志愿服务活动中提高认识，在实践中提高自己的能力。

第二节　新时代大学生志愿精神培育的成绩

党的十八大以来，党中央努力培育和践行社会主义核心价值观，使志愿服务活动成为践行社会主义核心价值观的重要组成部分。党和政府一直高度重视志愿服务事业的发展，我国志愿精神培育事业取得了一系列重大成就。习近平总书记多次给志愿者写信、寄语，他在给青年志愿者的回信中，充分肯定了他们奔赴艰苦地区、服务他人、奉献社会的行为,鼓励广大青年志愿者为人民服务和为社会奉献,并号召更多青年人以他们为榜样,到基层和人民中去建功立业,在实践中实现自己的理想。党的十九大开启了中国特色社会主义新时代,习近平总书记强调,"推进诚信建设和志愿服务制度化,强化社会责任意识、规则意识、奉献意识"①。新时代,大学生志愿精神培育取得了一些成绩。

一 志愿服务纳入人才培养体系

习近平总书记多次在重要场合以高校立德树人为主题发表讲话,对现代高等教育提出了新的更高的要求,凸显了习近平总书记作为国家领导人对高等教育事业持续性发展的长远眼光。2016年12月,在全国高校思想政治工作会议上,习近平总书记强调,要坚持把立德树人作为中心环节。2018年9月,习近平总书记在全国教育大会上指出,坚持把立德树人作为根本任务。习近平总书记在党的十九大报告中指出:"要全面贯彻党的教育方针,落实立德树人根本任务,发展素质教育,推进教育公平,培养德智体美全面发展的社会主义建设者和接班人。"②进一步阐释了教育立德树人的目标和任务。习近平总书记强调:"核心价值观,其实就是一种德,既是个人的德,也是一种大德,就是国家的德、社会的德。国无德不兴,人无德不立。"③习近平总书记有关立德树人的重要论述与社会主义核心价值观存在内在的价值一致性。高校立德树人不仅要重视大学生智育的培养,还要重视德育的培养。要在尊重学生成长成才规律基础上,引导学生树立正确的价值观、世界观和人生观,在日常生活中自觉践行和培育社会主义核心价值观。高尚道德品质不是与生俱来的,而是要通过实践得

---

① 习近平:《决胜全面建成小康社会 夺取新时代中国特色社会主义伟大胜利——在中国共产党第十九次全国代表大会上的报告》,人民出版社2017年版,第43页。

② 习近平:《决胜全面建成小康社会 夺取新时代中国特色社会主义伟大胜利——在中国共产党第十九次全国代表大会上的报告》,人民出版社2017年版,第45页。

③ 习近平:《青年要自觉践行社会主义核心价值观——在北京大学师生座谈会上的讲话》,人民出版社2014年版,第4页。

来,并要在坚持中提升。志愿服务是践行社会主义核心价值观的重要载体。改革开放以来,党和政府非常重视志愿服务的发展,把志愿服务与雷锋活动相结合,纳入高校德育与人才培养体系,形成了志愿服务的常态化发展。

在问卷调查中,问及"您是否知道您所在学校的志愿服务组织"时,结果显示,有83.04%的大学生选择"是"(见表3-21)。由此可以看出,高校非常重视志愿服务,已纳入高校德育体系与人才培养计划中。因此,在关于"您是如何了解志愿服务的相关信息的"调查中(见图3-9),有56.37%的大学生认为是从"学校相关部门的通知"得到的志愿服务信息。还有部分高校专门把志愿服务纳入课程体系,给予一定的学分。

表3-21　　　您是否知道您所在学校的志愿服务组织

选项	人数(人)	比例(%)
A. 是	8556	83.04
B. 否	1747	16.96
本题有效填写人次	10303	

志愿服务活动是培育志愿精神的主要途径。党的十八大以来,我国志愿精神培育制度化建设步伐开始加快。2014年2月,中央精神文明建设指导委员会在《关于推进志愿服务制度化的意见》中指出:"推进志愿服务制度化,对于推动志愿服务持续健康发展、促进学雷锋活动常态化,对于培育和践行社会主义核心价值观、在全社会形成向上向善的力量,具有十分重要的意义。"[1] 省级行政区等规范志愿服务的法规从党的十八大之前的34个增加到现在的37个。这些法律法

---

[1] 《关于推进志愿服务制度化的意见》,《人民日报》2014年2月27日第6版。

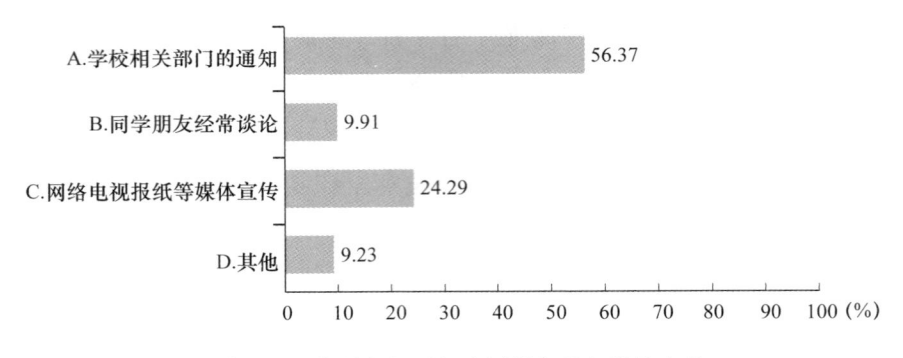

```
A.学校相关部门的通知    56.37
B.同学朋友经常谈论      9.91
C.网络电视报纸等媒体宣传  24.29
D.其他                9.23
```

图3-9 您是如何了解志愿服务的相关信息的

规的出台标志着志愿服务走向法制化。2016年3月,李克强总理指出:"加快行业协会商会与行政机关脱钩改革,依法规范发展社会组织,支持专业社会工作、志愿服务和慈善事业发展。"[①]"十三五"规划指出要"广泛动员社会力量开展社会救济和社会互助、志愿服务活动……鼓励青少年更多参与志愿服务和社会公益活动"[②]。

2016年,两项全国性的志愿服务立法取得重大进展。2016年9月1日,正式实施《慈善法》。2016年5月,发布《志愿服务条例(征求意见稿)》。2017年6月,《志愿服务条例》正式颁布实施。地方性法规政策也不断充实和完善。2016年,河北省通过了《河北省志愿服务条例》,湖北省实施《湖北省志愿服务条例》等。2018年《政府工作报告》中首次提出了"志愿服务健康发展";2019年,在党和政府的高度重视之下,我国志愿服务事业的发展迈入新时代、开启了新征程。从党中央到各级政府都非常重视志愿服务,在全社会也营造了"赠人玫瑰,手留余香"的良好氛围。大学生对志愿服务法规

[①] 李克强:《政府工作报告——2016年3月5日在第十二届全国人民代表大会第四次会议上》,人民出版社2016年版,第37页。

[②] 《中华人民共和国国民经济和社会发展第十三个五年规划纲要》,人民出版社2016年版,第161—164页。

和政策性文件等都有了一定的了解。对于"您最了解哪些志愿服务法规和政策性文件"的调查中，设置为最多选三项，其中，《志愿服务条例》这一选项排在第一，占 54.89%；《关于推进志愿服务制度化的意见》这一选项排在第二，占 32.89%；排在第三位的选项是《慈善法》，占 24.63%（见图 3-10）。

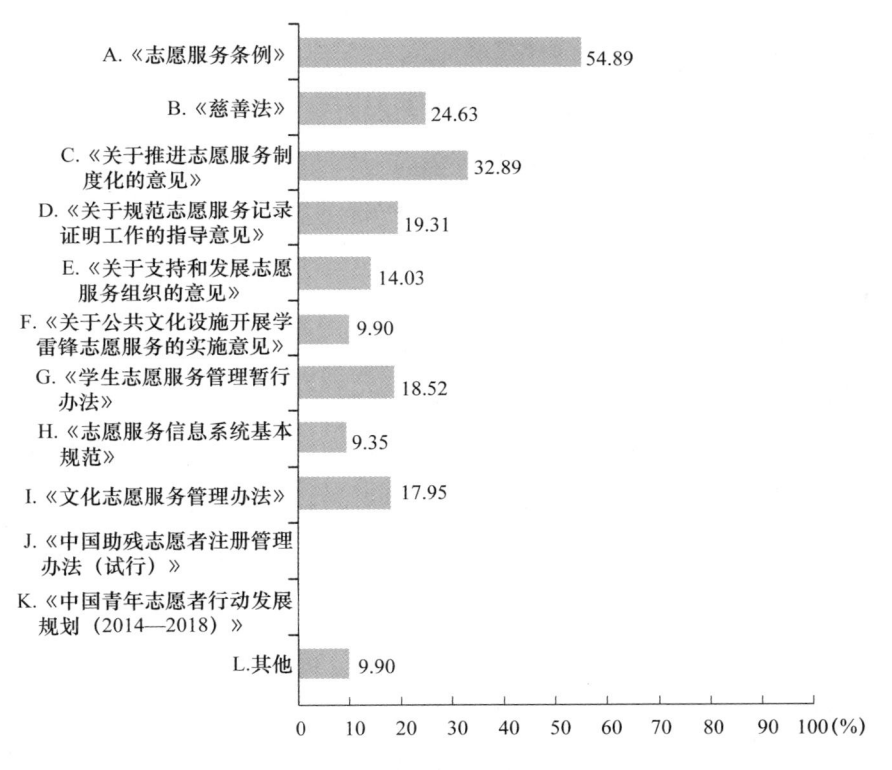

```
A.《志愿服务条例》                    54.89
B.《慈善法》                          24.63
C.《关于推进志愿服务制度化的意见》      32.89
D.《关于规范志愿服务记录证明工作的指导意见》  19.31
E.《关于支持和发展志愿服务组织的意见》   14.03
F.《关于公共文化设施开展学雷锋志愿服务的实施意见》  9.90
G.《学生志愿服务管理暂行办法》         18.52
H.《志愿服务信息系统基本规范》         9.35
I.《文化志愿服务管理办法》            17.95
J.《中国助残志愿者注册管理办法（试行）》
K.《中国青年志愿者行动发展规划（2014—2018）》
L.其他                               9.90
```

图 3-10　您最了解哪些志愿服务法规和政策性文件

习近平总书记对志愿服务事业高度重视。2020 年，广大志愿者在疫情防控前线积极奉献、日夜奋战，习近平总书记看在眼里，记在心里，在不同的场合多次提及、亲自鼓舞他们。《法治社会建设实施纲要（2020—2025 年）》（以下简称《实施纲要》）对法治社会建设提出了新要求、作出了新部署，其中对志愿服务的法治要求提出从立法和标准化两个方面推进。2020年,各地也积极响应落实,成立各地志愿服务领导协调小组。如10月,山西省文明委印发了《山西省志愿服务工作协调小组及其办事机构工作规则》的通知。12月,山东省建立省志愿服务工作协调小组,同时召开第一次会议,审议《山东省志愿服务工作协调小组及其办事机构工作规则》,明确各成员单位职责分工,研究部署下一阶段重点任务。2020年,各部委积极响应党和国家的战略部署,重视志愿服务工作并纳入部门工作部署,将志愿服务与社会建设各方面有机结合,充分发挥了志愿服务在推动社会文明和社会治理中的作用。2020年5月,教育部发布《普通高中课程方案和语文等学科课程标准(2017年版2020年修订)》,规定志愿服务成为高中必修课,三年参与志愿服务不少于40小时。2018年团中央将志愿服务纳入高校"第二课堂成绩单"。

由于高校将志愿服务纳入高校人才体系培养中,高校大学生关注志愿服务评选活动,对弘扬志愿精神的相关活动都比较了解。在调查问卷中,对于"您最了解哪些弘扬志愿精神的相关活动"的调查中,限选三项。"感动中国年度人物评选活动"占比最高,达67.94%;排在第二位的是"全国道德模范评选活动",占59.51%;"中国青年志愿者评选表彰活动"排在第三位,占51.16%(见图3-11)。

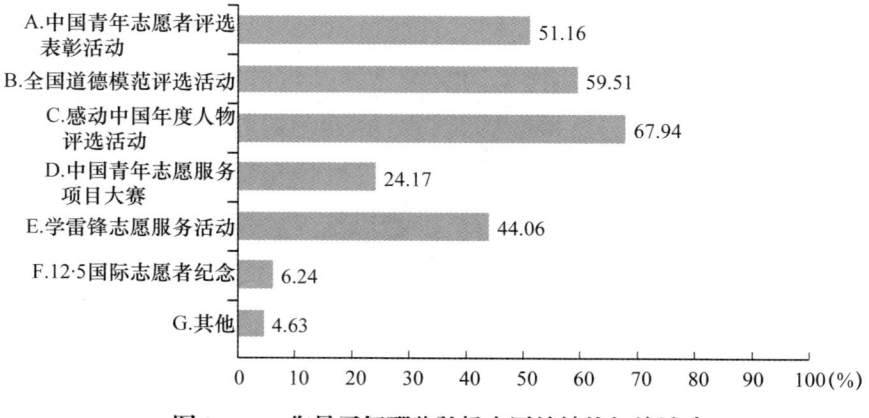

选项	占比(%)
A.中国青年志愿者评选表彰活动	51.16
B.全国道德模范评选活动	59.51
C.感动中国年度人物评选活动	67.94
D.中国青年志愿服务项目大赛	24.17
E.学雷锋志愿服务活动	44.06
F.12·5国际志愿者纪念	6.24
G.其他	4.63

图3-11 您最了解哪些弘扬志愿精神的相关活动

二 大学生志愿精神培育不断创新

志愿服务所体现出来的自愿地、不计报酬地服务他人和参与社会公益事业的奉献精神，有助于社会形成向上向善、诚信互助的良好风气，也有助于大学生成才成人。当前，大学生参与志愿服务的范围越来越广，遍及扶贫济困、心理咨询、环境保护、大型活动等领域，大学生志愿精神培育的内容和形式也不断创新。

对于"您所知道的大学生志愿服务活动的内容有哪些"的调查中，首先是"帮老助幼，帮残助弱"，这一选项占 80.83%，排第一；其次是"大型活动，赛会服务""环境保护"；再次是"社会服务""青少年教育与心理咨询服务""日常帮助"（见图 3-2）。通过调查发现，大学生志愿服务涉及社会生活的方方面面，志愿服务在大学生成长成人的过程中发挥了重要作用，也促进了社会文明建设。"邻里守望"志愿服务、关爱留守儿童"心手相牵"志愿服务、关爱空巢老人志愿服务等品牌深入人心。特别是围绕"邻里守望"志愿服务形成了"阳光助残""阳光号列车""送法下乡""青春伴夕阳"等一系列子品牌，推动了高校志愿服务日常化、生活化，形成了一种时代新风尚。

随着社会的发展，社会需要专业化的志愿服务。当前，专业化的志愿服务和志愿组织在社会上纷纷涌现。志愿者根据自己所学专业知识参与到相应志愿服务的各个领域中，有效提升了志愿服务本身的专业化水平。比如，北京博能志愿公益基金会成立于 2016 年 12 月 6 日，是中国大陆第一家专注于推动专业志愿服务的非公募基金会。该基金会专注于资助扶贫、济困、扶老、救孤等公益项目。专业志愿服务最具有代表性的就是应急志愿服务。2008 年汶川地震后，应急志愿服务迅速兴起，应急志愿者队伍是一支专业化程度高、机动能力强的特殊志愿者队伍。党的十八大以来，我国的应急志愿者队伍蓬勃发展，通过志愿服务应急救援体系与政府应急救援体系有机结合，建立了社会的应急救援机制和政府互动机制。在各组织的支持下,志愿服务在专业化方面取得了长足进展。2015 年,中国助残志愿者协会成立,成为全国助残志愿者组织,确定了 50 个"全国志愿助残阳光基地"和 48 个"全国志愿助残阳光使者",推动了助残志愿服务的标准化。2021 年,如何能为超过 1.92 亿的注册志愿者提供系统化支撑将是摆在中国面前的一大难题,也是"十四五"规划提出的志愿服务体系化建设的重要依据。"十四五"规划的一个重要特征就是没有提出太多的数据性指标,志愿服务也一样。我们认为中国志愿服务如何实现从数量增长到质量提升的发展,将是下一个五年的发力方向。高校志愿服务也向专业化方向发展,比如高校根据法律专业学生特点,成立大学生法律服务团,组织学生参与送法下乡、进行法律援助等志愿服务活动。根据图 3-2 的调查数据,有 23.61% 的大学生参与法律服务,有 55.62% 的大学生参与青少年教育与心理咨询服务,还有 35.04% 的大学生参与到医疗卫生服务,这反映了当前大学生志愿服务的内容和形式都在不断创新。

三 大学生志愿服务参与度较高

当前,志愿服务已经成为大学生参与社会实践、成长成人的重要平台,成为大学生自愿奉献社会、服务人民、传播青春正能量的重要途径。奉献精神是志愿服务的精髓。大学生参与志愿服务,一方面,帮助了他人,为社会作出了贡献,推动了整个社会道德水平的提高;另一方面,大学生也把为他人和社会服务看成自己应尽的责任和义务,并认为是光荣的事情,他们从志愿服务活动中感受到成就感和快乐感,实现了自我价值。目前,我国各地有关部门把志愿服务与学雷锋活动有机结合,在社会上形成了良好的社会风尚。《2019 中国慈善发展报告》指出:"2018 年度中国志愿者总量约为 1.98 亿人,占中国大陆人口的 14%,比 2017 年增加了 4003 万人,增长率为 25%。

注册志愿者14877.88万人，注册率为10.66%。截止到2019年3月9日，中国志愿服务网注册志愿者的数量为11405.88万人，比2017年增加了2861.103万人。"① 《2020中国慈善发展报告》指出："2019年，我国实名注册志愿者总数达到1.69亿人，累计志愿服务时间为22.68亿小时，分别较2018年增长13.9%和3.2%。注册志愿者总数较2018年增长13.9%，累计志愿服务时间较2018年增长3.2%。"② 中国志愿服务网统计数据显示，截至2020年12月5日（第35个国际志愿者日），我国实名志愿者达到1.92亿人，占居民人口比例约为13.7%。当前，我国志愿服务队伍越来越壮大，参与领域越来越广泛，推动了新时代社会主义精神文明建设。据民政部统计，党的十八大以来，志愿服务组织迅速增多，从2012年全国9.3万个增加到2016年的11.6万个，增长24.73。2019年发布的2018年度中国志愿服务发展报告指出："2018年共有143.3万家志愿服务组织开展过志愿服务，比2017年度增加12.63万家，增长率9%。"③ 2018年志愿服务组织举行的志愿服务参与率比2017年增加了0.1%，参与率为4.5%。2018年志愿者贡献的志愿服务时长比2017年增加了22%，达到21.97亿小时。2020年中国慈善发展报告指出，2019年全国共有社会组织86.7万个，较2018年增长6.2%。中国志愿服务网统计数据显示，2020年，志愿服务组织发展取得长足发展，志愿团体78万个，志愿项目471.2万个，服务时间总计26.45亿小时。受良好社会风尚的影响，大学生投身崇德尚美的道德实践活动增多，志愿服务活动的参与度较高。

在前面分析中，对于调查对象是否参加过志愿服务的调查中，

---

① 杨团、朱健刚：《2019中国慈善发展报告》，社会科学文献出版社2019年版，第6页。
② 杨团、葛道顺：《2020中国慈善发展报告》，社会科学文献出版社2020年版，第8页。
③ 杨团、朱健刚：《中国慈善发展报告》，社会科学文献出版社2019年版，第7页。

"经常参加"和"偶尔参加"这两个选项占80.81%,"没有参加过"的占比为19.19%(见表3-9)。对于"您认为部分学生暂未参与志愿服务活动的原因"的调查中,占比最高的选项是"学业紧张,课余时间不多"。当前,80%以上的大学生曾经参与到志愿服务活动中,并对志愿服务和志愿精神有一定的认识,部分学生因为学业紧张没能参与到志愿服务活动中。对于"您认为,做一名志愿者最应该具备的素质是……"的调查中,设置为最多可以选三项。"真诚的服务心态"这一选项排第一,占64.94%;"自信乐观"这一选项排第二,占18.74%;排在第三和第四位的是"善于沟通"和"丰富的专业知识和技能"(见图3-12)。这说明在大学生参与志愿服务中,认为要有服务意识,而且要有发自内心的真诚的善心,说明当代大学生能深刻领会到奉献精神的内涵。

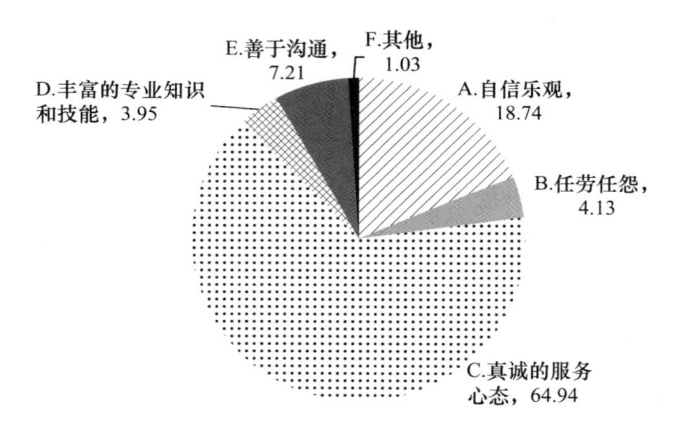

图3-12 您认为,做一名志愿者最应该具备的素质是……(%)

第三节 新时代大学生志愿精神培育存在的问题

当前,大学生参加志愿服务的意愿日益增强,但在志愿精神培育上，高校、社会、志愿组织和大学生自身或多或少还存在一些问题，分析这些问题的原因，以便提出切实可行的培育机制和途径。

一 高校对志愿精神培育重视不够

大学生志愿精神的培育主要在于高校，高校的人才培养方案中虽然包含大学生志愿服务，但是在志愿服务纳入课程体系、如何实施监督管理、加大支持力度等方面还做得不够。日常与志愿服务相关的工作大多由共青团组织负责，其他的部门对志愿服务活动并不太重视。大部分高校的课程中不包括关于志愿服务的课程，只是把志愿服务渗透到各科课程中，即便是举办志愿服务相关的讲座，也只是关注大学生的出勤率，教育内容单一、碎片化，打击了他们参与志愿服务活动的积极性，从现阶段来看，高校对新时代大学生志愿精神培育的深远意义重视不够。

在调查问卷中，设计了"您所在学校是否把志愿服务纳入课程体系"这一问题，结果显示，只有占比36.76%的大学生选择了"是"，占比63.24%的大学生选择了"否"（见图3-3）。对于"您认为高校应该通过哪些方法来培育志愿精神"这一问题，设置最多选三项。"高校引进志愿服务课程，并给予一定的学分"这一选项占比最高，达61.96%，排在第二位的是"加强志愿精神培育队伍建设，特别是党员干部、教师和思想政治工作者"选项，占比61.38%，排在第三位的是"加强志愿精神培育机制研究，以期建立志愿服务长效机制"选项，占58.37%（见图3-13）。这些数据表明志愿服务虽已纳入高校德育与人才培养计划中，但是大部分高校没有把志愿服务纳入课程体系中，对志愿精神培育重视还欠缺。

此外，志愿服务活动水平的高低在一定程度上也会对大学生志愿者的积极性有所影响。有些高校对本校的志愿组织只要求活动的数量，完成相关的任务即可，导致现在的高校志愿组织大多是根据学校的政策要求来开展活动，活动数量很多，但是不够深入，很多是为了

```
A.高校引进志愿服务课程，    61.96
  并给予一定的学分
B.加强志愿精神培育队伍
  建设，特别是党员干部、  61.38
  教师和思想政治工作者
C.加强志愿精神培育机制
  研究，以期建立志愿服    58.37
  务长效机制
D.营造志愿服务氛围，     46.17
  加强志愿文化育人
E.其他  7.92
```

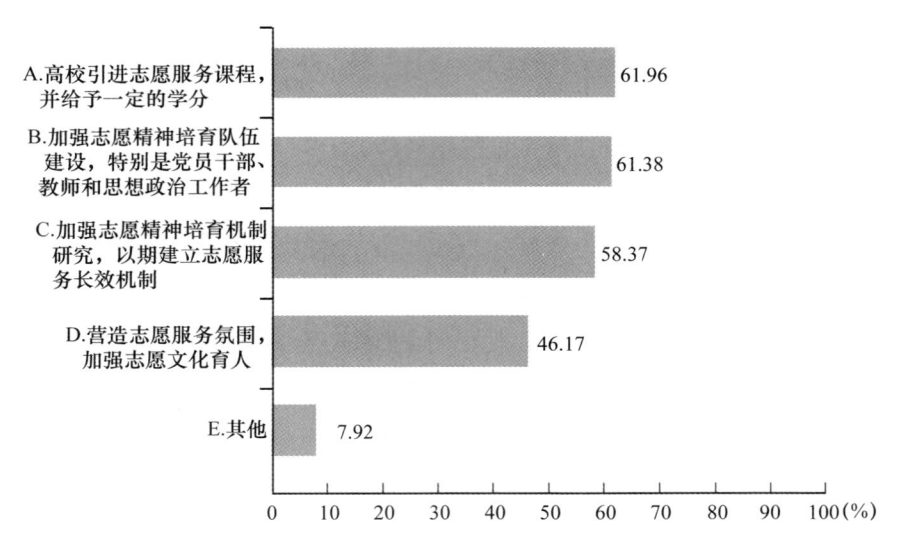

图3-13 您认为高校应该通过哪些方法来培育志愿精神

"做志愿"去开展志愿服务，而不是在生活中发现问题后主动地寻找解决的途径，长期下来，大学生志愿者就会下意识地把志愿服务当成去敬老院、福利院、特殊学校等看望老人和孩子、做环保工作、充当观众或活动的工作人员等类似的活动，而不能意识到志愿服务对推进中国特色社会主义现代化建设的深远意义。这种集体无意识行为不利于正在起步阶段的中国志愿服务事业的发展。因此，高校应提高对志愿组织的要求，提升其组织管理水平。

部分高校在开展大学生志愿服务时，前期宣传不到位，志愿者招募也不完善，甚至默认为是学生党员、干部的活动。虽然一次志愿服务活动参与人数有限，不能满足广大学生都能参加志愿服务的机会，但是高校也应注意，大学生志愿服务无论是对社会还是大学生自身，都具有促进作用。所以，就需要拓展多样的服务机会、丰富服务活动、扩大范围，使具有奉献热情的大学生能够有机会参加志愿服务。要提高大学生志愿服务的质量，可通过党员、学生干部带动大家共同参与。

二 志愿服务缺乏有效的物质保障

资金、设备等物质是新时代大学生开展志愿服务活动的重要保障条件，无论是前期宣传、招募还是培训都需要资金。如果志愿服务缺乏有效的物质保障，就很容易流于形式，人们在物质难以保障时很难去追求价值理想，难以形成道德自觉。

从过去来看，一些大事件发生时，政府的投入经费较多，给予充分的物质保障，比如对抗震救灾、奥运会、抗击疫情等志愿活动，国家和地方各级政府给予了有力支持。对于高校学生社团志愿活动、一些志愿组织日常生活化的活动则出现资金短缺、社会支持较少等问题。而大学生是志愿服务的重要主体，大学生志愿服务的常态化能够带动我国志愿服务的健康持续发展。因此，政府应该加强对大学生志愿服务的经费投入。

在调查问卷中，设计了"您认为高校开展志愿服务活动，弘扬志愿精神，遇到的最大问题是……"这一问题，调查结果显示，"学校的支持力度不够"这一选项占比36.30%，"资金不足"这一选项占比31.40%（见图3-14）。这些数据说明，志愿服务缺乏有效的物质保障。

在国外，一些国家大力支持和发展大学生志愿服务，资金支持的来源渠道丰富，如在美国，志愿服务的资金来源于个人捐助和馈赠、公司基金、科学文化福利基金等；在新加坡、日本等国家，志愿精神的培育课程是必修课。而在中国，一些民间和社区团体的发展不够完善，企业对志愿服务也不够重视，企业招聘人员时并没有特别关注应聘者是否有志愿服务经历。

新时代大学生志愿精神的培育是一个系统工程，并不是只属于高校的任务，而是需要政府、社会、企业、个人各方面力量协同作用；不仅需要物质保障，而且需要政策支持、企事业单位支持。丰富资金

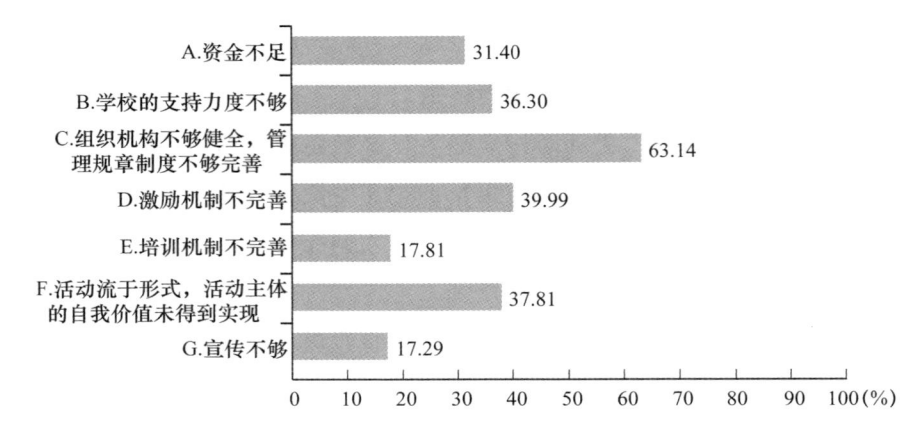

```
A.资金不足                              31.40
B.学校的支持力度不够                      36.30
C.组织机构不够健全,
  管理规章制度不够完善                    63.14
D.激励机制不完善                         39.99
E.培训机制不完善                         17.81
F.活动流于形式,活动主体
  的自我价值未得到实现                    37.81
G.宣传不够                               17.29
      0  10  20  30  40  50  60  70  80  90  100(%)
```

图 3-14　您认为高校开展志愿服务活动,弘扬志愿精神,遇到的最大问题是……

来源渠道,才能促进新时代大学生志愿服务的有效开展。

三　志愿组织的管理制度不够完善

大学生参与志愿服务是一项具有组织性的活动。志愿组织的有效管理是大学生参加志愿服务的前提和基础,也能够提高志愿服务的质量和水平。但在现阶段,一些志愿组织的管理职能没有充分发挥,管理制度也存在缺陷和不足,主要有以下问题。

（一）志愿组织的管理机制比较固定

在部分高校,志愿组织的管理大多由共青团或社团组织管理,比较分散,未能建立规范统一的管理机制。对于组织人员任务的分配、资金的管理、信息的宣传、资源的调度等问题仍然缺少灵活性,需要根据不同的情况灵活变通,而不是拘泥于固定的形式,这样才能不断完善管理机制,更好地发挥志愿组织的作用。

对于"您认为当前大学生志愿组织主要存在哪些问题"的调查中,"结构松散,管理效率低"这一选项占 61.29%,"缺乏社会支持系统"这一选项占比50.19%（见图3-15），这说明志愿组织在管理上比较松散。

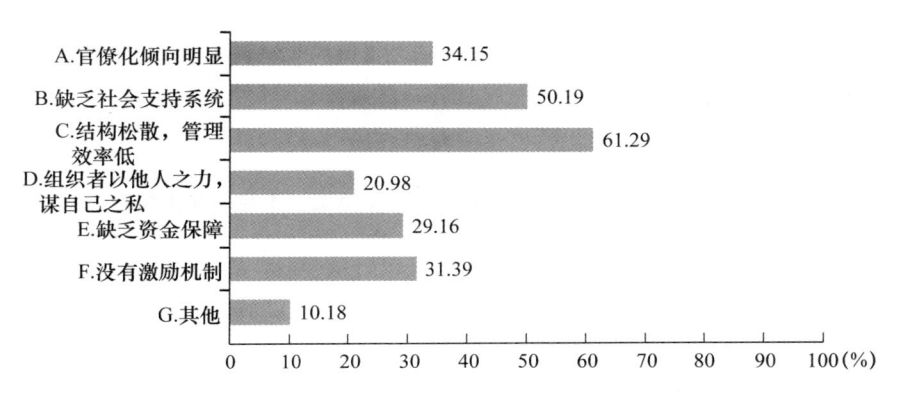

```
A.官僚化倾向明显          34.15
B.缺乏社会支持系统        50.19
C.结构松散，管理效率低    61.29
D.组织者以他人之力，谋自己之私  20.98
E.缺乏资金保障            29.16
F.没有激励机制            31.39
G.其他                    10.18
```

图3-15　您认为当前大学生志愿组织主要存在哪些问题

（二）志愿服务培训欠缺

一方面，组织内部人员缺乏培训。一些高校在志愿组织成员的选拔上不严谨，对其志愿精神、服务意识、经历等考察不全面，有的甚至是直接由学生干部、党员担任；也没有进行相关的培训，导致他们在对学生宣传、介绍相关信息时不够专业，自身的志愿服务意识也不够，影响了大学生志愿组织的顺利开展。另一方面，大学生志愿者也缺少培训。对于招募后的志愿者，大多数志愿组织没有对他们进行志愿服务相关知识、技能或能力的培训，这对于一些需要相关知识、技能的志愿服务来说会影响活动的效果。

对于"您觉得志愿者组织在志愿者管理方面有哪些不足"的调查中，"缺乏有效培训"这一选项占48.24%，居第二位，排在第一位的是"积极性不高"这一选项，占51.10%（见表3-22），这一数据充分说明志愿服务培训欠缺。在关于"您认为学校志愿组织在开展志愿服务活动前，哪些培训内容需要涉及"的调查中，限制最多选三项。"志愿者服务基本知识"这一选项排第一，占70.27%，排在第

二、第三位的是"志愿服务所需要的专业知识和技能"和"志愿服务精神",分别占比69.95%和65.76%(见图3-16)。这些数据说明大学生对志愿精神的内涵、志愿服务相关知识以及志愿服务所需的专业技能等都需要培训,然而,这些有针对性的志愿服务培训在高校中比较欠缺。

表3-22 您觉得志愿者组织在志愿者管理方面有哪些不足 [多选题]

选项	人数(人)	比例(%)
A. 积极性不高	5265	51.10
B. 服务态度不佳	7239	27.66
C. 激励机制不健全	7239	47.94
D. 缺乏有效培训	7239	48.24
E. 不能保证志愿者权益	7239	31.27
F. 缺乏管理人才	7239	20.97
G. 其他	7239	10.29
本题有效填写人次	10303	

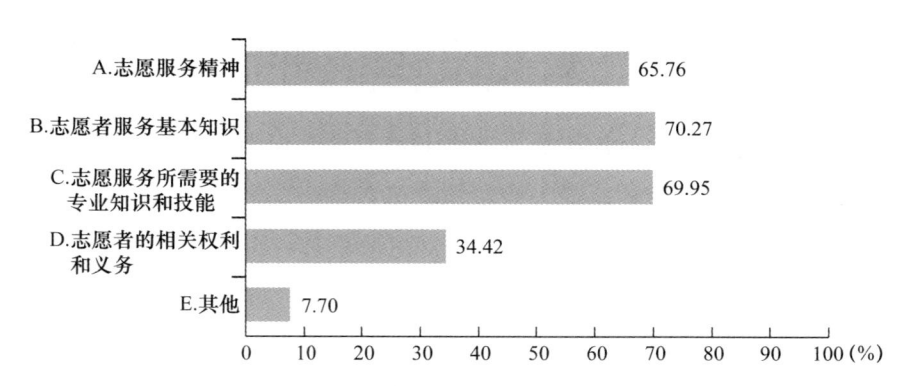

图3-16 您认为学校志愿组织在开展志愿服务活动前,哪些培训内容需要涉及

- A.志愿服务精神 65.76
- B.志愿者服务基本知识 70.27
- C.志愿服务所需要的专业知识和技能 69.95
- D.志愿者的相关权利和义务 34.42
- E.其他 7.70

(三) 缺乏沟通与交流

一方面，组织者与大学生志愿者之间缺乏沟通。大学生的志愿服务大多是志愿组织发布的通知，志愿者依据活动策划去参与志愿服务，这样单向的形式，缺少双向的沟通和交流。组织者在策划时几乎不会听取大学生志愿者的建议或意见，更多的是组织内部进行讨论，确定方案。实际上，志愿者也可以参与志愿组织的活动策划，他们更加懂得志愿者的想法，知道什么样的志愿服务能吸引大学生的参与热情，有利于创新志愿服务活动的形式，志愿者也希望自身可以被肯定或认可，体现自身的价值。另一方面，志愿组织之间缺乏必要的交流、合作。在高校中，大学生志愿者协会、爱心社团等各种志愿组织之间缺少沟通和交流，会导致出现不同的志愿活动集中在同一个志愿服务地点的情况，也不利于资源的有效整合和利用。

四 大学生对培育活动的参与不足

大学生对志愿精神培育活动的参与不足，主要表现在两个方面：一是大学生对志愿精神认识不足；二是大学生志愿者的素质能力有待提升。

(一) 大学生对志愿精神认识不足

大学生对志愿精神的认知存在着矛盾，一方面，通过手机、电视上的新闻舆论了解到的志愿者是崇高伟大、无私的形象，更多的是表达敬意。例如在新冠疫情中，有无数的志愿者参与其中，在调查中，问及"对于这次新冠疫情中志愿者的行为"，大部分人（84.3%）认为"很高尚，是其道德人格的表现"（见表3-23）。但另一方面，新时代大学生对于志愿精神的理解仍然不够深刻。有一些学校存在把志愿者当作免费的劳动力，指派其做零碎的杂活的情况。在大学生毕业找工作时，一些用人单位并不重视学生是否参加过志愿服务的经历，这在一定程度上使大学生对志愿服务产生懈怠。

表 3 – 23　　对于这次新冠疫情中志愿者的行为，您认为……

选项	人数（人）	比例（%）
A. 很高尚，是其道德人格的表现	8685	84.3
B. 很自然，有责任心的人都会这么做	1244	12.07
C. 无所谓	107	1.04
D. 很虚伪，是为了获得某种名誉	45	0.44
E. 普通人做不到	222	2.15
本题有效填写人次	10303	

对于大学生而言，他们的自制力、意志力较弱，对于刚开始参加或尝试参加志愿服务会有新鲜感，抱有较高的积极性。所以，他们可能在志愿服务过程中产生心理落差或一些困难，这样会降低热情。因此，新时代大学生参加志愿服务大部分是非持续性的、应付性的，学校或者社团组织一次志愿服务，学生便自愿参加成为志愿者，随着活动结束，志愿者也随之解散。非持续性的、应付性的做好事行为不仅不会促进社会公共事务的改善，而且也不会使人感受到奉献、服务的内涵，只是抱着完成某项任务的心态。如果把每次志愿服务都看成一次短期的、应急的行为，不仅造成了投入的人力、财力、物力的严重浪费和重复建设，而且也无法体现志愿精神的深远意义。

因此，大学生对志愿精神认识不足主要表现为：第一，新时代大学生虽然在日常生活中对于志愿服务有所了解，但他们没有认识到志愿精神的实质，对志愿服务的基础性概念也不了解，志愿活动更多的只是被他们看作学校的某个活动，而不是看成一种精神和文化。第二，部分大学生参加志愿服务只是为了提高自身能力、增长见识，将其当成增加自己就业筹码的一种经历，或者是为了增加学分、评奖学金等，这样的服务态度容易导致社会对大学生志愿者留下不好的印象。第三，部分志愿者没有得到培训，没有认识到参加培训的重要性，服务技能无法得到提高，志愿服务活动就很难达到预期的效果。

新时代大学生志愿者既是志愿服务活动的主体,也是大学生志愿精神培育的对象。志愿服务活动的效果直接受大学生的价值观和道德素质的影响,因此,高校要深化大学生对志愿精神的认识,提升志愿服务的质量,使新时代大学生志愿者的作用得以有效发挥,促进志愿服务稳定性和长期性发展。

(二) 志愿者的素质能力有待提升

大学生素质能力的高低能够在其参加志愿服务活动中体现出来,尤其在社会出现重大事件时,往往最能够体现出一个人的思想道德素质。在2019年突发的新冠疫情中,有许多大学生积极投身于疫情防控、捐赠物资、帮助社区监管、测量体温等活动中,贡献自己的一份力量,他们身上体现出的道德素质和道德情操值得大家学习。

志愿者的素质能力也与志愿活动的效果紧密相关,一些大学生不能正确地认识自己的能力与素质,导致他们在参加志愿服务时不能很好地完成工作,影响志愿活动的整体效果。在调查中,问及"部分学生暂未参与志愿服务活动的原因",有46.37%的大学生"觉得自己还不具备参与志愿服务的能力",排在第三位(见图3-17)。可见,部分新时代大学生意识到自己不具备参加志愿服务的能力时会选择不参加,而不是去提高自身的能力。志愿者不仅要从思想上认识到自身素质能力需要提升,而且要从行动上落到实处,这就需要高校、志愿组织、社会等各方面的共同作用。

新时代大学生在选择参加志愿服务时也有一些人动机不纯、功利性太强,为了达到有利于自身的目的而参加志愿服务,成为所谓志愿者,如为了获取学分、认为自己的服务活动是需要补偿的,或者以别的方式代替补偿。总之,他们认为自己付出了就应该得到回报,反映出这些大学生缺乏人文精神,对志愿服务的内涵、志愿精神的实质和长远意义等的认识仍然不足。同时,新时代大学生容易受到网络上不良思想观念的影响,不利于提高其修养。

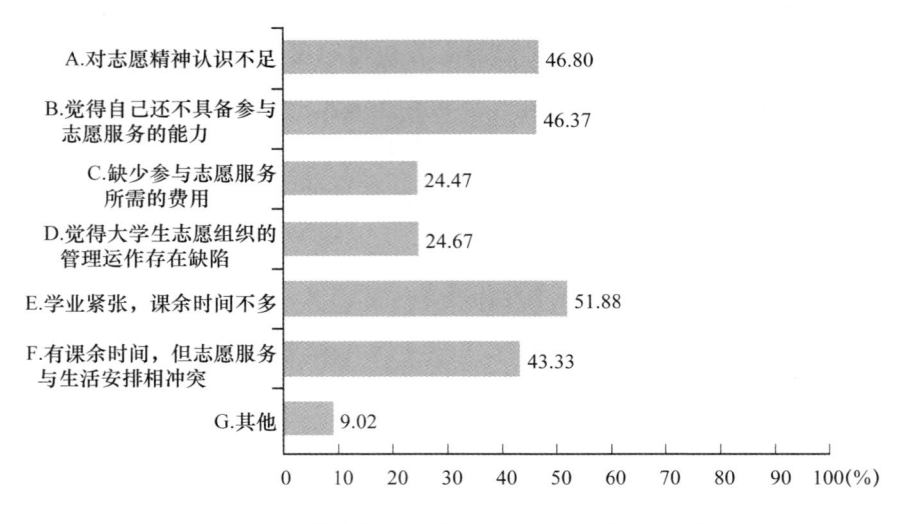

选项	百分比
A.对志愿精神认识不足	46.80
B.觉得自己还不具备参与志愿服务的能力	46.37
C.缺少参与志愿服务所需的费用	24.47
D.觉得大学生志愿组织的管理运作存在缺陷	24.67
E.学业紧张，课余时间不多	51.88
F.有课余时间，但志愿服务与生活安排相冲突	43.33
G.其他	9.02

图 3-17　部分学生暂未参与志愿服务活动的原因

第四节　新时代大学生志愿精神培育的影响因素

现阶段，新时代大学生志愿精神培育取得了一定的成果，但同时也存在着大学生对志愿精神认识不足、志愿者素质能力需提升、高校不够重视等问题，这些问题影响了新时代大学生志愿精神培育的实效性。基于此，我们从主观和客观两个方面来分析新时代大学生志愿精神培育的影响因素。

一　主观因素

大学生自身是影响新时代大学生志愿精神培育的主观因素，包括主体意识、责任意识和认同感三个方面。

在调查问卷中，问及"您认为影响大学生志愿精神培育的主要因素有哪些"这一问题，排在第一位的选项是"大学生对志愿精神的认同感不够"，占 52.57%；认为"大学生主体意识不够"这一选项排第二,占50.28%;"大学生责任感不够"这一选项占39.64%,排在第四(见图3-18)。这些数据说明,影响新时代大学生志愿精神培育的主观因素主要表现为大学生主体意识发挥不够、大学生责任意识不强以及大学生对志愿精神的认同感缺乏。

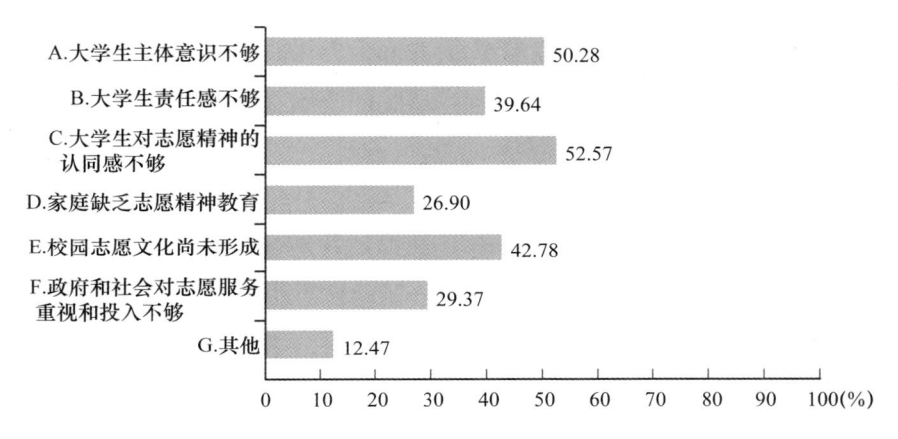

```
A.大学生主体意识不够            50.28
B.大学生责任感不够              39.64
C.大学生对志愿精神的认同感不够    52.57
D.家庭缺乏志愿精神教育          26.90
E.校园志愿文化尚未形成          42.78
F.政府和社会对志愿服务重视和投入不够  29.37
G.其他                        12.47
```

图3-18 您认为影响大学生志愿精神培育的主要因素有哪些

(一) 主体意识发挥不够

自主性是人成为一个独立主体的基础。新时代高校思想政治教育要求大学生不仅要与时俱进,做时代新人;而且要拼搏奋进,成为有担当的青年主体。大学生有了主体意识,说明其自主性也在增强,我们要尊重大学生的主体性,在志愿精神培育过程中发挥其先锋带头作用。

在志愿服务中如果没有尊重大学生的自主性和主体意识,会降低部分大学生对于参加志愿服务的积极性和热情,主体地位也得不到体现,无法锻炼和提高自主能力,那么就无法达到高等教育中培养学生自主能力的目的。正因为有了这样的一个前提,对大学生志愿精神培育来说,志愿者的自我组织、管理和发展的好坏必定影响到大学生志愿服务的水平。大学生要通过自己的独立思考为策划志愿服务提供建议，从中体会到志愿服务的价值。所以，要锻炼和提高大学生独立思考问题并解决问题的能力，这是志愿精神培育的题中应有之义。

价值观教育是大学生教育的重要内容，开展志愿服务和志愿精神培育是价值观教育的新载体。高校通过思想政治教育培养大学生正确的价值观，让大学生在社会生活中能判断善恶、美丑、福祸、荣辱等，大学是个开放的大课堂，学生需要充分发挥自身的主体地位和主观能动性，独立思考并有创新精神，这些都体现了志愿精神的培育。

（二）责任意识不强

在传统社会里，人们往往有事就依赖大众和集体，大众被认为是责任的主体，这就说明人们还没有正确地认知到自身的责任。随着经济的不断发展，个体间存在的差异越发明显，再用"大众"涵盖所有的个体似乎已不太现实，这也体现出人们在慢慢唤醒自我意识。道德责任感也相应地发生了变化，从传统社会的抽象变为具体，从无法认知自身的责任变为慢慢明确自身的责任。所谓有道德的人，实际上是他对某一对象承担了责任，道德价值形成的重要依据是责任，道德的真正内容是对他人和社会有所承担。

前文谈到，在问卷中，问及"您是否参加过志愿服务"这一问题，回答"经常参加"的大学生占比为11.4%；问及"您认为部分学生暂未参与志愿服务活动的原因"这一问题，占比43.33%的大学生认为"有课余时间，但志愿服务与生活安排相冲突"；问及"您认为影响大学生志愿精神培育的主要因素有哪些"这一问题，占比39.64%的大学生认为"大学生责任感不够"，这些数据都说明大学生认为志愿服务可有可无，还没有真正意识到志愿服务是当代大学生应尽的社会责任，其社会责任意识不强。

新时代大学生对于志愿服务首先要明确自己的责任，要有责任意识，把志愿服务内化于心。而大学生参加志愿服务付出自己的时间、精力、技能或财务等，是把责任意识外化于行，转化为责任行为，体现了志愿者对于社会和他人的责任，也体现了责任意识的自觉性、实践性。大学生成熟的责任意识离不开志愿精神所倡导的友爱、助人为乐、乐善好施等品德。这也正是新时代大学生志愿精神培育所需要的。

(三) 认同感缺乏

根据问卷"您认为影响大学生志愿精神培育的主要因素有哪些"的调查数据,占比52.57%的大学生认为"大学生对志愿精神的认同感不够"。其表现是:第一,大学生对志愿服务并没有深刻认识,不知道志愿服务对于自身和他人的作用,导致高校很多志愿服务活动缺乏组织性,有时候学校或上级安排了,就会组织志愿者去参加志愿服务活动,而参加这些志愿服务活动的学生并不一定是自愿参与的;第二,大学生对志愿服务的行为不理解;第三,志愿者的动机、劳动和价值没有得到尊重等。大学生对志愿服务认同感缺乏容易造成志愿服务活动流于形式,不能长期健康发展。因此,需要不断增强大学生对志愿精神的认同感。

一方面,认同感可以促进大学生更加自觉、更加坚定地参加志愿服务。人都有感性和理性两种能力,如果人们觉得做某件事能有利于自身的发展,对自身能产生积极的效应,那人们就愿意去做这件事,从而产生情感上的认同。相反,如果人们认为做某件事对自己并无利,那人们就不会选择去做它。当然,还有些人完全凭一时的冲动和热情去参与,这样也不会形成认同感。不过,个体对于认同感的选择也会去思考自身的优点、条件、选择目标、产生的结果等因素。因此,只要人们对某种事情能产生认同感,个体选择某种行为就会更坚定和自觉。

另一方面,认同感培养与志愿精神的培育二者相互促进。志愿精神培育的基础是大学生对志愿精神认同感的提升并转化为积极的行为,同样地,新时代大学生经常参加志愿服务对于他们的政治认同感也能有所提高。通过参加志愿服务活动,大学生走出校园,感受社会现实,逐步形成自身的人生观和价值观。大学阶段是人生观、价值观、道德人格定型的重要阶段，大学生对于人生意义的问题，始终有自己持久的信念。经过在社会公共生活中丰富的实践、体验，得到经验后，信念才会慢慢确立。新时代大学生志愿者要在日常生活中多关注社情民生，关心社会发展和他人需要，才能促进情感认同和责任自觉。

二 客观因素

新时代大学生志愿精神培育的客观影响因素主要从政府、社会、高校、家庭四个方面来分析，包括不够重视、缺乏教育、志愿文化尚未流行等原因。

（一）政府与社会重视不够

新时代大学生志愿精神的培育不是一蹴而就的，它需要政府、高校、社会和家庭的齐心协力，协同培育。高校是新时代大学生志愿精神培育的主阵地，在现实社会中，仍然存在高校是新时代大学生志愿精神培育的唯一阵地类似这样的片面看法，这也从侧面反映了政府与社会对于大学生志愿精神的培育仍然不够重视。

从政府来看，一方面，政府对于志愿精神培育的相关目标和要求没有给出明确的规定，导致高校或者志愿组织对于新时代大学生培育目标的不明确，在一定程度上也导致了无法保证大学生志愿服务的质量和效果。另一方面，资金支持有限。在前面分析新时代大学生志愿精神培育存在的主要问题中也提到，我国在志愿服务上对于重大事件和高校的志愿服务经费投入不均衡。另外，我国对于志愿者保障相关的法律法规仍然不够健全和完善。因此，政府要重视志愿服务的政策激励工作，加大对志愿者的激励，为新时代大学生志愿服务提供充分的物质保障。

调查问卷中，在问及"您认为政府应为大学生志愿精神培育提供哪些支持"这一问题时，"重视志愿服务的激励工作，加大对志愿者的奖励"这一选项排第一，占65.57%；"注重志愿者信念的培养和技能的提高"这一选项排第二,占 63.02%;"制定完善的法律和法规,提供法律保障"这一选项排第三,占 61.70%(见表 3-24)。对于"您支持以下哪些政策激励志愿者"的调查中,"将公务员参与志愿服务的时间和内容作为选拔录用的重要参考依据"这一选项排第一,占 51.00%;"企业将员工的志愿服务时间和内容作为优先晋升的重要参考依据"这一选项排第二,占 49.61%;"将大学期间的志愿服务经历作为研究生录取的重要参考依据"这一选项排第三,占 47.03%(见表 3-25)。这些数据说明,大学生希望政府完善志愿服务相关法律法规,并加大对志愿服务的激励机制建设等。

表 3-24　　您认为政府应为大学生志愿精神培育提供哪些支持

选项	人数（人）	比例（%）
A. 制定完善的法律和法规，提供法律保障	6357	61.70
B. 重视志愿服务的激励工作，加大对志愿者的奖励	6756	65.57
C. 注重志愿者信念的培养和技能的提高	6493	63.02
D. 广泛宣传志愿服务活动，树立志愿服务理念和精神	5964	57.89
E. 鼓励学校将志愿服务教育纳入国民教育全过程	4411	42.81
F. 提供资金援助和支持	2537	24.62
G. 对志愿者进行专业的培训	1884	18.29
本题有效填写人次	10303	

表 3-25　　您支持以下哪些政策激励志愿者

选项	人数（人）	比例（%）
A. 面向优秀志愿者定向招考为公务员	4561	44.27
B. 将公务员参与志愿服务的时间和内容作为选拔录用的重要参考依据	5255	51.00
C. 企业将员工的志愿服务时间和内容作为优先晋升的重要参考依据	5111	49.61

续表

选项	人数（人）	比例（%）
D. 将大学期间的志愿服务经历作为研究生录取的重要参考依据	4846	47.03
E. 同等条件下优先就业	3555	34.50
F. 优先得到小额创业贷款和减免税率支持	2070	20.09
G. 家庭遭遇困难优先得到解决	2344	22.75
H. 子女入学优先考虑	577	5.60
I. 都不支持，容易导致不公平现象出现	1385	13.44
本题有效填写人次	10303	

从社会来看，一方面，社会提供的志愿服务项目不足，也不够深入。目前我们最熟悉的就是大学生西部计划，但除此之外，还有一些社区服务、环保服务、养老服务等宣传力度不足，导致新时代大学生对很多志愿服务项目不太了解，也影响了大学生志愿服务的发展。另一方面，网络信息社会对大学生产生了一定的负面影响。随着社会经济的快速发展，网络对于新时代大学生的影响日益加深，价值观念尚未定型、明辨是非能力还不够的大学生很容易受到网络中各种各样信息的误导，产生功利主义、个人主义等心理趋向，而社会对于网络信息的监管不完善，这也会阻碍新时代大学生志愿精神的培育。例如，近年来一些媒体报道的助人反被欺诈等事件，让大学生害怕"助人为乐"，从而对志愿服务产生抵触心理。

（二）高校志愿文化尚未流行

校园文化包括校风、学风、教风等各方面，这些文化都会在潜移默化中对学生形成一定的影响。志愿文化属于意识形态范畴，它对于新时代大学生志愿精神培育有着直接的影响。在上述分析新时代大学生志愿精神培育存在的主要问题中，高校对志愿精神培育重视不够，造成志愿服务活动宣传力度不够，宣传范围窄，被大多数学生当作任务来完成，学生参加志愿服务的积极性不高，影响了志愿服务的效果，也正因如此，没有形成浓厚的志愿文化氛围。

其实，校园文化是一种隐性教育的方式，高校志愿文化对于大学生来说，接受度更高，影响力也更强。但是在实际日常校园生活中，大学生所接触到的校园文化，志愿服务精神的体现仍然相对较少，学校对广播、报刊、宣传栏等没有充分利用好其对志愿文化的宣传，表明志愿文化对于新时代大学生志愿精神培育的作用没有得到学校的重视。而且，很多学校对于谁来负责培育新时代大学生志愿服务精神也没有明确的规定和安排。因此，新时代大学生志愿精神的培育要融合在高校学习环境的大氛围中。高校除了在思想政治理论课上进行有关志愿精神知识的传播和引导外，也要形成校园培育的合力，营造浓厚的志愿服务氛围，使高校志愿文化流行起来，提高志愿文化育人效果。

（三）家庭缺乏志愿精神教育

家庭是一个人成长的重要场所，对个人成长的影响作用很大。父母是家庭教育的第一教师，家庭教育涉及很多方面，但最重要的是品德教育，是如何做人的教育。家庭环境对下一代的影响很大，会影响孩子的一生。在"是否参加过志愿服务与您的家人是否参加过志愿服务活动的分析"的交叉分析中，经常参加志愿服务的大学生父母向其提起志愿精神的话题较多，而没有参加过志愿服务的大学生父母向其提起志愿精神的话题相对较少。调查问卷显示，60.80%的大学生家长没有参加过志愿服务，其孩子也不太愿意参加志愿服务。而在大学校园里，那些经常愿意参加志愿服务活动的大学生，都是因为家里人偶尔或经常参加志愿服务活动（见表3-26）。从调查中可以清楚看到，家庭教育对新时代大学生志愿精神培育具有一定的影响作用。

表3-26 是否参加过志愿服务与您的家人是否参加过志愿服务活动的分析　　单位：人；%

X/Y	A. 没有参加过	B. 偶尔参加	C. 经常参加	小计
A. 没有参加过	1202（60.80）	730（36.92）	45（2.28）	1977
B. 偶尔参加	1813（25.35）	5033（70.38）	305（4.27）	7151
C. 经常参加	209（17.79）	725（1.70）	241（20.51）	1175

父母是孩子的一面镜子，父母除了日常的言语教育外，自身的实际行动也是教育子女的重要途径。在一些西方国家，志愿服务活动会被当成家庭集体活动，而不仅仅是大学生在学校和社会中参加的实践活动。在孩子还小的时候，父母经常带孩子参加志愿服务活动，用自己的爱心为他人和社会作贡献。这种奉献的精神为孩子提供了榜样，在孩子心里种下了真善美的种子，让孩子体会到奉献的快乐，既愉悦了孩子的身心，又净化了孩子的心灵，在潜移默化中弘扬了志愿精神。但是在中国，大部分父母只关心孩子理论知识的学习，学习占了学生大部分时间，而很少关注孩子心灵的洗涤和综合能力的培养。家长们都不愿意参加志愿服务活动，就更谈不上进行志愿精神的教育了。更有些家长认为参加志愿服务活动对孩子并没有好处，还会耽误学习，这对于大学生志愿精神的培育是一种极大的制约。

家庭志愿精神教育的缺乏对大学生志愿精神的培养有消极影响，家长应多带孩子参加公益性活动，教育孩子懂得感恩、乐于奉献的重要性。同时，新时代大学生也要向父母宣传志愿精神，让志愿服务在全社会开展起来。

第四章　新时代大学生志愿精神培育的内容

志愿精神培育的主要内容就是围绕奉献、友爱、互助、进步等核心要素而展开。新时代必然要给大学生志愿精神培育的内容赋予时代注释，以"扶危济困、淡泊名利、责任担当"的奉献精神为主要内容，以"尊老爱幼、善待他人、爱心善意"的友爱精神和以"助人自助、守望相助、互帮互助"的互助精神为核心要素，以促进社会崇德尚美新风、凝聚向上向善力量和勇于开拓进取的进步精神为最终实现结果。

第一节　奉献精神

奉献是指个人在不计报酬、不求名利的情况下参与服务他人、推动人类发展、促进社会进步的活动中所表现出来的崇高无私精神。奉献精神是对他人、社会及自己的事业不求回报的爱和全身心的付出，其中渗透着责任意识、集体意识、国家观念和为人民服务等一系列社会主义核心价值观念。奉献精神是我国传统文化中的崇高品质，是社会一直倡导的精神。习近平总书记指出："广大志愿者等真诚奉献、不辞辛劳，为疫情防控作出了重大贡献。"① 充分肯定了志愿者为疫情防控所作的奉献。奉献包括扶危济困、淡泊名利、责任担当精神等，社会越发展，越需要奉献的志愿精神。

一 扶危济困

扶危济困是一种高尚的道德情操，是中华传统美德的一种表现。扶危济困倡导社会中的每个人都应该以帮助别人为乐趣，不求回报。当别人需要帮助的时候，能慷慨好施，救助贫困中的人。当遇到社会以强欺弱的现象时，能挺身而出，见义勇为，帮助弱者，维护社会稳定。

(一) 扶危济困的传统

孟子说：人皆有不忍人之心，他认为人人都有怜悯和同情之心，人的恻隐之心来自心灵深处的善念，而不是受外界的影响。正是人的这种心灵深处的同情心和善意，能够让人对身处困难的人感同身受，并愿意主动帮助人们济困解危。扶危济困就是帮助身处危险和困难中的人，救济困苦的人。人在生活中难免碰到很多困难，或者面临困境。其中有些困难不是个人力量能克服的，需要得到其他人的帮助。在人危难时，只要别人能提供一点点帮助，也能对困难者提供莫大的鼓励和帮助。就像人渴了一样，别人给你一点水喝，你都能感受到他人的善良和帮助。在别人受到危险和生活困顿时，积极伸出援手帮助他们，是个人高尚道德情操的一种表现。

扶危济困传统美德精神源远流长，商周时期就萌发了救济贫困的思想。《尚书》中指出："德惟善政，政在养民"，认为当政者要推行善政并接济贫困中的老百姓，使百姓的生活过得越来越好。《诗经》中有些诗句也表达了对于弱者的帮扶和同情。春秋战国时期，孔子提

---

① 习近平：《在统筹推进新冠肺炎疫情防控和经济社会发展工作部署会议上的讲话》，《人民日报》2020年2月24日第2版。

出的"泛爱众而亲仁""己欲立而立人,己欲达而达人"的仁爱思想,倡导爱大众,帮助有困难的人。墨子的"兼爱"思想主张人们不仅要爱护自己的亲人也要爱护别人,更要周急济贫。中国传统思想一直倡导对人生命的尊重,这为扶危济困奉献精神提供了价值依据。中国古代的思想家认为人是天地之间最宝贵的存在,因此,人的生命权和生存权就不容侵犯,需要得到保障。这些孤寡老人、老弱病残、特困人员等的生命权和生存权都应该得到关注和保障。对于个人行为,这就是积德行善;对于政府行为,这就是善政养民。在这些思想的滋养下,扶危济困思想逐渐融入中华民族血液中,成为中华民族精神的一部分。

(二) 扶危济困志愿服务

中华传统文化认为,世间万物都应该由全人类共同来共享。扶危济困精神正是这种公平和共享理念的体现;它倡导有钱人帮助没钱的人,避免极端富裕和极端贫困。它倡导有钱人应该多去帮助有困难的群众,给予困难群众精神和物质上的帮助,帮助困难群众共同渡过难关,促进社会的和谐稳定。

在当代中国,党和政府十分重视救助和帮扶有困难的群体,保障他们的生活基本权益。社会上的有识之士产生了自觉帮扶行为,也是每一个公民应尽的共同责任和义务。扶危济困志愿服务是指志愿服务组织和志愿者济人危难、扶助有困难的人摆脱危难和改变贫困的面貌,用自己的实际行动、金钱或物资帮助生活有困难的人解决生活实际困难的志愿服务行为。正所谓"一方有难,八方支援",在汶川地震、玉树地震发生时,全国各族人民积极伸出援手,慷慨解囊,集中体现了中华民族扶危济困的奉献精神。在全球新冠疫情暴发时,习近平总书记呼吁各国齐心协力,共同遏制疫情蔓延。面对疫情,中国一直坚持人类命运共同体意识与世界各国守望相助,扶危济困,为世界各国控制疫情提供了中国方案和中国智慧,彰显了大国担当。党的十九大报告提出:"把我国建成富强民主文明和谐美丽的社会主义现代化强国"①，要实现"两个一百年"奋斗目标，要全面建成小康社会。通过实施精准扶贫项目，让农村贫困人口实现真正的脱贫，弘扬了中华扶危济困优秀传统。

近年来，影响较大的大学生扶危济困志愿服务主要有："青年志愿者扶贫接力计划"、大中专学生志愿者暑期文化科技卫生"三下乡"活动、"青年志愿者助残行动"、"关爱农民工子女志愿服务"、青年志愿者"一助一长期结对服务计划"等。随着志愿活动的充分展开和志愿精神的普及，扶危济困志愿服务逐渐形成了"制度化帮贫，经常化帮困"的发展趋势。从 2010 年起，广东省把每年的 6 月 30 日确定为"广东省扶贫济困日"，这些活动都体现了扶危济困的精神。

二 淡泊名利

淡泊，也作澹泊。淡泊一则指不追求名利，所谓恬淡寡欲、不图名利、生活俭朴，以表现自己有高尚的情操；二则指心境宁静，心情平静沉着。淡泊是指对名利冷淡，不看重。淡泊是一种调整自我的心境，是道德的心性力量。淡泊并非对名利的舍弃，而是对名利的节制和正当化，其功能就是调整自我；淡泊也不是不思进取、无所作为、没有追求，而是以清醒的心智和从容大度的态度对待人生、对待生活。

（一）淡泊名利的胸怀

淡泊是富有德性的，同时也是充满智慧的。《牛津哲学指南》将智慧解释为："把反思的态度与实践的关切统一起来的一种理智形式。这种态度的目的是要理解实在的根本性及其对过好生活的意义。"② 人的目的，按照希腊人的传统，就是要把握"善、真、美"。智慧有正负价值之分，正价值的智慧能致知、致善，促进人的完善和自由全面

---

① 习近平：《决胜全面建成小康社会 夺取新时代中国特色社会主义伟大胜利——在中国共产党第十九次全国代表大会上的报告》，人民出版社 2017 年版，第 29 页。

② *The Oxford Companion to Philosophy*, Oxford University Press, 1955, "智慧"（wisdom）条。

的发展。负价值的智慧是狡猾、诡计、阴险的表现。负价值的智慧不是为了人的完善发展,而是成为品德低劣者作恶的"帮凶"。因此,负价值的智慧不能称为真正的智慧。

真正的智慧渗透着德性,两者交融相伴。智慧以德性为指导。德性确定争取的目标,没有德性,智慧就失去了进取的目的和方向,智慧就不可能完满。因此,亚里士多德认为没有伦理也不存在明智。在古希腊,人们认为智慧是认知的最高表现,同时也是一种重要的美德。德性以智慧为特质。亚里士多德认为德性活动的最大快乐也就是合乎智慧的活动。他把理性思辨和智慧提升到德性的顶峰,以思辨活动为完满的幸福,任何德性只有经过理智的考量才是美好的。智慧的本质在于使人超越自身的局限,爱智慧正是超越这种自身局限的不懈努力。在这种超越境界中,德性已融化为一种和谐的宁静。对于现代人来说,如何化知识为智慧,化道德为德性,仍然是一个需要研究的问题。

在中国传统伦理思想中,儒家伦理思想中强调对名、利、欲的节制,倡导"以义制利""以理制情""安贫乐道""贵和致中"的思想都是淡泊思想,这些思想是中国传统道德修养的精华。道家不为物欲的世俗超越、抱朴守真的主体取向、谦下不争的处世态度、清静无为的行为方式、俭奢寡欲的生活信条,彰显着独特的淡泊思想。道法自然是道家淡泊思想的基础性内容和特色。清静无为,故不可以求全。这是道家淡泊思想在行为上的落实。人类社会争端的根源,就在于人有扩张一己的私欲。因而,老子又教导人们不要妄为、不要贪、不要占、不违背规律。清心寡欲,故不追名逐利。这是道家淡泊思想的核心内容。道家淡泊思想体现在对名利的理性认识上,就是倡导清心寡欲的生活态度和生活方式。"清心"就是静心,保持心境的平静、恬淡;"寡欲"也就是少欲,对欲望要有节度。谦下不争,故不恃强骄妄,这是道家淡泊思想实践品格的展现。道家认为圣人最高境界就是"为而不争",主张"谦和""不争"的美德。

古代的庄子对名利持超然的态度，他认为：至人无己，神人无功，圣人无名。修养高的人能任顺自然、忘掉自己，思想境界超脱于外物的人心目中没有功名、思想境界完美的人不追求名誉和地位。至人、神人、圣人是庄子思想体系中理想人格的最高层次，这体现了庄子本人对于功名的态度，即名利皆轻。

淡泊名利、甘于奉献是中华民族精神的重要组成部分，也是公民应有的精神追求。习近平总书记号召以黄大年同志为榜样："学习他淡泊名利、甘于奉献的高尚情操。"勉励广大人民群众要有积极进取、淡泊名利、甘于奉献的人生态度，辩证对待人生矛盾，比如正确看待苦与乐、顺与逆、生与死、荣与辱，无论身处何位、担任什么岗位，都要坚守自己的初心，保持廉洁奉公的品行，不为谋取个人利益而损坏集体或国家的利益。鼓励广大群众要勤劳奋斗，勇于创新，敢于担当，脚踏实地地实现自己的人生价值。习近平总书记这样评价张富清，"他用自己的朴实纯粹、淡泊名利书写了精彩人生"。

（二）淡泊名利的境界

一方面，淡泊是德性的心境，并通过德性去维护生命的整体。德性的特点在于，它本身作为存在的一种重要规定，同时也参与了本身的实现和完善。要实现人之存在的超越，首先要完成自然生命与道德生命的有机统一，实现精神追求，而在淡泊名利心境中人生之德性与智慧已融化成了崇高的精神境界。另一方面，淡泊名利有助于获得个体精神和心灵自由。奥地利著名心理医生弗兰克认为，具有"选择的自由"是人之异于禽兽的一个重要特点。自由选择是主体自由性的重要表现，这是对外在环境束缚的超越。修养道德有助于控制人体与外界能量的沟通，使内外能量处于生生不息的沟通之中，才能保持肉体和心神处于一种平衡和谐的状态，维持身心健康，个体才能获得一种不为物欲的自由状态。

马克思指出:"道德的基础是人类精神的自律。"① 德国启蒙思想家康德首先提出自律概念,康德认为,道德作为自律的时候,就是自由。他认为,意志的自律是道德的最高原则。在康德哲学中,理性是基石,它是人类的知识和道德的根本依据。康德逻辑论证了理性作为人类认识之源和价值之源的至上地位,界定了人的认识能力和行动能力在实现"真""善"两大目标中的作用和局限,在哲学的最高层面上明确了人作为自然与道德的主体的最高地位,为人类的一切价值观念摆脱对上帝的依赖提供了最终的依据。康德的自律思想强调了人的自主性,强调对理性的服从,是个人发自内心的对理性的自觉自愿的遵从,是"意志自律"。

康德认为,意志具有自律的根本特性。心理学家马斯洛认为:精神生活是人的本质的一部分,是确立人的本性的特征,没有这一部分,人的本性就不完满。它是真实自我的一部分,人本身的一部分,人的族类特性的一部分,完满的人性的一部分。奉献精神是人的一种意志、一种精神生活,具有自律特征。即个人主动认识到奉献的重要性和对社会发展的必要性,自觉自愿地参与奉献行为。奉献是一种社会责任,来自崇高的理想。人是社会中的人,具有社会属性。个人在奉献精神的感召下,正确把握个人利益和集体利益的辩证关系,认为奉献是社会集体利益得到保障的必要条件,在奉献中也能实现自己的人生价值,同时得到社会的认可,促进社会的进步和文明的进化。在社会中,人们充分认识到个人只有在社会集体中才能进步和发展,应把集体利益放在个人利益之上。中华民族一直以来推崇奉献精神的价值和理念。我国伟大的思想家和哲学家老子讲"为而不争",是说高尚的人应该乐于施舍,而不是争夺,体现了老子无私奉献的精神;诸葛亮在《出师表》中说"鞠躬尽瘁,死而后已",体现了他为国捐躯、对国家奉献的精神。顾炎武在《日知录·正始》中说"天下兴

---

① 《马克思恩格斯全集》第 1 卷,人民出版社 1995 年版,第 119 页。

亡，匹夫有责"，他认为保护国家不被颠覆或侵略，是每个人义不容辞的责任，表达了他为国奉献的精神。教育家陶行知说"捧着一颗心来，不带半棵草去"，这句话表达了他只求付出、不求回报的淡泊名利的奉献精神。雷锋以"把有限的生命投入到无限的为人民服务当中"作为座右铭，体现了雷锋无私奉献、不求回报的奉献精神，这也正是奉献精神的最好表达。随着社会的进步和发展，集体要求个人作出牺牲的程度在日益降低，个人在集体中获得的自由和发展越来越大，其最终的目标是实现每个人自由而全面的发展。

淡泊和幸福是内在统一的。幸福分为两类，一类是指向由物质性或生理性的需要与欲望的满足，即外在的幸福；另一类是精神性的快乐，即内在的幸福。前者的幸福是肤浅的、短暂的，算不上真正的幸福；后者的幸福是深刻的、长久的，是真正的幸福。外在的幸福是低层次的，是真正幸福的前提条件或物质保障；内在的幸福才是高级的幸福，是真正幸福的引导或制高点。幸福具备以下几个特点：幸福以享受的节制为前提；幸福具有主观性、体验性和自足性；淡泊作为一种德性的心境，具有幸福所属的特征。淡泊是幸福感得以产生的重要主观心理基础。淡泊名利的人，是能够认识自我特性的人，是能以道德对待自己和别人的人。当你拥有一个出于责任的道德自我，你便拥有了内心的安宁、自足和自由，你便拥有了一个真正的自我。

习近平总书记指出："广大青年既是追梦者，也是圆梦人。追梦需要激情和理想，圆梦需要奋斗和奉献。广大青年应该在奋斗中释放青春激情、追逐青春理想，以青春之我、奋斗之我，为民族复兴铺路架桥，为祖国建设添砖加瓦。"[①] 新时代大学生一定要树立远大理想，淡泊名利，努力奋斗。要树立正确的得失观和名利观，真正做到不计一时的成败得失，受挫而不短志，处优而不养尊，努力使自己成为高尚的人。

---

① 习近平：《在北京大学师生座谈会上的讲话》，人民出版社2018年版，第3页。

三 责任担当

担当精神是中华优秀品德,习近平总书记寄语大学生学会担当社会责任,他指出:"要勤于学习、敏于求知,注重把所学知识内化于心,形成自己的见解,既要专攻博览,又要关心国家、关心人民、关心世界,学会担当社会责任。""我相信,当代中国青年一定能够担当起党和人民赋予的历史重任,在激扬青春、开拓人生、奉献社会的进程中书写无愧于时代的壮丽篇章!"[1] 检验青年学生家国情怀的"试金石"是责任担当。

(一) 勇于担当

青年是推动人类社会发展进步的重要力量。习近平总书记指出:"青年兴则国家兴,青年强则国家强。青年一代有理想、有本领、有担当,国家就有前途,民族就有希望。"[2] 马克思关于人的双重属性理论说明人类社会进步离不开人的担当。马克思说:"人的本质不是单个人所固有的抽象物,在其现实性上,它是一切社会关系的总和。"[3] 马克思认为人的最根本的特性是人的社会性。人本质上是社会的产物,人具有自然属性和社会属性两种属性。自然属性是人存在的基础,社会关系决定了人具有社会属性,即人的本质。在马克思看来,人是合群的动物,需要在社会中才能独立和成才,所以人的全面而自由的发展、自我价值的实现都离不开人的社会属性。共生共存理念是社会和个人进步、发展的基础。个人的进步和发展促进社会的进步和发展,社会的进步和发展又能加快个人的进步和发展。另外,担当奉献精神是人类历史发展的要求。人类社会发展史表明:人类从洪荒时

---

[1] 习近平:《青年要自觉践行社会主义核心价值观——在北京大学师生座谈会上的讲话》,人民出版社2014年版,第10、14页。

[2] 习近平:《决胜全面建成小康社会 夺取新时代中国特色社会主义伟大胜利——在中国共产党第十九次全国代表大会上的报告》,人民出版社2017年版,第70页。

[3] 《马克思恩格斯选集》第1卷,人民出版社2012年版,第135页。

代走入信息社会,依靠的是生产力的发展。担当是推动社会生产力发展的重要因素。担当精神是人类最纯洁、最崇高的道德品质。功利主义倡导者密尔也认为牺牲自己幸福去促进别人幸福的这种担当奉献精神是人类最高的道德。如果人类只有索取,没有担当奉献,社会就不会进步和发展。只有当人民生产出来的成果已经完全满足自己的消费,并可以用作商品交换,甚至为社会奉献时,社会生产才能扩大,社会交往也会扩大,才能促进社会进步。在世界历史上,为人类历史作出很大贡献的科学家、思想家、政治家等,促进了人类文明和社会的发展进步。马克思主义历史唯物主义观告诉我们,青年人的存在方式决定着未来社会的发展状况,青年人的思想状况和科学知识掌握水平决定着人类未来社会的发展趋势。新时代的中国青年要成为民族复兴的生力军,要成为走在时代前列的奋进者、开拓者、奉献者。

(二) 担负责任

青年是时代责任的担当者。一代人担负一代人的责任,这是国家、民族发展的动力所在,也是历史得以延续的基础。新时代青年肩负着实现中华民族伟大复兴梦的历史重任,要充分发挥创造力、想象力,成为实现国家富强、民族振兴的主力军,成为时代责任的担当者。习近平总书记指出:"青年是整个社会力量中最积极、最有生气的力量,国家的希望在青年,民族的未来在青年。今天,新时代中国青年处在中华民族发展的最好时期,既面临着难得的建功立业的人生际遇,也面临着'天将降大任于斯人'的时代使命。"[①] 要实现"两个一百年"奋斗目标,实现中华民族伟大复兴,绝不是很轻松就能实现的,新时代中国特色社会主义面临前所未有的机遇和挑战,需要青年一代开拓创新,勇担时代重托,奉献自己的智慧和力量。

青年肩负着实现第一个百年奋斗目标的历史使命。现在,我国已全面实现小康,要把我国建设成为富强民主文明和谐美丽的社会主义

---

① 《习近平谈治国理政》第 3 卷,外文出版社 2020 年版,第 333 页。

现代化强国，需要青年的责任担当。中华民族一直以来都是一个有梦想的民族，中华民族近代以来最伟大的梦想是实现中华民族伟大复兴。广大青年应接过时代给予的接力棒，担负起实现中华民族伟大复兴梦的历史重任，实现这一梦想的道路不是平坦的，而是充满重重困难和障碍，克服这些困难，需要青年责任担当。习近平总书记指出："在实现中华民族伟大复兴的新征程上，应对重大挑战、抵御重大风险、克服重大阻力、解决重大矛盾，迫切需要迎难而上、挺身而出的担当精神。"[1] 这是对新时代青年提出的殷切期望。新时代青年只有理想远大、信念坚定，才能实现时代赋予他们的历史使命。青年有理想、有担当，民族才有希望。青年一代能立大志、明大德、成大才、担大任，把实现个人理想与国家理想和民族理想结合起来，才能成为堪当民族复兴重任的时代新人。担当是新时代青年最珍贵的品质，担当需要树立坚定的理想信念，善于将信仰、信念、信心的力量转化为奋进的力量。习近平总书记指出："新时代中国青年要树立对马克思主义的信仰、对中国特色社会主义的信念、对中华民族伟大复兴中国梦的信心，到人民群众中去，到新时代新天地中去，让理想信念在创业奋斗中升华，让青春在创新创造中闪光！"[2] 担负时代使命的青年要自觉坚定理想信念，增强"四个意识"，坚定"四个自信"，做到"两个维护"，将个人成才与国家发展联系起来，努力做理想信念坚定的新时代青年。

勇于担当需要过硬的本领，现代社会知识不断更新，速度很快，而且随着社会分工的日益发展，社会出现新技术新模式新业态，只有练就过硬的本领，才能在时代和社会中立足。勇于担当需要青年实干，从小事做起，从一点一滴进步开始，做到知行合一。习近平总书

---

[1] 习近平：《在纪念五四运动100周年大会上的讲话》，人民出版社2019年版，第8页。

[2] 习近平：《在纪念五四运动100周年大会上的讲话》，人民出版社2019年版，第7页。

记指出:"'纸上得来终觉浅,绝知此事要躬行。'……每一项事业,不论大小,都是靠脚踏实地、一点一滴干出来的。'道虽迩,不行不至;事虽小,不为不成。'"① 青年应该怀有吃苦耐劳、兢兢业业工作的态度,做好每一件事情。勇于担当需要淡泊名利、乐于奉献甚至牺牲。勇于担当要有忘我奋斗的精神,不计较得失,不逃避责任,不退缩。青年需要把个人价值放入社会价值中来衡量,为国家发展和民族振兴贡献自己的力量。

人类社会发展史表明:人类从洪荒时代走入信息社会,依靠的是生产力的发展。奉献精神是推动社会生产力发展的重要因素。奉献精神是人类最纯洁、最崇高的道德品质。亚里士多德认为,人类最高的善或目的就是为了人的好的生活或幸福。

在当前社会,人们在追求物质利益时,不可避免地会产生一些地方、一些领域不同程度的道德失范现象,比如拜金主义、利己主义和享乐主义比较突出,见利忘义、是非美丑等现象层出不穷。因此,提倡无私奉献精神可以弥补市场经济法规、政策法规和社会治理不健全带来的消极因素。奉献精神是能够鼓舞人精神的先进精神,可以促进社会进步和发展。奉献精神是我国的优良传统和宝贵精神财富,是促进中华民族不断发展的源泉和动力。爱因斯坦曾经说过,一个人的价值,应当看他贡献什么,而不应当看他取得什么。这告诉我们奉献才是一个人的价值体现,只有奉献才能获得,并不一定是物质上的取得,也有可能是精神上的奖励。人在奉献中才能体现自身的价值,获得快乐。假如社会上的人都只要求从大自然和社会中索取,不讲奉献,那社会就将不复存在了。奉献是个人和社会进步的必要条件。

奉献是志愿者终身的追求,奉献精神是大学生志愿精神的核心。大学生志愿者用自己的爱心无私地为他人和社会提供服务,把温暖奉

---

① 习近平:《在北京大学师生座谈会上的讲话》,人民出版社2018年版,第13—14页。

献给需要帮助的人，大学生志愿者每一次的志愿服务活动都体现了奉献精神。大学生志愿精神也是奉献精神。纵观人类历史，社会中都不缺少为了人类进步和发展的奉献精神。

第二节　友爱精神

习近平总书记在给"本禹志愿服务队"回信中写道："青年一代有理想、有担当，国家就有前途，民族就有希望，实现中华民族伟大复兴就有源源不断的强大力量。希望服务队弘扬奉献、友爱、互助、进步的志愿精神，坚持与祖国同行、为人民奉献，以青春梦想、用实际行动为实现中国梦作出新的更大贡献。"[1] 志愿精神也是一种友爱精神，它倡导志愿者尊老爱幼、善待他人、爱心善意，这便是友爱精神。希腊语的"友爱"（philia）是一个外延十分广泛的词语，也是一个古典主题。它包括朋友之间、家庭成员之间、本邦人与外邦人之间以及城邦执政者与公民之间的关系，既是一个伦理学概念，也是一个政治哲学概念。柏拉图在《吕西斯篇》《斐德罗篇》《会饮篇》中，讨论了友爱与爱欲等相关问题。柏拉图把友爱与爱等同起来，而亚里士多德把"友爱"和"爱"用思辨的方式加以区分。亚里士多德认为，爱是友爱的一部分，友爱涉及两个人或者多人之间的感情，但这并不限制别人与其他人的友谊。友爱是带有感情的行动的善意，其中带着人们"爱"的味道。

一　尊老爱幼

尊老爱幼，指尊敬长辈，爱护晚辈，这是友爱的内涵之一。尊老爱幼是中华民族的传统美德，尊老爱幼既能体现一个人的良好素质，

---

[1]《勉励青年志愿者以青春梦想用实际行动　为实现中国梦作出新的更大贡献——习近平给华中农业大学"本禹志愿服务队"回信》,《人民日报》2013年12月6日第1版。

也能体现一个社会的文明程度；尊老爱幼是人类自我尊重的表现，又是一种社会责任。亚里士多德的友爱观包括三种友爱：一是基于德性或善的友爱；二是基于快乐的友爱；三是基于实用的友爱。快乐的友爱和有用的友爱不是无利害的友爱，因而是偶性的，一旦好处不复存在，快乐消失，友爱便一同消失，因而这两种友爱不会持久；善的友爱或基于德性的友爱是因对方自身之故，既善也愉悦，而且是有用的、持久的，善在总体上重视互相得利，快乐也是如此，所以善良的人既有总体得利，又有相互间的快乐，这样的友爱总体上是快乐的。这是完美的存在于善人之间的友爱。尊老爱幼体现了德性的友爱。孟子认为：老吾老，以及人之老。幼吾幼，以及人之幼，天下可运于掌。

（一）尊老

人的品质中最重要的品质就是孝敬父母，尊敬老人。尊敬老人就是尊敬自己，因为谁都有老的一天。中国自古以来就有孝亲敬老的传统美德，也因此被世人誉为"诚信礼仪之邦"。"孝亲敬老"是我们中华民族传统文化的精华，更是当今世界构建和谐社会的重要内容。

多年来，习近平总书记一直身体力行尊老、敬老、爱老、助老。党的十八大以来，他多次就"尊老"发表重要讲话，一直怀有"尊老"情怀。在习近平总书记看来，老年是人的生命的重要阶段，是仍然可以有作为、有进步、有快乐的重要人生阶段。他把"努力挖掘人口老龄化给国家发展带来的活力和机遇"作为重要课题，明确提出：要为老年人发挥作用创造条件，引导老年人保持老骥伏枥、老当益壮的健康心态和进取精神，发挥正能量，作出新奉献。

大学生志愿组织可以开展关爱空巢老人志愿服务活动。组织志愿者采用结对帮扶的方式，对失能老人、空巢老人等群体进行生活照料、心理抚慰等；就近就便为他们代购生活必需品、小商品等，提供代送垃圾等日常服务；节假日进行电话问候，陪他们拉家常等；组织老人参与社会文化体育活动等。

（二）爱幼

少年儿童是祖国的花朵，民族的希望。爱护儿童，就等于爱护我们自己，我们都是从小长大的。习近平总书记非常关心少年儿童的身体健康和成长成才。2019年4月，习近平总书记在重庆考察并主持召开解决"两不愁三保障"突出问题座谈会时的讲话指出：再苦不能苦孩子，再穷不能穷教育。要保证贫困山区的孩子上学受教育，有一个幸福快乐的童年。2018年5月，习近平总书记在给陕西照金北梁红军小学学生的回信中写道：希望你们怀着一颗感恩的心，珍惜时光，努力学习，将来做对国家、对人民、对社会有用的人。习近平总书记希望全社会都有关爱和仁爱之心，来促进少年儿童的成长。

爱幼还体现为父母对子女的友爱。一切的友爱都与共同体有关，然而我们可以把与亲友的友爱和其他友爱区分开来。父母对子女的爱在时间上更长久，父母从孩子一出生就爱他们。父母对子女的爱，是把他当作自身来爱。孩子爱父母，则是把他们当作自身的来源。兄弟间友爱是因为有共同的生命来源，这种共同的生命来源让他们产生了共同点，所以兄弟是骨肉相连的。兄弟的友爱因共同的抚养和相近年龄而增长。与其他叔伯兄弟和亲属的感情都是从兄弟感情派生的，这种感情的深浅与同始祖相距的远近有关。子女对父母的友爱是一种对于善和优越的爱，类似于人对神的爱。父母不仅生育子女、哺育子女，还给予子女教育，他们对子女的爱是无私的，与其他友爱相比，父母对子女的友爱还具有更多的快乐和用处，因为父母与子女的生活有更多的共同点。兄弟之间的友爱也有许多共同之处，由于出于同源，兄弟之间一出生就相互喜欢，他们的成长环境和家庭教育是相同的，他们自身就有很多相似之处，兄弟的友爱也很牢固和持久。在其他亲属间的友爱中，友爱的程度也与关系的远近成比例。在亲友中产生友爱，这都是出于自然的。志愿精神的友爱精神不仅倡导与亲友的友爱，还倡导与他人、与社会的友爱。

二 善待他人

志愿精神的培育也只有从培育个体德性的友爱入手，才能保障志愿服务的可持续发展。善待他人需要善待朋友、善待陌生人、善待有需要的人。

（一）善待朋友

善待朋友是生活所必需的，因为没有人愿意孤独地一个人生活一辈子。亚里士多德认为，真正的友爱其实就是德性从自我向着他人维度的一种扩展。在这种人与人之间最美好的关系中，德性是最核心也是最基础的要素。亚里士多德的友爱观表明了对于他人和共同体的重视，在他看来，德性不只局限于个人，还必须向他人、家庭和社会扩展。

亚里士多德认为，善人才能和自己做朋友。善良的人高贵地爱自己，也会爱别人。他认为，友爱虽然不受距离的限制，但是如果难以经常交往，时间久了就会淡化。所以，他认为，友爱是一种相互鼓励、互相帮助的实践活动，离开了实践活动，就谈不上友谊和友爱。亚里士多德还以友爱双方的地位、身份为依据，把友爱分为平等之友爱和不平等之友爱。兄弟、朋友之间的友爱是平等之友爱，父子、夫妻、长幼之友爱是不平等之友爱，人不应该和一个比自己地位高的人做朋友，除非他有更高的德性，可以让人们尊敬他。亚里士多德认为，位尊者与位卑者之间的友爱是不平等的。他强调尊卑之间的服从关系。基于此，他提出了一个很重要的伦理原则，那就是：要像对自己好一样地对别人好，爱人如爱己。这和孔夫子说的"己所不欲，勿施于人"有异曲同工之处。在不同的文化传统中，这被称为伦理学上的"黄金规则"。

善待他人在现实生活中的作用范围决定了有用的友爱存在的现实依据。这种类型的友爱是"好的"，"好的"在一定程度上说明了只有具有满足个体需要的功能，方可成为"好的""有用的"。就现实层面来考量，随着社会形态的转换，有用的友爱逐渐获得了比古希腊时期更合理的存在环境，即通过友爱这一公民间的相互行为达成最终的利益分配。这样看来，友爱在两种层面上的特定内涵和现实效应与利他、合理利己的志愿精神存在逻辑和伦理的耦合性。善待他人意味着尊重每个人的自由和权利，友爱还要求彼此支持、了解和建立友谊，并理解和尊重对方。没有善待他人之心，一个人无法真正做到诚实、怜悯和投入；没有善待他人之心，我们无法实现捐赠、服务和领导。善待他人并不意味着放弃自身的信念，而是维护我们的信念，并尊重别人也这么做的权利。善待他人需要的不是简单的睦邻友好，还需要合作、交流和勇气。

（二）善待陌生人

世上的陌生人永远多于你所熟悉的人，善待陌生人，也就等于善待自己。在善待陌生人中，需要保持诚信的品质。在中华传统文化中，"友，同志为友。从二又，相交友也"。中国人善待他人的友爱思想注重的是诚信，孔子说："人而无信，不知其可也。"[1] "与朋友交，言而有信。"[2] 孔子认为，没有诚信就交不到朋友，没有诚信的人也不值得交往。友爱是最宏伟的愿景，是我们民族为之不懈奋斗的理想。亚里士多德倡导人们建立"平等者"的友爱观，这种德性友爱观是牢固的和稳定的。友爱是指两个人感情亲密地共同生活、相互间出于意愿而主动地为对方做事情的关系。这种关系在观念上不是静止的，它是一种活动的、行动的关系。亚里士多德认为，如要幸福，一个人就必须拥有朋友。善待他人"就是某种德性，或者是富有德性的事情；或者说是生活所必需的东西，谁也不会愿意去过那种应有尽有而独缺朋友的生活"[3]。在亚里士多德看来，任何人都离不开友爱，没有人愿

---

[1] 孔子：《论语》，程昌明译，山西古籍出版社1999年版，第18页。
[2] 孔子：《论语》，程昌明译，山西古籍出版社1999年版，第4页。
[3] ［古希腊］亚里士多德：《尼各马可伦理学》，苗力田译，中国人民大学出版社2003年版，第163页。

意过没有朋友的生活。同时，一个人不容易看清自己，所以需要通过朋友来认识自己。"一个朋友就是一个想成为我们的'第二个自我'的人……在希腊人的生活中，朋友们被认为相互间不仅有这种相互关照的价值，还有一种特殊的相互启智的价值。"[①] 因此，通过朋友之间的相互关照可以获得幸福。所以，友爱对于幸福是必要的。不幸的人和幸运的人都需要朋友，尽管需要不同的朋友。我们已经了解，人是政治的动物，天生要过共同的生活。幸福的性质使我们离不开友爱，甚至向往得到友爱。

（三）善待有需要的人

善待他人需要善待和帮助有需要的人。当前，尽管我国经济得到了突飞猛进的发展，人民的生活水平得到了极大的改善，但是由于人口基数大、地区发展不平衡等因素，依然存在着大量的需要关心和关怀的"弱势群体"。国家和政府虽然为这些"弱势群体"推行了大量的惠民政策，比如建立完善的社会保障制度、救助制度、司法保护和援助制度等。但是，有时这些政策的效果并不显著，很多时候，我们发现多数的"弱势群体"宁愿选择承受、沉默，而不愿意主动寻求救助或者不知道如何通过正当途径维护自己的权益。而且，我国社区治理体系还不够完善，存在对弱势群体关注不够的现象。大学生志愿服务弥补了社会在公共福利上的不足，通过开展扶贫济困、扶老助残、救孤助学等服务，帮助需要帮助的人。可以通过开展爱心助学、生活照料、知识普及等帮助贫困人群减轻生活负担，改善生活条件，提高生活能力；通过开展医疗保健、生活照顾、情感慰藉、政策宣传等志愿服务活动，解决老年人和残疾人生活中存在的特殊困难；通过开展学业辅导、亲情陪伴、自护教育、生活照料等志愿服务活动，帮助留守儿童和流动儿童提高生活自理能力、学习能力、心理健康能力等。

---

① 廖申白：《亚里士多德友爱论研究》，北京师范大学出版社2009年版，第240—241页。

这些都体现了友爱精神。

友爱不仅包括对朋友和亲人的友爱,而且包含对所有人的友爱。善待他人包括对所有人的爱,不管是本国的还是他国的,不管是朋友还是敌人,都需要给予爱。爱他人应当像爱自己一样:应爱人如己。爱的内容首先就在于以公正之行而不以恶行对待他人。善待他人还要求必须对所有人都给予尊重和爱护。因此,善待他人必须是发自内心的,是付诸行动的、谦逊的,还必须保持谨慎态度。善待有需要的人,号召社会上的每一个人都伸出援手,共同打造一个和谐的社会。

三 爱心善意

志愿服务事业承载着志愿组织和个人的爱心善意,是助人为乐的中华传统美德的传递。习近平总书记在中国志愿服务联合会第二届会员代表大会贺信中指出:"志愿服务是社会文明进步的重要标志。党的十八大以来,广大志愿者、志愿服务组织、志愿服务工作者积极响应党和人民号召,弘扬和践行社会主义核心价值观,走进社区、走进乡村、走进基层,为他人送温暖、为社会作贡献,充分彰显了理想信念、爱心善意、责任担当,成为人民有信仰、国家有力量、民族有希望的生动体现。"[①]

(一) 爱心

爱心是友爱精神的重要内容,是指志愿者应善待他人、欣赏他人、对别人充满爱心和善意。习近平总书记指出:"雷锋精神,人人可学;奉献爱心,处处可为。积小善为大善,善莫大焉。当有人需要帮助时,大家搭把手、出份力,社会将变得更美好。"[②] 爱心善意提倡没有国界和民族之分的崇高的友爱。爱心善意是在相互交往的过程

---

① 《弘扬奉献友爱互助进步的志愿精神 以实际行动书写新时代的雷锋故事——习近平致中国志愿服务联合会第二届会员代表大会的贺信》,《人民日报》2019年7月25日第1版。
② 《习近平给"郭明义爱心团队"的回信》,《人民日报》2014年3月5日第1版。

中，基于相互理解和信任，人们在相互支持和帮助下自然流露出的真情实感，是人类美好情感的集中体现。爱心善意是在志愿服务中和睦相处、平等尊重他人，要求志愿者不能表现出高高在上施舍的姿态，而要始终保持谦虚友爱平等的服务态度，在志愿服务过程中传递温暖、提供帮助，使志愿服务真正成为人与人之间良性互动的现代公益行为。

志愿者在志愿服务中需要始终保持一颗爱心。志愿服务是在志愿精神的感召下，有目的地、自愿自觉地开展的社会服务工作。志愿精神是志愿服务的精髓。志愿者是志愿服务的主体，志愿者既可以是个人，也可以是组织。志愿行为是志愿服务的具体实践活动，志愿行为是志愿者主体把志愿精神落到实际行动中的一种社会实践活动，通过志愿行为，志愿服务才能得以实现。志愿行为是公民生活中的小小组成部分，是志愿者奉献爱心的一种实践活动，容易被社会所接受。志愿行为的这些特征决定了志愿者在参加志愿服务时需要奉献爱心，以此来满足社会的需求。志愿服务覆盖的范围随着时代的发展也呈现出扩大化的发展趋势，其基本领域主要包括扶贫济困、帮老助老、扶弱救弱、救孤助学、救灾、环保等领域。扶贫济困主要针对生活困难的群体，需要志愿者通过开展爱心助学、生活照料等，帮助贫困人员减轻生活压力和负担；帮老助老主要针对老年人开展生活照顾、情感慰藉等，解决老年人的生活困难；扶弱救弱是指志愿者持续帮助弱势群体解决生活实际困难等；这些志愿服务领域都需要志愿者奉献自己的爱心，热心服务。志愿者不管参与何种志愿服务，在什么岗位，都要保持一颗爱心。志愿服务是一种以志愿、无偿地推动人类社会向着更美好社会发展的信念支撑下的社会实践活动，要在志愿服务中奉献爱心。

（二）善意

善意对于社会具有凝聚作用。在社会中，没有哪个个体能独立存在，也没有哪个个体是绝对强势的或弱势的，每个社会中的个体都需要组织和他人的关怀和善意，即都需要友爱。志愿精神的价值指向即大力发展志愿服务，并非一味地通过牺牲个体正当利益来换取他者和社会利益的增进，而是在于促进形成市民社会中的协和万邦的友爱的公共理念。爱心善意是志愿服务主体对全体公民和社会整体的生存及发展状态改善的关注。这样的关注也使自身利益、他者利益以及社会共同体利益等的共时性存在具有合理性和现实性。因此，友爱的特点在于促进友爱他者与友爱主体相融合的公民气质，而友爱的这个特点和志愿精神的价值追求在终极意义上是一致的。

人的每种实践与选择，都是以善为目的。最高的善便是幸福。幸福是完善的和自足的，是所有活动的目的。在善的关系中，个体之间共同善意生活，也就是有着共同的道德基础并且认同这种道德。"每一方都是对自身的善，并且以同等的愿望和快乐回报对方。"[①] 因此，爱心善意是个人对爱人如爱己理念的认同，是对共同的善良道德基础的认同，是对个人德性的一种完善。公民对于共同道德和利益的认同也就意味着团结。协和万邦的友爱是把城邦团结起来的纽带。亚里士多德认为善的友爱具有情感凝聚作用，有利于城邦的稳定和发展。他认为，友爱把城邦联系起来，与公正相比，立法者更重视友爱。他们的目的就是一方面加强类似于友爱的团结，另一方面则是致力于仇恨的消除。既然做了朋友就不必再论公正，但公正的人却须增加一些友爱。所以，人们都认为真正的公正就包含着爱心善意。

善意也是个人获得幸福所必需的。亚里士多德认为，人的目的，即人的可实践的最高善，就是幸福。幸福是合于我们自身中那个最好部分即德性的活动，亚里士多德的幸福论是顾及多数人，以对多数人而言的真实的善为旨归。每个人的幸福都需要外在的善来满足，其中，朋友就是外在的最好的善。每个人都需要朋友来共享自

---

① ［古希腊］亚里士多德：《尼各马可伦理学》，苗力田译，中国人民大学出版社2003年版，第171页。

己的快乐和幸福，需要朋友来充实自己的生活。亚里士多德把友爱分为三个层次：有用的、快乐的、德性的。他认为，追求崇高德性的友爱是"原本的友爱"，是最能持久的，对于完善个体德性发挥着重要作用。"有用""快乐"的友爱对凝聚社会群体和促进个人幸福具有重要的价值。

友爱是新时代大学生志愿服务主体对全体公民和社会整体的生存及发展状态改善的关注。而这样的关注也使自身利益、他者利益以及社会共同体利益等的共时性存在具有合理性和现实性。友爱的特点在于塑造友爱他者与友爱自身交相融合的公民气质，而这种形塑的指向和志愿精神的价值追求在终极意义上是一致的，友爱是志愿精神所包含的德性的核心要素。

第三节　互助精神

互助行为，就是助人自助、守望相助、互帮互助的行为。孟子曰："死徒无出乡，乡田同井，出入相友，守望相助，疾病相扶持；则百姓亲睦。"[①] 这说明人们在劳作、抵御盗寇、疾病等时守望相助、互帮互助，这样百姓就友爱和睦了。互助精神是志愿精神的重要组成部分，它提倡助人自助、守望相助和互帮互助。

一　助人自助

"助人自助"是中华民族的传统美德。"助人自助"是社会工作的一项最基本原则，服务对象在接受社会工作者帮助时，社会工作者教其方法和能力，以使服务对象以后如果碰到类似的问题，能独立自主地解决。助人自助是社会工作者相信求助者的接受力、自觉力和创造性，通过对其心灵和行动的支持，使其发挥主观能动性的一个过

---

① 康燕、王川：《孟子》，云南大学出版社2004年版，第96页。

程。其原则是启发受助者的意志和潜力,从"由他助"转向"自主自助",做自己命运的主宰者。助人自助从字面上可以理解为两个意思,也可当成一个概念。助人自助既体现了人与人、人与社会的依存关系,也体现了人类的和谐发展。

(一) 助人

根据马斯洛需求层次理论,人除了有生理、安全、社交需要外,还有尊重、自我实现的需要,即要实现自身的理想和价值的提高。助人,是人的德性、良知和教养的体现,是社会稳定的人性基础。一个人在帮助他人时,会与被帮助者沟通,会真心得到对方的感谢和感激,也在与社会产生联系,实现自身的价值,从而获得了被尊重的需求。所以,助人不仅能给人带来快乐,还能获得朋友,在与社会产生联系时,自我实现的需求也能被实现。社工的助人并不只是单纯地提供物质帮助,而是帮助受助者树立信心,激发他们的潜能,实现自我超越,让其重新回到生活正轨中。在助人的过程中,体现了以人为本的观念。古人说:授人以鱼,不如授人以渔,助人的最终目的是使被帮助者能自食其力,提高自身解决问题的能力,并不是一次简单的解决当前困难。助人恰似道德的种子,使人类社会充满温情。

(二) 自助

助人与自助是相辅相成的,助人者必须首先具备助人的能力,才能帮助别人,即自助。就如同一个人不会游泳,他要跳到水里去救人,不但救不起来人,还把自己的性命丢了。因此,助人者首先自助,要有帮助他人的能力才能去实施助人。助人自助从字面上可以理解为两个意思,也可当成一个概念。人是社会中的人,离开了社会就无法生存和发展,人的生存和发展都需要助人自助。助人自助是一个"互助"的过程,具有内在统一性。同样,社会也是由个人组成,社会的进步和发展离不开人的进步和发展,也离不开助人自助。人类社会的和谐稳定、健康有序发展也离不开助人自助。助人者在帮助他人时,不仅能提高自身的能力和综合素质,而且在有需要的时候也可以得到他人的帮助。助人自助中的人既指"个人",也可指一个集体或一个社会。在助人与自助的过程中促进集体和社会的共同发展和进步。

助人者在助人的过程中,锻炼和提高自己的德和能。所以在帮助受助者的过程中,助人者自身能力和德性也能得到提升,实现了自助的过程。助人自助是一种人际关系,良好的人际关系包括倾听、真诚、给予爱与接受爱,给予爱和接受爱是指一个人能发自内心地真心关心和喜欢他人,自己也能感受到充实和幸福。从这个角度出发,人人都努力为社会奉献,营造和谐健康的发展氛围,对自身、他人和社会都是大有裨益的。志愿服务是一种不期待得到任何回报的助人行为,是人际交往中的一种特殊行为。从总体上说,志愿者在帮助他人的时候,自己内心不仅能体验到充实和快乐,还能提升自己的道德素质,这也是助人中的自助。通过参与志愿服务,助人者有机会与社会和他人接触,志愿者奉献自己的爱心,使自身道德修养得到提升。同时,志愿者在参与志愿服务活动时,能发挥自己的专业优势,尽自己最大能力去帮助他人,从而促进社会的和谐稳定。助人自助的意义在于构建和谐的社会风气,也让助人者体验到幸福健康的人生。

二　守望相助

守望相助的意思是为了对付来犯的敌人或意外的天灾人祸,邻近各村落互相警戒和互相援助。《孟子·滕文公上》:"乡田同井,出入相友,守望相助,疾病相扶持。"守望相助原意是专指井田制而言的,现代的基本意思是指人与人之间的相互守望和相互帮助,主要包括邻里守望和组织相助。

（一）邻里守望

2014年,全国"邻里守望"志愿服务活动工作座谈会在北京召开,会议指出:"要把社区作为经常性志愿服务活动的主要场所,扎实开展'邻里守望'等志愿服务活动,为人们服务他人、奉献社会搭建平台……把志愿服务做到基层、做进社区、做进家庭。"①

邻里守望与雷锋精神、志愿精神和好人精神具有内涵一致性，都蕴含无私奉献、团结友爱、互帮互助的价值理念。让人温暖的邻里关系，不仅体现在救人、救火等生死攸关的大事上，也体现在一些不起眼的"应急"小事上。大学生志愿服务活动做到基层、做进社区，做进家庭，能推动良好社会风尚的形成。

大学生志愿组织还可以开展关爱留守儿童"邻里相协"志愿服务。组织大学生志愿者对社区留守和孤困儿童进行生活照顾和学习辅导，开辟"四点半课堂""爱心课堂"等，组织大学生志愿者为留守儿童传授知识和劳动法规，宣传和普及维权常识等服务。大学生志愿组织还可以开展关爱残疾人"邻里相扶"志愿服务。以社区为依托，以有专业知识背景的学生志愿者为主体，为残疾人提供康复理疗、居家照顾等志愿服务活动。

（二）组织相助

志愿服务组织是以开展志愿服务为宗旨的非营利性社会组织，广义上是指拥有组织形式、不以营利为目的、以自愿参与为特征、以公益产权为基础、主要开展公益性活动的非营利组织。狭义的志愿服务组织是指依法在民政部门登记注册、专门从事志愿服务的公益性社会团体。志愿服务组织以促进公共利益为导向，提供多元服务，反馈民众需求，是传递社会关爱、弘扬社会正气的重要载体。当前，我国志愿服务组织蓬勃发展，志愿服务也在不断推进，志愿服务彰显着现代公民的社会责任意识，反映着社会文明的发展程度。志愿服务对于推动社会的可持续发展具有重要功能。志愿服务能满足多样化的服务需求，弥补政府服务和市场服务的不足，对于完善社会公共服务、完善社会保障体系、保证社会和谐稳定发挥着重要作用。志愿服务倡导良

---

① 《全国"邻里守望"志愿服务活动工作座谈会在京召开》，人民网（http://politics.people.com.cn/n/2014/0304/c1001-24526789.html），2014年3月4日。

好的社会风尚，营造宽容、友爱、和谐的社会氛围。同时，我国志愿服务组织在总体上还存在着数量不足、能力不强、发展环境有待优化等问题。因此，加强志愿组织之间的互助对于志愿组织的发展有着重要的意义。

组织相助体现在两方面：一方面，政府和社会为志愿组织提供帮助，帮助其进行组织内部治理。政府可以帮助志愿服务组织认清自身使命，了解其在社会中承担的责任、角色及任务。比如根据不同的分类标准，志愿服务可以划分为不同的类型，从服务内容来看：有社会福利类，如帮助老人、助残、为妇女儿童提供陪护、慰藉等服务；还有医疗卫生类、权益类、治安类等。针对这些志愿服务，政府可以加大财政支持，以保证志愿服务组织正常运行。对那些专业性较强的志愿服务，政府应多关注，给予人力、物力、政策的支持，甚至可以启动政府购买服务。政府还要加强对志愿服务组织的管理，推进志愿服务组织诚信建设，对于诚信度好的志愿服务组织应给予表彰及奖励，对违背志愿服务宗旨的志愿服务组织应坚决取缔。政府还应建立一批模范志愿服务组织，广泛推广其经验，扩大其社会影响力，在社会中形成向上向善的良好社会风气。政府通过激励、宣传、培育、资助等方式，推动建设优秀志愿服务组织和项目，使志愿服务组织规范良性地发展。

另一方面，各志愿组织之间应相互帮助。任何一个高校，自身的资源都是有限的。面对日益增加的志愿服务需求和越来越专业化的志愿服务需求，高校志愿组织必须加强与社会志愿组织的合作，在合作过程中实现信息共享、整合资源，提高志愿服务的水平和能力。

志愿组织还要加强自身内部建设。第一，坚持党建带群建，推进志愿服务组织中党的组织和党的工作有效覆盖，创新党组织工作内容和活动方式，切实发挥好志愿服务党组织的政治核心作用；第二，加强党务工作者队伍建设，不断提高志愿服务组织党建工作整体水平，提升服务水平，通过服务贴近民众、团结民众、引导民众，最终赢得民众；第三，完善志愿服务组织决策，提高志愿服务组织内部激励、监督机制。完善招募组织、招募准入和管理。提高志愿者能力和水平，加强内部培训，完善培训体系、强化专门培训。重点培养一批相对稳定且专业化的队伍，从事专门的志愿服务，以提高志愿服务组织的社会影响力和声誉；第四，推进志愿服务品牌化、项目化建设，着力打造一批志愿服务项目品牌，积累经验，广泛宣传，通过长期的志愿服务和社会影响激励志愿者参与，并争取政府和社会公益组织的补助和捐赠；第五，进行优秀志愿者交流和表彰，树立榜样，对那些经常参加志愿服务、反馈评价好的志愿者给予精神上的奖励，甚至可以以组织的身份向志愿者所在单位沟通、反馈其行为，希望获得单位在评优评先等方面的支持，为志愿组织持续发展提供动力。

三 互帮互助

互帮互助就是相互帮助。马克思主义认为，人是一切社会关系的总和，人是社会关系中的人。人生活在社会中，离不开与他人的交往与合作。互帮互助需要人际互帮和社会互助。

（一）人际互帮

人际互帮就是在人际交往中的互相帮助。随着社会分工的发展，人们更需要在社会中互帮互助。在社会主义制度下，社会分工是根据现有生产力水平，劳动者之间根据社会发展的需要而进行的一种工作分工。社会分工是指社会生产由于生产力的发展而引起的分化，这种分化使原来的单一的生产形成许多互相独立而又互相依赖的部门。社会分工既包括不同部门之间的分工，也包括部门内部的分工。社会分工的产生和发展是由社会生产力的发展决定的。在原始社会初期，没有明显的社会分工，男人从事打仗、捕猎等劳作，女人在家织布、管理家务等，只存在性别、年龄等以纯生理因素为基础的自然分工。后来，原始人发现可以驯服并在驯服后繁殖的动物，便出现了专门从事饲养牲畜的畜牧部落。畜牧部落从其他部落中分离出来，这便是第一次大分工。原始社会后期，随着铜、铁金属工具的出现和金属加工业的发展，以及纺织等生产活动的大量出现，手工业从农业中分离出来，便产生了第二次大分工。由于商品生产的发展和商品交换范围的扩大，出现了商品买卖，形成了第三次大分工。随着生产的发展，生产部门的增加，社会分工越来越细。向奴隶制过渡时，形成了体力劳动和脑力劳动的分工。资本主义社会期间，随着机器、新技术、新工艺和新的生产部门的出现，原料和半成品的加工越来越细，社会分工日益多样化。这些社会分工的形成和发展，都离不开劳动者之间的相互帮助和合作。在社会主义制度下，社会分工是根据现有生产力水平，劳动者之间根据社会发展的需要而进行的一种工作分工。这种分工是随社会生产关系的变化而变化的，体现了社会主义劳动者之间的互助合作关系。

人类历史经历了从以生理和地理为基础的分工，经历了奴隶社会、封建社会、资本主义社会、社会主义社会阶段，各个领域和部门产生了越来越细的分工。社会需要各种劳动，在生产过程中，劳动者尽己所能和特长奉献自己的劳动，社会总劳动由每个劳动者的劳动共同组成。劳动者为了满足自身存在和发展的需要，需求也是多样化的，物质资料生产者提供物质资料，精神资料生产者提供精神资料，劳动者通过交换或与他人合作才能满足自身的需要。劳动者互相交换劳动资料的过程也是互帮互助的过程。个人在实现自身价值的同时，也在为他人和社会作贡献。社会分工是相互帮助和合作的存在形式，互帮互助是分工得以存在的内在要求和前提。由于社会分工变细，每个人都更加相互依赖于其他人，这便需要人际互帮和社会互助。

（二）社会互助

社会互助是特定的社会群体包括家庭、社区、团体、企业、组织成员之间的民间互助行为，是非正式的制度安排，有别于政府组织的社会保障和社会救助。社会互助形式多样，不仅包括经济形式的互助行为，还包括精神上的互助，是社会自发的对社会脆弱群体的关爱，体现全社会以人为本的价值理念。不是单向的关怀和帮助,而是一种社会交换,对于补充政府保障的盲点起着重要的作用。

人类社会生存和发展都离不开社会互助。从原始社会开始,人类只有通过集体生活才能抵御自然灾害,离开集体生活,个体很难独立生存。由于人类需求的多样性,社会产生了分工,个体不能全部生产出自身生存和发展所有的商品,只有在社会互助中才能满足自身的生存和发展的需要,这样人与人之间便产生了相互依存感。

纵观人类发展的历史,社会互助是个体生存的必需,任何人都需要与他人共存。俄国的克鲁泡特金认为,社会互助是人类进化和社会不断发展的主要因素。他强调互助是人类的一种自然本能,认为只有那些愿意为集体利益而结合起来援助的人才是最能适应社会生存的。达尔文在他的书中也写道:"拥有数量最多的最富有同情心的成员的社会,将最为昌盛,并且繁育最多的子孙。"[1]

在自然界,以蚂蚁为例,蚂蚁在生活中相互帮助,当一只蚂蚁有困难时,另外的蚂蚁肯定会来帮助它脱离困境,哪怕牺牲自己的利益。自我献身和自我牺牲已经成了蚂蚁之间的共同法则。在其他高级动物中,比如狼、狮子、鹿等也存在类似的情况。克鲁泡特金发现合群生活使动物长寿;只有相互团结,才能抵御生存的压力,才能得到进化。人类便是最好的说明。

现代人类以家庭为社会基本单位,家庭是人类进化的产物,人类遗迹就能说明人类最早是结成社会而生活。比如石器的发现,大量的石器都是同时被发现,这说明人类后来便开始按照地域原则发展了新形式的联结——村落公社,在城市中,也出现了各种各样的联结方式——行业、社区等,所以邻里关系就非常重要,社会互助就是志愿精神的最初的体现。每个人自出生之时起,到其能够自食其力时止,

---

[1] [英]达尔文:《物种起源》第1分册,周建人等译,上海三联书店1954年版,第79—80页。

都需要有人帮助,才能生存。克鲁泡特金运用丰富的生物学实证材料,用蜜蜂和蚂蚁群居营生现象,指出动物具有利他、互助本能,并推及社会互助也是人类生存的必需。社会互助是人类社会生活的基本法则,也是志愿服务精神的出发点。

互帮互助是实现社会公平、正义的现实要求。公平正义是人类文明的重要标志,是人类长期以来不懈追求的一种美好社会理想和愿望,是人类社会共同向往和追求的。中国古代思想家认为正义感先行于自爱的正义原则。这种智慧是一种对当下生活的感悟,体现了正义感。因此,中国正义的观念架构就是:仁(仁爱)—利(利益)—智(智慧)—义(正义)—知(理智)—礼(规范)。

马克思主义法学理论认为,虽然正义在不同的时空有不同的内容,但是正义有一个底线。现代社会正义的基本底线是建立在尊重和保障人的尊严之上的,它的基本内容是人权。公平正义要求经济、政治、文化等各种权利和义务在社会成员之间合理分配,而要实现这种合理的分配就要形成与之相应的制度体系,这种制度体系很多都从法律规范上得以体现,所以,公平正义既是衡量社会文明发展程度的重要标准,也是一种制度安排。

约翰·罗尔斯指出:"正义是社会制度的首要德性,正像真理是思想体系的首要德性一样……因此,正义否认为了一些人分享更大利益而剥夺另一些人的自由是正当的,不承认许多人享受的较大利益能绰绰有余地补偿强加于少数人的牺牲。"[1] 罗尔斯提出了"平等自由原则""机会公平原则"和"差别原则"。其中,差别原则体现了他对弱势群体的同情和关怀,也是他公平正义理论原则的价值指向。

当代中国社会提出的"先富"带动"共富"的思想是互帮互助

---

[1] [美] 约翰·罗尔斯:《正义论》(修订版),何怀宏、何包钢、廖申白译,中国社会科学出版社 2009 年版,第 3 页。

理念的体现。邓小平指出："鼓励一部分地区、一部分人先富裕起来，也正是为了带动越来越多的人富裕起来，达到共同富裕的目的。"① 发达地区、先富者对于不发达地区、贫穷落后者的带动作用，可以通过各种方式来实现，也可以通过先富者出于道德自觉，自愿捐赠财富给贫困地区及贫困者，实现脱贫，这是一种互帮互助的方式。在先富者的帮助和带动下，整个社会就能朝着共同富裕的目标前进，也才能实现社会的公平正义。

志愿服务本质上是一种社会互助，它与中世纪出现的非营利性社会团体，比如友谊团体、互济社团等有着千丝万缕的联系，所以，我们可以把现代兴起的志愿服务活动看成一种社会进化的表现。志愿服务不是单向的施舍，而是在服务过程中，既满足受助者的需求，又使自身能力得到提升，使自己的精神得到升华。没有人可以独立存在，每个人都需要在交往中与他人建立互助合作的关系。让更多的人通过互助得到情感和精神的支持，获得积极发展的能力，是志愿精神的本意。互助的志愿精神是志愿者内心深处的美德，是志愿者个人对社会、人类和人生的积极态度。

第四节 进步精神

"进步"是志愿服务追求的目标，也是志愿精神的实践归宿。进步是指志愿者通过参与志愿服务，使自己的能力得到提高，同时也促进社会的进步。志愿服务活动处处都体现出"进步"精神，它是志愿精神的一部分，这一精神使人们甘心付出，追求社会和谐。在志愿活动中坚持进步精神，对于社会，促进了人与人、人与社会以及人与自然的和谐共处，促进了社会全面、协调、可持续发展；对于个人，激发了志愿者的参与热情，增强了社会活力，发挥了志愿者的自身优

---

① 《邓小平文选》第3卷，人民出版社1993年版，第142页。

势，贡献了志愿者的聪明才智，丰富了他们的人生。进步包括社会进步和个人进步两方面。大学生通过参与志愿服务，促进社会崇德尚美新风、凝聚向上向善力量和勇于开拓进取的进步精神。

一 崇德尚美

崇德，是崇尚和发扬高尚的道德品质；尚美，是人们对心灵、言行、环境之美的崇尚与向往。崇德尚美，就是崇尚道德，追求生活中的真善美。

（一）崇德

亚里士多德认为，善是人的理性合乎德性的活动；美是由数理科学证明的有机和谐的物体形式。他认为："美是一种善，其所以引起快感正因为它是善。"[①] 美的本质是善，善构成美，美又复归于善。人无德不立，人的德性即内在美是指人的内在心灵美。它包括学识、性格、志趣、思想、品德和理想等方面的美。学识是人的知识和学问。性格是人的态度和行为方面的较稳定的心理特征。志趣是人的志向和兴趣，是人积极探究某种事物或积极进行某种活动和工作的倾向。品德即人的道德品质。理想是人的世界观（包括人生观）的核心，是人生的奋斗目标和最高准则。人的德行美包括很多方面，但其核心是理想。

理想是一个人的人生观和世界观的集中表现。理想是德行美的精华。有了美的理想，才能使学识、性格、思想、情感、意志和品德放射出美的光辉。美好的理想是一个人的精神支柱和前进动力，促使一个人在逆境中百折不挠、奋勇前进，在顺境中谦虚谨慎、永不停步。为实现美好的理想，一个人便会努力学习使自己成为聪明智慧、学识渊博，具有学识美的人。为实现美好的理想，一个人便会在自己生理

[①] 北京大学哲学系美学教研室：《西方美学家论美和美感》，商务印书馆1980年版，第41页。

素质基础上，在对自己、他人、工作和事物的态度和行为过程中，努力锻炼自己的性格，具有性格美。为实现美好的理想，一个人便会将自己的志趣放在高尚的目标和有益的活动之上，具有志趣美。为实现美好的理想，一个人便会努力脱离低级庸俗的思想感情的束缚，使高尚的思想和纯洁的感情丰富起来，具有思想美和情感美。实现美好理想的过程，也是形成高尚的道德品质的过程；在实践活动中有了美好理想的指引，一个人才能培养出品德美。正如台尔曼所说：什么是一个伟人的崇高品德呢？就是为理想、为更美好的生活而时刻准备献出他的生命，就是真正愿意为了自己的理想做任何事情。

（二）尚美

尚美是人们对美的崇尚和追求，主要是对心灵美和品德美的追求。品德美是心灵美的基本内容。雷锋说过，为社会主义建设孜孜不倦工作的灵魂是最美的。这说明，具有热爱社会主义祖国和热爱劳动等道德品质，便可以称之为心灵美。高尚的道德品质具体体现着善。品德是以道德信念为核心的道德认识、道德情感、道德意志和道德行为在实践基础上的有机统一体，它受世界观及其核心成分理想的决定，并与人的心理能力、需要动机系统和自我意识密切相关。美好的理想只有通过高尚的品德结构，才能具体体现出来，才能成为可以感受到的美的形象。理想脱离了实际，就会变成空想或幻想。理想美脱离了品德这个实体，也会变成空幻的美。真实的美必须将理想美和品德美结合起来。理想美离不开品德美，品德美中体现着理想美。

"思维是世界上最美的花朵"，人的美首先应表现在人的精神领域。习近平总书记指出："核心价值观，其实就是一种德，既是个人的德，也是一种大德，就是国家的德、社会的德。国无德不兴，人无德不立。"[①] 党的十九大报告指出："社会主义核心价值观是当代中国

[①] 习近平：《青年要自觉践行社会主义核心价值观——在北京大学师生座谈会上的讲话》，人民出版社2014年版，第4页。

精神的集中体现，凝结着全体人民共同的价值追求。"① 社会应大力倡导崇德尚美新风，培育和践行社会主义核心价值观。中国志愿服务和社会主义核心价值观在精神本源、价值追求和现实需求上都是一致的。社会主义核心价值观引领中国志愿服务发展的方向。志愿服务的发展为社会主义核心价值观的宣传提供广泛平台、多方资源以及有效载体，从而促进社会主义核心价值观的培育和践行。

志愿服务能促进社会崇德尚美风气的形成，志愿者是新时代真善美的传播者。当前，新时代大学生要用崇高的理想和良好的品德修养向全社会乃至全世界展现中国蓬勃的青春力量，要高扬志愿精神，让志愿精神与真善美同行，让社会变得更和谐、更文明。

二　向上向善

向上是人们不断提升本领和境界。向善即崇德，意味着明德惟馨，择善而从。习近平总书记指出："必须加强全社会的思想道德建设，引导人们向往和追求讲道德、尊道德、守道德的生活，形成向上的力量、向善的力量。只要中华民族一代接着一代追求美好崇高的道德境界，我们的民族就永远充满希望。"② 形成向上向善的力量是一个国家、民族精神凝聚力的集中体现。

（一）向上

向上是人不断提升本领和境界的过程。个人本领和境界的提高都需要通过实践来养成。要把向上向善融入大学生日常学习工作生活中，使大学生在实践中感知它、领悟它，使之成为大学生日常学习工作生活的基本遵循。把向上向善的要求融入各行各业的群众性道德实践活动和精神文明创建活动之中，加强社会公德、职业道德、家庭美

---

① 习近平：《决胜全面建成小康社会　夺取新时代中国特色社会主义伟大胜利——在中国共产党第十九次全国代表大会上的报告》，人民出版社2017年版，第42页。

② 中共中央文献研究室编：《习近平关于社会主义文化建设论述摘编》，中央文献出版社2017年版，第137页。

德、个人品德教育,推动形成有利于涵养向上向善力量的生活情景和社会氛围。向上向善的力量能促进个人道德品质的提升,是一个国家和民族兴旺发达的根本。志愿服务活动可以促进个体提升精神境界,增强公民意识,提高各方面的能力,能促进自身的全面进步,使人们获得向上的力量。

人的思想道德素质和精神境界受客观外界环境的影响,正如恩格斯所说:"人们自觉地或不自觉地,归根到底总是从他们阶级地位所依据的实际关系中——从他们进行生产和交换的经济关系中,获得自己的伦理观念。"[①] 中国古代管子也说:仓廪实而知礼节,衣食足而知荣辱。但是,人的精神境界的提升不是一蹴而就的,在一定知识的基础上,通过实践来提升人们的思想道德水平。社会的和谐发展,需要物质文明和精神文明的共同发展。"要提高人民思想觉悟、道德水准、文明素养,提高全社会文明程度……推进诚信建设和志愿服务制度化,强化社会责任意识、规则意识、奉献意识。"[②] 这表明,个人的思想道德水平和精神境界的提升不是一个自然发展的过程,而是需要加强和培育的,需要用社会主义核心价值体系进行引领,需要鼓励和倡导人类社会一切美好的思想道德和精神成果来武装人们,形成高尚的思想道德情操和精神境界。个体道德需要的发生是个体在参与社会活动的过程中主动内化社会道德规范的结果。参与志愿服务的个体通过对志愿者角色的扮演过程,不断感受与体会志愿者角色的规范要求,在此基础上逐渐内化与认同这种规范要求。这样的认同过程,满足个体道德需要,使志愿者在志愿服务中不断提升和完善自我,从而提升了个体的思想道德境界。

公民意识水平的高低反映了社会文明程度的高低。社会个体的公

---

① 《马克思恩格斯选集》第3卷,人民出版社2012年版,第470页。
② 习近平:《决胜全面建成小康社会 夺取新时代中国特色社会主义伟大胜利——在中国共产党第十九次全国代表大会上的报告》,人民出版社2017年版,第42—43页。

民意识的形成不是一个自发的行为过程，是需要通过外力的介入才能生成。实践活动是培养公民意识的重要途径，与传统的灌输式教育模式相比较，志愿服务更有体验道德情感、内化道德信念的作用。作为一种实践性的生活教育模式，它使得人人都能在志愿服务实践中奉献社会、服务他人，了解社会、感受生活，能促进良好社会道德风尚的形成。志愿服务倡导的行善立德、无私奉献的精神使向上向善在全社会蔚然成风，志愿服务提高了道德教育的实效性。志愿服务为公众参与社会公共生活提供了平台，培养了个体的主体意识。志愿服务作为一种自主、自愿的组织化公益活动，有利于促进志愿者对公共事务的关怀，实现民众参与公共事务的权利，提高志愿者的参与意识。随着志愿服务范围从传统的社区服务、扶贫助弱向当下的环境保护、政策参与等社会领域延伸，这增加了志愿者参与社会公共事务的广度和深度，也使公民在参与社会公共生活中增强了权利意识和参与意识。

  志愿服务可以让大学生学习知识技能，提升个人能力，也可以增强社会交往，拓展人际关系，丰富人生阅历，提升自我价值，促进自我实现。劳动是人的天性，劳动不仅创造了人的本质，而且使人们在劳动中获得自我的实现。志愿服务是志愿者自愿从事的一种自己喜欢的发自内心的劳动，在这个过程中，志愿者很容易得到身心的愉悦，有利于身心的健康。与此同时，志愿者通过志愿服务这种理论与实践结合的方式参与了解社会，不仅能加深对所学专业知识的理解，也能激发志愿者的学习与创新潜能，并做到知行合一。志愿者在参加志愿服务活动前，志愿服务组织都会对其进行相关培训，这也丰富了志愿者的知识，开阔了志愿者的视野，为以后进入社会打下坚实的基础。志愿服务还为人与人之间的沟通提供了互动和交流的平台。志愿者或许来自不同领域，拥有不同的职业、能力和特长，由于志愿服务活动，大家增进了了解，结识了各种各样的朋友，每个人都有优点，都有值得别人学习的地方，这样人际关系也越来越广阔。这也是志愿者融入社会、实现个体社会化的过程。通过志愿服务，志愿者搭建了奉献社会服务他人的平台，有助于志愿者寻找与社会发展联系的切入点；通过志愿服务，志愿者建立与他人、组织等的人际关系，有助于提升志愿者的协调能力、沟通能力、人际交往能力；通过志愿服务，志愿者开阔了知识视野、学习新知识与技能，增加了服务社会的本领，有助于以后更能适应工作所带来的挑战；通过志愿服务，志愿者都丰富了人生阅历，在与他人沟通、分享中发现自己的优点，增进了信心，增进了对社会和他人的理解。这些都有利于志愿者养成一颗包容和成熟的心态面对生活。通过志愿服务，让志愿者找到了不一样的自我，更能充分了解自己，找出自己的不足，为以后的前进努力找准了目标、坚定了信念、强化了责任担当。

（二）向善

向善即崇德，意味着明德惟馨，择善而从。向上向善是中华民族的优良传统和生生不息的强大动力，也始终是促进人类社会文明进步的强大精神力量。亚里士多德认为，人类的任何活动、任何探索、任何规划，其目的都在于某种善。善是人们一切活动的目的之所在。由于实践是多种多样的，技术和科技也是多种多样的，因而善也是多种多样的。亚里士多德认为幸福是人最高的善。他认为我们现在主张自足就是无待而有，它使生活变得愉快。这也就是我们所说的幸福。最高善的实现就在我们的现实生活中，是促进人类的幸福。亚里士多德认为，灵魂的善是幸福的根本性因素，灵魂的善是主要的、最高的善。人类对善的追求促进了人类社会文明的进步和发展。

中华优秀传统文化中蕴含着丰富的善文化，孟子强调："恻隐之心，仁之端也；羞恶之心，义之端也；辞让之心，礼之端也；是非之心，智之端也。"[①]"人之初，性本善"，这些思想是个体道德修养的基础。中国传统善文化要求"仁者爱人"，提倡"己所不欲，勿施于

---

① 吴迎君：《〈孟子〉名句》，天地出版社2009年版，第42页。

人""己欲立而立人,己欲达而达人""大道之行也,天下为公"。中国传统善文化在中国得到广泛的传播和传承,促进了中国人民向善的自觉性,成为中华民族向善、向上的力量。

志愿服务是个体发自内心、心甘情愿地投入,是自愿的付出,是个人自由意志的选择,是喜欢做、愿意做的,不是任何威慑强迫的行为。大学生志愿者可以从工作中获得成就感和满足感。大学生志愿者在自己所投入的志愿服务中,实现了自身的价值,也体现了志愿者向善的力量。

个体还能从志愿服务中得到幸福,曾经参与志愿服务的人表述自己是愉快的,如奥运会志愿者奉行的"我奉献、我快乐"的精神感染了服务对象,也鼓舞了志愿者团队的成员。使志愿者感觉帮助了别人或对公众有所贡献而感到温暖和快乐。对年纪大的人来说,参与志愿服务可以促进良好心理健康状态的形成,有利于减少心理压力、提高生活满意度。有调查表明,健康与志愿服务的关系密切,越健康的人志愿服务次数越多。

志愿服务活动处处都体现着向上向善的精神,这一精神使人们甘心付出,追求社会和谐。志愿服务体现了人类奉献、友爱、互助的美好精神,这些精神就是人类社会进步的体现。

三 开拓进取

习近平总书记在参加党的十九大贵州省代表团讨论时强调,要激励全党全国各族人民万众一心,开拓进取,把新时代中国特色社会主义推向前进。中国特色社会主义事业要想取得发展和进步,必须具有勇于创新、开拓进取的精神。

(一) 开拓创新

习近平总书记说:"创新是一个民族进步的灵魂,是一个国家兴旺发达的不竭动力,也是中华民族最深沉的民族禀赋。在激烈的国际竞争中，惟创新者进，惟创新者强，惟创新者胜。"① 我国志愿服务始终是在回应时代发展需要的过程中不断创新而发展的，志愿服务已从自发、零散的初始阶段发展成为有组织、成规模的良好局面。志愿服务从学雷锋、做好事的道德实践发展成为成千上万的普通民众的一种生活方式。随着志愿服务主体的不断扩大、服务领域越来越广，志愿服务活动已经成为精神文明建设的一种创新方式。越来越多的大学生参加志愿服务活动，大学生在志愿服务活动中成人成才，志愿服务活动促进了高校实践育人模式的创新。

进入新时代，志愿服务成为创新社会治理的一个有效途径。首先，志愿服务推进了社会管理的新进程。当前，由于中国社会保障体系还不够完善，社会上困难或特殊人群需要得到社会的各方面的帮助，志愿服务弥补了政府在公共福利上的不足。青年志愿服务一直把扶危济困、帮老助残作为主要服务领域，为困难或特殊群体提供医疗咨询、法律援助等方面的服务，促进了社会的公平和正义。其次，志愿服务创造了社会结构的新因素。随着志愿服务的发展，形成了大量的社会团体和民间互助组织，这些团体和组织汇聚了社会上分散的个人力量，在社会上形成了新型自我服务、自我管理模式，为社会建设作出了巨大的贡献。最后，志愿服务增添了社会和谐的新动力。当前，青年志愿服务涉及医疗卫生、青少年心理健康、法律援助等领域，包含社区服务和社区管理的各个方面，不仅促进了社会稳定和社会进步，还创新了社会管理。

在新时代大学生志愿精神培育过程中，只有实现多元创新，才能激发活力。多元创新的内容包括：创新宣传方式创新、制度创新、专业服务创新、路径创新等。

（二）不断进取

习近平总书记指出："我们要全面建成小康社会，进而建成富强

---

① 《习近平谈治国理政》，外文出版社2014年版，第59页。

民主文明和谐的社会主义现代化国家，实现中华民族伟大复兴，必须依靠知识，必须依靠劳动，必须依靠广大青年。"① 广大知识分子、广大劳动群众、广大青年要紧跟时代、肩负使命、锐意进取，把自身的前途命运同国家和民族的前途命运紧紧联系在一起，努力为共同理想和目标而团结奋斗。②

　　路不行不到，事不为不成。无论一项事业还是一国发展，都是在攻坚克难中才能实现。张骞开通西域，郑和万里探海，中国人素来具有不畏艰难、敢于开拓的勇毅品格。新中国成立时，中国处于一穷二白的状态，到现在，中国已全面建成小康社会。中国取得的发展靠的是不畏艰难、不断进取的精神。

　　志愿服务体现的是不断进取的精神。进取心是一个人向上的动力，只有不断进取，生命的价值才能不断升华。大学生志愿服务对个体身心健康、个体社会发展、个人精神发展具有重要的价值。志愿精神能激发大学生为他人和社会奉献自己应有的力量，激发大学生的责任感和使命感，这是不断进取的表现。在志愿服务活动中，大学生志愿者精益求精的工作态度，有利于进一步激发大学生的进取心。志愿服务作为一种自主、自愿的组织化公益活动，有利于促进志愿者对公共事务的关怀，实现民众参与公共事务的权利，提升志愿者的参与意识。近年来，随着志愿服务事业的不断发展，志愿服务范围从传统的社区服务、扶贫助弱向当下的环境保护、政策参与等社会领域延伸，这增加了志愿者参与社会公共事务的广度和深度，也使公民在参与社会公共生活中增强了权利意识和参与意识。

　　在问卷调查中，大部分大学生认为做一名志愿者最应具备的素质是具有丰富的专业知识和技能，这表明大学生要有不断进取的心，努

---

① 习近平：《在知识分子、劳动模范、青年代表座谈会上的讲话》，人民出版社2016年版，第2页。
② 参见余金保《新时代大学生劳动教育教程》，北京理工大学出版社2022年版，第13页。

力提升自己的服务能力。通常情况下,一名优秀的大学生志愿者需要在从事志愿服务的内在需要、助人动机、工作态度、知识经验和服务技能方面具有突出的素质。大学生在进行志愿服务时,需要根据志愿服务岗位满足服务对象的需求,这需要大学生有永不满足的心,把志愿服务工作做得尽善尽美、精益求精,不仅完善自身,也为社会进步作出贡献。

社会进步是指人类社会由低级到高级社会形态的更新过程。历史上进步的思想家,都承认社会历史的基本趋势是前进的向上的。唯物史观认为,社会进步是人类社会发展的必然趋势。18世纪启蒙运动的代表人物弗格森在其《文明社会史论》中指出:"自然产物的形成往往是个渐进的过程。植物的生长始于嫩芽,动物的成长始于幼畜。后者是活动的,其能力与活动相长,它们所做的事情取得进展的同时,它们从中获得的能力也提高了。就人类而言,这种发展比任何其他动物的发展都强,可以持续到更高的水平。不仅个人要从幼婴阶段进入成人阶段,而且整个人类也要从野蛮阶段进入文明阶段。"[1] 在弗格森看来,人类社会的进步不是直线上升,而是一条曲线上升的状态。何休认为孔子《春秋》中描述了社会进步所要经历的三个阶段,从"衰乱世"到"升平世",再变为"太平世"的过程。何休把《春秋》中孔子"所传闻世",称为"衰乱世";这段时期,孔子主要生活在鲁国,以鲁国作为他的政治改革的中心。第二阶段是孔子由前人听说的时期,即"所闻世",称为"升平世"(接近于太平),这段时期,孔子已经把鲁国治理好,并把他的思想推广到其他国家。第三阶段就是孔子自身经历的历史时期,称为"太平世",在这个时期,孔子把他的思想推广到中国以外的蛮荒地区,并使之受到了教化,这时候"天下远近大小若一"(《公羊传》隐公元年注)。这种天下太平、社

---

[1] [英]亚当·弗格森:《文明社会史论》,林本椿、王绍祥译,辽宁教育出版社1999年版,第1页。

会进步的学说，与《大学》中所说的修身、齐家、治国、平天下的步骤很接近。《礼记》中的《礼运》篇也描述了社会进步三阶段说。《礼运》篇认为：第一阶段的世界是混乱的；第二阶段达到"小康"；第三阶段则是"大同世界"。"'进步'不仅仅是表示一种先后次序的概念，它在实质上是一种相对于某种标准、价值目的性且内含价值优越性的理念。"①

社会是由个人组成的，社会历史的发展和进步离不开人类的发展和进步，也离不开个人的发展和进步。弗格森认为，人类对大自然的理性的认识和运用是不断完善的，正是这种发展在某种程度上推动了人类历史的进步。弗格森把人当作社会人来看待，个人的进步和发展是衡量社会发展的尺度之一。"人的发展尺度，是一种综合的尺度，它主要体现在人与自然、人与社会、人与人、人与自身四个方面的关系之中……其核心内容则是人的个性的发展程度，包括人的品德、智力、体力、审美等方面的发展程度。"②

"进步"是志愿服务追求的目标，也是德性的实现结果。志愿服务通过促进社会主义和谐社会的发展而推动社会、经济、政治的全面进步，促进德性的实现。在志愿服务实践活动中，需要广大大学生志愿者发扬开拓进取、勇于创新的精神，促进个人和社会的共同进步。

---

① 高兆明、李萍：《现代化进程中的伦理秩序研究》，人民出版社 2007 年版，第 12 页。
② 侯衍社：《马克思关于社会进步评价尺度的思想与新世纪人类进步的走向》，《浙江学刊》2001 年第 2 期。

第五章　新时代大学生志愿精神培育的机制

建立和健全新时代大学生志愿精神培育机制是增强培育的实效性、针对性和持久性的有力保证。新时代大学生志愿精神培育机制，是指新时代大学生志愿精神培育系统的各构成要素之间彼此联系、相互作用的过程及方式。本书拟从内生机制、运行机制、激励机制和保障机制四个方面进行分析。

第一节　内生机制

动力是一切事物运动、变化、发展的推动力量。新时代大学生志愿精神培育的内生机制是指新时代大学生志愿精神培育系统自身发展的内在动力。根据其生成原理，新时代大学生志愿精神培育内生机制包括心理认知、情感生成和实践养成三个方面的内容。从相互关系上来看，心理认知机制是前提，情感生成机制是核心，实践养成机制是关键。

一　心理认知机制

新时代大学生志愿精神培育的心理认知机制，是指在培育过程中大学生志愿者的各种心理要素之间的联系与互动的机理。它主要包括心理需求机制、心理接受机制。在两者的相互作用下,大学生参与志愿服务成为一种有意识和自觉的活动。马克思曾指出:"他的行动的一切动力,都一定要通过他的头脑,一定要转变为他的意志的动机,才能使他行动起来。"[①]

(一) 心理需求机制

在心理学上,需求是引起人的一切行为的根本动力。心理需求机制是指促成大学生从事志愿服务活动的心理驱动力。大学生从事志愿服务活动的心理驱动力源自其心理的自我实现需求。自我实现需求是指个体向上发展和充分运用自身才能、品质、能力倾向的需要。志愿精神中包含的奉献、友爱、互助和进步的内容正好满足大学生对"真、善、美"的真实需求。强化新时代大学生对志愿精神的心理认同是心理认知机制形成的重要环节,要针对大学生对自尊、自由、归属与爱的精神需要,促进大学生对志愿意愿的自愿性、志愿活动的公益性、志愿信念的利他性的接受、认同乃至践履。在培育的过程中,营造民主、开放、和谐、温馨的教学氛围,使大学生充分感受到关爱、尊重、舒心和快乐,进而产生集体荣誉感、归属感和认同感,帮助大学生志愿者正确理解个人与国家、他人与自我、自我价值与社会价值等关系。

志愿服务的发生是志愿者在自我调节的作用下,通过社会大环境影响与志愿者内在需求相协调,形成激发、维持志愿行为的力量从而持续进行下去的。马克思曾指出,人们行动的一切动力,都一定要通过他的头脑,一定要转变为他的愿望动机,才能使他行动起来。对于作为道德品质的大学生志愿精神的认知,一定要通过亲身实践才能认识到。大学生志愿精神是大学生在公益利他的社会生活实践过程中形成的一种实践精神,需要通过实践才能获得。大学生志愿精神并非大学生个体生来就具有的精神品质,更为重要的是体现为一种持续的从

[①] 《马克思恩格斯选集》第 4 卷,人民出版社 2012 年版,第 258 页。

事志愿服务行动的价值观念，体现在大学生在具体的志愿服务领域发生的与服务对象的公益互动活动。这种活动让大学生感知和体悟到现代公民主动关心他人、承担社会责任的公民责任感和道德感。大学生对志愿服务与雷锋精神价值认同感较强，却因为种种限制并没有付诸行动，以致道德认知和道德行为出现脱节现象。大学生志愿精神培育需要提高大学生参与志愿服务的意识和能力，强化其内生机制。志愿服务活动是实现生命发展和道德超越的关键环节，坚持"内化于心，外化于行"是大学生志愿精神培育的实践旨归。当前多数情况下，大学生志愿者在受到志愿精神感召的同时，也伴随着自身发展的需求动机。大学生志愿精神的培育应坚持以学生为本，提升志愿精神的互惠内涵，满足志愿者的发展需求，即让大学生志愿者在付出劳动后能得到经验和满足感等。

(二) 心理接受机制

新时代大学生志愿精神培育的心理接受机制，是指在大学生志愿精神培育活动中，大学生志愿者心理活动过程所呈现的特征。大学生志愿精神并非大学生个体生来就具有的精神品质，通过问卷调查，可以发现，大学生群体中有部分人对志愿精神的认识是模糊的，也不知道大学生志愿精神的内涵和外延为何物，更不清楚大学生志愿精神对于个人、社会、国家和人类到底有何现实意义与价值，以及如何弘扬和践行志愿精神等。因此，新时代大学生志愿精神培育首先要使大学生对志愿精神有一个正确的理论认知。志愿意愿的自愿性、志愿活动的公益性和志愿信念的利他性，导致大学生志愿精神的培育不可能依托外在的强制性力量，只能根据大学生志愿者群体的特点、心理接受机制的运作原理，来寻找行之有效的培育程序与方法，开展大学生志愿精神教育，使大学生系统掌握志愿精神的概念、主体、内容，掌握志愿精神培育的时代意义和世界意义、社会价值和个体价值，领会以"扶危济困、淡泊名利、责任担当"为主要内容的奉献精神，以"尊老爱幼、善待他人、爱心善意"为主要内容的友爱精神，以"助人自助、守望相助、互帮互助"为主要内容的互助精神,以促进社会"崇德尚美、向上向善、开拓进取"为主要内容的进步精神。大学生志愿精神只有经由心理接受机制的作用,才能真正被培育对象所普遍认知和认同。

大学生志愿精神倡导大学生在与他人的公益互动交往中体现个体的社会正义感和公共良知,就需要将志愿精神体现到每一个大学生在关注他人、奉献社会的价值认同和自觉实践行动中,坚持将大学生志愿精神作为公民教育的重要内容予以普及,将大学生志愿精神的培育真正回归大学生志愿者主体自身的自由意志。

二 情感生成机制

情感是人性的重要组成部分,一个人的情感倾向决定了他的行为方向。道德情感是个体对社会存在和道德认识的主观态度,一般是指人们对照某一道德标准,对现实中的道德关系或道德行为产生的爱憎好恶等内心体验。作为认知向行为转化的中间环节,道德情感是促进道德形成的重要驱动力量。新时代大学生志愿精神培育的情感生成机制,是指在大学生志愿精神培育活动中,大学生根据自己的主观体验,在情感上对大学生志愿精神培育系统所表现出来的肯定、满意、热爱和赞赏的心理倾向。它包括情感体验机制和情感认同机制。

(一)情感体验机制

大学生志愿精神培育的情感体验机制,是指大学生从他人以及自身对志愿服务实践过程中体验的奉献、友爱、互助、进步的认知和情感的心理倾向。道德情感是个体对社会存在和道德认识的主观态度,一般是指人们对照某一道德标准,对现实中的道德关系或道德行为产生的爱憎好恶内心体验。作为认知向行为转化的中间环节,道德情感是促进道德形成的重要驱动力量。道德情感具有社会性,它不会自发产生,而是在人与人的社会交往实践中通过内化、深化、完善和提升而形成的。

在道德情感培育中，移入式情感反应模式经常被采用。所谓移入式情感反应模式，一般是通过刺激他人，使得被刺激的个体对他人产生某种共情的反应，这种反应往往需要在一定的环境或情感中产生，其反应模式分为四个阶段：觉知阶段、理解阶段、体验阶段和反应阶段。在觉知阶段，个体通过敏锐感知他人所处环境或表现出的情绪和情感，这是道德情感产生的起点；理解阶段，是个体在觉知到他人的情感变化后，有意识地去理解和自我理解处于道德情感中他人的情感；体验阶段是产生情感的重要条件，当个体深刻理解到他人的处境或情绪时，情感认同和生成才有可能成为现实；反应阶段是道德情感生成的逻辑终点。个体理解当事人的情感，由此产生了自我的情感体验，进而有了道德行为的发生。也就是说，个体对某一行为产生了道德情感后，必然对其道德选择产生积极的影响。而当道德情感的社会性被扩展后，社会某一层面的道德风尚必将在不同程度上受到该道德情感的影响。

情感作为认同主体的非理性因素是在认知的基础上产生的，来源于对事物的深刻了解，同时对认知产生巨大的影响，成为调节和控制认知活动的重要因素。道德情感的生成机制主要由其三要素构成，其中，借助脑神经形成的情绪激活、认知评估和情绪体验是道德情感生成的前提条件；个体尤其是个体心理因素是情感生成的重要影响因素；社会伦理关系则是促成道德情感的现实化条件。个体道德情感的生成就在以上三种动态关系中。志愿精神是社会道德风尚的组成部分，其生成无疑会受道德情感的影响，并在道德情感的调节中不断深化。道德情感把人们带入促进亲社会行为的动机和认知状态，这加强了履行当前道德的可能性。一种道德行为被激活得越频繁，其相应的道德情感的链接就越牢固。

情感体验对道德实践产生深刻的影响，它是个体通过积极主动的实践体验，对某种社会情境或事件产生的积极情感觉察和认知。通常来说，愉悦身心的情感体验往往能产生积极向上的情感体验。这种愉悦的情感体验是志愿精神产生知与行转化的基础。情感体验在志愿精神培育中扮演着重要的角色,同情情感是情感体验的基础、快乐情感是情感体验的核心内容,这种体验有助于培育大学生的志愿精神。大学生志愿者在积极的情感体验的刺激下,通过内化调节主动掌握志愿知识,产生志愿动机,增强志愿意识,践行志愿行为。高校应培养学生同情心,运用联想、设身处地的方法来培养大学生的同情心。另外,高校要让志愿者通过各种途径表达做志愿服务所带来的快乐情感,并让其他学生通过分享这种快乐情感,使快乐情感得到传播,让更多的人认识到志愿服务确实能给人带来快乐。这种主观形式的快乐体验能促进更多人参与志愿服务。

(二) 情感认同机制

大学生志愿精神培育的情感认同机制,是指在大学生志愿精神培育活动中,大学生志愿者对志愿精神培育所产生的情感意识上的归属感,从而在内心认可和接受它的心理倾向。在情感体验的基础上,人们产生相应的心理反应,并外化为肯定、满意、热爱和赞赏的心理倾向。情感本身对认同起着不同的强化作用,积极的肯定性的情感促进认同主体的认同,表现为对认同客体情感上的接近和认可。大学生志愿者在参与志愿服务过程中产生的积极性道德情感,如道德自尊感、尊严感和志愿服务后的愉悦感,使得志愿者对志愿服务产生了偏爱。情感一旦促使人对志愿服务的认识处于动力状态,志愿服务认识和志愿行为将会实现一定程度的统一。大学生志愿精神的培育要科学把握情感认同规律,选择运用那些能唤起大学生积极情感的方法和载体,创设宽松和谐的教育情境,积极开展与大学生的平等对话和交流,进而帮助大学生志愿者从内心迸发出对大学生志愿精神培育的肯定性情感。

根据心理学原理,动机是产生某种行为的前提条件,但动机也不是无故产生的,而是由一个人自我实现的需要所产生。人的情感中蕴藏着的内容与动力系统间存在密切的内在联系,控制着人的动机系统的功能的发挥。人的道德需要产生就需要人在交往中对社会道德价值体系的认知、体验,并迁移、泛化和价值化、人格化。当个体道德情感中的情绪和情感被激发,就会为达成自我道德目标和社会道德规范提供积极力量。大学生志愿者在参与志愿服务实践中,不断体验到满足、自豪、焦虑等情感。面对这些消极和积极的情感,大学生自己再作出调整,使其感知到自己越来越能控制这些情感,这无疑也提高了大学生参与志愿服务活动的内在动力。

三 实践养成机制

大学生志愿精神培育的实践养成机制,是指在大学生志愿精神培育活动中,通过有组织、有计划的志愿服务活动,促使大学生志愿者对志愿精神培育产生情感动力和意志动力,并形成实践自觉的特征与规律。大学生志愿精神培育的实践养成机制包括实践认同机制和实践培育机制。

(一) 实践认同机制

大学生志愿精神培育的实践认同机制是指大学生通过志愿服务活动,把志愿精神从知识形态、观念形态、信仰形态转化为实践形态的行为模式。马克思指出:"人的本质不是单个人所固有的抽象物,在其现实性上,它是一切社会关系的总和。"[1] 作为一种社会性的动物,人的发展在社会交往与社会实践中才能实现。因此,任何个体在出生后,都有一个不断融入社会、实现个体社会化的过程。从大学生志愿精神培育认同的过程看,它包含内化和外化两个环节。所谓内化是指把大学生志愿精神知识和价值系统自觉转化为大学生志愿者的价值准则和道德规范。外化是大学生志愿者在理智和情感上接受志愿精神价值系统的基础上对自己已有价值观念的重构,形成符合大学生志愿精神要求的价值观念,且以此作为自己的行为准则和道德规范,从而转

---

[1] 《马克思恩格斯选集》第1卷,人民出版社2012年版,第135页。

化为良好行为，形成一种实践自觉。实践自觉是指实践主体主动自觉地进行一定的实践活动，并在实践活动中，充分发挥自己的聪明才智，积极主动工作、思考。大学生志愿精神实践自觉，是指大学生具有弘扬和践行志愿精神的高度自觉，能够在志愿服务活动中践行志愿精神所蕴含的价值观念，投身于新时代中国特色社会主义伟大实践。

志愿服务是一种社会实践活动，无疑具有社会性特征。志愿服务活动为大学生志愿者搭建了一个奉献社会、服务社会的平台，对于志愿者寻找与社会发展的切入点，实现个人价值与社会价值的统一提供了条件。通过志愿服务，大学生志愿者建立了与其他人的良好的人际关系，有利于提升其组织、管理、协调、沟通、交流、交往能力，为将来建立良好的人际关系打下了坚实基础。不仅如此，志愿服务还能拓宽大学生志愿者的知识视野，帮助他们学习新知识与新技能，增强他们服务社会的本领。通过志愿服务，大学生志愿者的人生阅历和生活体验得到丰富，增进对社会和他人的理解。这些都有利于培养大学生志愿者个体亲社会行为，为个体适应社会创造良好条件。

2019年1月17日，习近平总书记在天津考察调研时，对志愿者和志愿服务事业给予了充分肯定，表示志愿者是社会先进道德的前行者与引领者，志愿服务是社会文明进步的重要标志，为志愿者奉献爱心提供了渠道。站在新时代的历史节点，习近平总书记要求志愿服务要与建设社会主义现代化国家同行，与"两个一百年"奋斗目标同行，明确了新时代志愿服务的历史使命，也深刻指出了新时代志愿服务的前进方向。高校肩负着培养担当民族复兴大任时代新人的重要任务，要以习近平总书记关于新时代志愿者与志愿服务指示为指导，大力弘扬志愿精神，促进高校志愿服务事业的健康发展。

(二) 实践培育机制

大学生志愿精神培育的实践培育机制是指教育者通过有计划、有组织的志愿服务实践活动，使大学生志愿者在理论认知的基础上，不断提升意志动力和情感动力的行为逻辑。大学生志愿精神培育机制需要建立以志愿精神为核心内容的志愿服务的长效机制,并将志愿服务课程纳入高校整体人才培养计划中。高校应引导大学生在服务他人、奉献社会中升华对志愿精神的认知和理解。

构建大学生志愿精神培育的实践培育机制,需要从以下两个方面着力。

第一,构建能科学有效培育大学生志愿精神的实践育人途径体系。大学生志愿精神培育是指围绕大学生志愿精神培育目标而开展的以直接实践活动为基础,以学生亲身体验为特征的教育活动,它以各学科、各专业、各课程实践教育以及校园活动、社会实践为载体。高校应建立"志愿服务大讲堂",整合校内外育人资源,积极探索志愿服务与专业学习等相结合的育人机制,将志愿服务与学生专业结合起来,鼓励学生运用所学专业知识开展志愿服务活动,在实践中锻炼自己的能力,使志愿精神真正融入大学生日常学习和生活中。高校要把志愿服务与大学生思想品德养成结合起来,大学生在与社会的接触中得到志愿服务对象的认可和尊重,从而产生自我满足和自豪感,逐渐将志愿精神内化为自己的意志品质,进而转化为自身的行为实践,从而弘扬志愿精神。高校应根据大学生的特点,创新志愿服务活动方式方法,使志愿服务成为大学生弘扬志愿精神的重要途径。要求思政课教师或共青团干部精心设计思考题,学生带着问题去参加志愿服务,在志愿服务中思考、反思,让志愿精神更加深入人心。

第二,明确大学生志愿精神实践教育的层次性和阶段性目标,加强志愿精神实践体验平台的创设和供给。为了方便大学生参加志愿服务,高校可通过团委或志愿服务组织搭建更多的大学生志愿服务平台,借助信息化手段,并与全国性志愿服务信息服务平台(如"志愿中国汇"、智慧团建等)对接。推动志愿服务大数据化建设,更快更精准地在平台上根据志愿者基本信息进行对接;通过中国青年志愿服务大赛等高级别平台项目,探索基于公益性质的项目展示与交流平台,同时,把文化因素贯穿于其中,在志愿服务中实现以文化人、以文育人。还要推动构建高校志愿服务实体型平台，为大学生群体定制具有一定专业特色的志愿服务项目，推荐他们参与社区服务。推动志愿服务专业化、品牌化建设，构建大学生志愿服务事业长效机制。

大学生志愿精神实践教育，一方面需要充分遵循情感体验和精神体悟的规律，使实践教育的情理结构呼应大学生群体的心理结构；另一方面要让大学生充分体验到志愿精神对于其个人成长成才的效用。

第二节 运行机制

大学生志愿精神培育的运行机制是指大学生志愿精神培育过程中各个环节之间相互联系、相互作用的机理。要保证志愿服务达到目标和效果，必须建立和完善新时代大学生志愿精神培育的运行机制，才能促进志愿服务事业的健康发展，促进志愿精神的弘扬。新时代大学生志愿精神培育运行机制主要涉及大学生志愿者的招募、培训和管理三个方面。

一 招募机制

如何招募大学生志愿者是大学生志愿者组织管理体系中的一项基础性工作。大学生志愿者的招募机制是指高校根据志愿服务的工作岗位设置和岗位要求，采用广泛的宣传方式，按照一定的程序、原则和方法对在校大学生的志愿申请进行选拔并录用的过程。招募机制包括组织机制、准入机制和管理机制三个方面。

（一）招募组织机制

由于我国大学生志愿组织暂时没有足够的条件和能力成为完全独立的公益组织，大学生志愿者的招募主要依靠高校共青团组织的宣传与发动，共青团组织习惯于用行政命令的方式要求大学生必须参加志愿组织，致使大学生在心理上产生被迫参加志愿组织的感觉，这类做法不仅使大学生在心理上产生抵触情绪，而且也偏离了自愿的原则。

高校志愿者组织在招募志愿者时必须始终坚持自愿原则，从短期来讲，高校要充分挖掘资源，大力拓展大学生志愿者招募渠道，以志愿者协会或社团作为大学生志愿者招募的支持力量，促进不同组织交流和资源共享；从长远来看，大学生志愿组织要朝着多元化方向发展，应该按照志愿者的兴趣爱好和专业特长，形成服务对象明确、服务特色鲜明的志愿组织，吸引大学生参加。

志愿组织和志愿者队伍建设的核心是志愿者注册。通过组织注册，大学生志愿者能及时获得参与志愿服务的机会和渠道，注册机制为大学生志愿服务持续、广泛开展搭建了开放的工作平台。志愿者注册包括机构、程序、管理培训的相关规则，以及志愿者的基本条件、权利和义务的规定，志愿者的权益保障、制度保障等基本条款。同时，全国已经成立了一个统一的志愿者注册管理中心，实现了志愿者注册的网络化管理，每个志愿者拥有唯一的志愿者序号和证书，通过全国志愿者统一注册，实现志愿资源的共享和有效配置，使有限的资源能够最大满足社会的需要，避免资源的浪费。

在调查中也发现，部分大学生虽然有参与志愿服务的意向，但苦于找不到报名参与官方平台，最后选择放弃。大学生志愿组织在志愿者招募过程中，应充分发挥各种媒体如广播电台、电视和报刊的宣传作用，尤其要利用好 QQ 群、互联网等新媒体的作用，及时、广泛地发布志愿者招募信息。也可以设立志愿者招募热线，利用网络 BBS 等方式对大学生志愿申请者的问题进行及时解答，为大学生志愿者招募工作打下坚实基础。

（二）招募准入机制

大学生志愿者的招募是一个极为严肃的工作，招募必须有规范、明确的标准作为考量，志愿者的态度、素质和能力直接影响高校志愿服务工作的质量和水平。为此，必须建立大学生志愿者的准入机制。准入机制是指大学生加入志愿组织所需的条件、申请程序以及审查程序等相关规定的总称。

在招募志愿者的过程中，大学生志愿组织要对申请人的态度、素质和能力作出明确要求，包括：志愿服务申请者对志愿组织文化、理念等价值认同；对志愿精神的认知；拥有强壮的身体素质和良好的心理素质；具有一定的专业能力等。同时，志愿者组织要根据志愿服务的需要，针对志愿申请者不同的动机需求、不同的专业背景，按照人事相宜的原则，对志愿服务申请者进行资格审查，再按照招募程序进行选拔。

首先，评估服务对象和志愿者的需要。在进行志愿服务之前，应先了解"为何"和"为谁"来提供服务。志愿者组织必须充分了解服务对象的需求和参与志愿者的需求。通过需求的评估，志愿组织管理者才能了解服务对象的服务动机是什么。通过评估，志愿组织管理者可以更多了解服务对象的需求，可以根据需求的不同，策划服务对象需要的志愿服务类别及实践方法，以真正满足服务对象的需求。

其次，须根据志愿项目目标及计划来设定志愿者岗位。设置多种具有吸引力的岗位，并辅以科学的项目设计方案与设计规划进行招募。志愿者岗位的设定必须使志愿组织、志愿者和服务对象三方都受益，使招募目标与服务需求相结合，以收到最佳效果。否则，就会适得其反，志愿者心不甘、情不愿地参与志愿服务项目，不能达到志愿项目的目标，也不能让志愿者受益。划定不同的工作范畴，构思志愿者的工作范畴，订立招募所需的条件和人数，这一步骤在做招募准备工作阶段尤为重要。合理的分工将分流不同类型、不同方向的志愿者，从而使志愿者找到符合自己的志愿服务岗位。另外，在划定志愿服务具体工作范畴时，有些因素也需要考虑：志愿服务活动中需要协调的各种要素；活动能为参与者提供巨大的机会；活动需有弹性，可以满足不同个体和群体的需要；活动必须介绍以往的工作经验和做法，为参与者提供必要的经验。

最后，确定招募潜在的群体。一是在角色划分上，要考虑志愿者愿意参与的形式。凯瑟琳·海德里希提出志愿者自己认定的四种角色：领导者、直接服务、一般支持、赞助会员。招募志愿者时，志愿者对自己在志愿组织中扮演的角色要有充分的认知和定位。二是在保证参与上，要掌握推动志愿者乐于参与的技巧。志愿者的工作性质，应满足志愿者自身的兴趣爱好、需求和期望，并根据志愿者的要求作出适当的安排。应充分尊重志愿者本身的意愿，在没有压力的轻松的志愿服务环境下，让大学生志愿者贡献自己有限的时间和精力。志愿者组织还应协助志愿者从实践经验中总结反思，并制订进一步的目标，以此保证志愿服务活动的长效进行。应鼓励志愿者接受新挑战、学习新技能，增强志愿者的满足感和参与动机；也需要提供更多的培训和机会给志愿者锻炼，发挥大学生的聪明才智。要让志愿者明白志愿服务也是一项工作，需要志愿者有强烈的责任心和使命感，在志愿服务岗位上认真工作，认真对待每一项志愿服务。

（三）招募管理机制

招募管理机制是指大学生志愿者组织在招募志愿者的过程中，各环节要素有机组合的过程和方式。大学生志愿者的招募包括"制订计划—确定招募方式—严格选拔—签订协议"等环节，每个环节都有具体的要求，环节之间在时间上存在继起性。

在制订计划阶段，大学生志愿者组织必须进行招募的工作分析，明确招募岗位所必需的知识、技能和能力，明确招募岗位的任务、职责，在此基础上，完成招募岗位的工作描述和工作说明书。然后制订招募计划，拟订招募志愿者总人数及分部门专业人数的计划。在确定招募方式阶段，志愿者组织根据公平性与公开性结合、广泛性与专业性结合的原则，采用组织招募、公开招募、推荐招募和对接招募的方式，在全校范围内广泛招募志愿者。在严格选拔阶段，可以选择笔试、面试等形式对志愿服务申请者进行细致认真的考查，确保质量。选拔是指为了满足组织需求，从应试者中选出最合适的人才的过程。在签订协议阶段，通过协议促使志愿者明确工作职责任务，对志愿者的行为进行适当的约束，同时增进志愿者组织与志愿者之间的双向沟通。

二 培训机制

毋庸置疑，大学生是具有良好素质的一个群体，通过招募而来的大学生志愿者更是这个群体中的优秀者。但是，大学生与社会处于"半隔离"的状态，致使他们在志愿服务过程中碰到许多困难，导致其志愿服务的成效不大。志愿服务活动中的挫败感，无情地打击了大学生志愿者的自信心，也会使他们参与志愿服务的热情下降。因此，对大学生志愿者进行培训，既是提升大学生志愿者服务质量的需要，也是他们实现角色定位和学习成长的需要。

大学生志愿者培训机制是指志愿者组织为了提高成员履职能力而建立起来的一套培训系统结构和培训运行机理。建立健全大学生志愿者培训机制必须完善培训体系、强化专门培训体系和考核评估体系。

（一）完善培训体系

建立科学的大学生志愿者培训体系，加大对大学生志愿者的培训力度，是提高大学生志愿者基本素质和服务能力的关键。大学生志愿者培训体系由培训的管理体系、内容与方法体系和实施体系三部分组成。加强大学生志愿者培训体系建设，首先，要建立培训管理体系，大学生志愿者培训管理体系是规范和保障培训工作得以顺利开展的制度依据，其主要包括培训计划、工作流程、管理办法、财务预算、费用管理、评估办法等系列的规定和制度。其次，完善大学生志愿者培训内容与培训方法体系。大学生志愿者培训内容可以划分为通用知识培训、专业技能培训和岗位素质培训三大板块。大学生志愿者培训宜采取多元培训方法：理论培训与实践培训相结合，线上培训与线下培训相结合，分散培训与集中培训相结合，专项培训与一般培训相结合，组织培训与自主培训相结合。通过多元培训方法，让大学生志愿者具备更加牢固的志愿精神理念、更高的职业素质、更加专业的技能，为新时代大学生志愿精神培育打下坚实的基础。最后，完善大学生志愿者培训实施体系。大学生志愿者培训实施体系的内容主要包括培训制度的落实，培训活动的有序开展，培训质量的跟踪、评估和改进等。

(二) 强化专门培训体系

随着社会的进步，人民日益增长的物质、精神和文化需求呈现多样化趋势，志愿服务内容将涉及社会的方方面面，服务形式也会多种多样。在日趋多样化的社会中，志愿者组织之间只有形成合理、细致的专业分工，才能高效地开展志愿者工作。在众多的志愿者组织之中，拥有一支相对稳定且专业化的队伍，提供专门的志愿服务活动，是大学生志愿组织扩大其社会影响力和声誉的重要切入点。大学生志愿组织的发展需要通过强化专门培训体系来满足社会日渐专业的需要，专业技能包括会议服务、外语翻译、健康护理、消防、体育赛事服务、环保、抗灾救灾、心理咨询等内容。培训师对大学生志愿者专业技能的培训起着重要作用，高校在师资力量和硬件设施等方面拥有得天独厚的条件，能够对大学生志愿者进行专业培训，对大学生志愿者来说，运用专业技能开展志愿者服务活动，能够更好地调动其主观能动性和创造性。

(三) 培训效果的考核评估体系

志愿者自身的素质在很大程度上决定着志愿服务活动的质量。志愿组织要持续发展，必须加强自身能力建设，在组织志愿者参加志愿服务培训时，要让志愿者增强志愿服务意识，具备开展志愿服务的本领和才干。志愿者本身也想得到自我能力的提升。如何评估志愿培训效果，就需要建立专门的考核评估体系。志愿组织可以从对培训内容的考核和志愿者的考核两方面入手。

考核培训内容看是否进行了志愿服务理念、团队合作能力、志愿服务技能、管理能力等培训，评估培训效果如何、方法如何。比如，其一，志愿服务理念的培训。打破以往说教式的培训形式，借助互联网、多媒体、AI等形式，让大学生在情境中了解志愿服务、志愿者、志愿精神的内涵，掌握志愿服务的价值及其社会功能，提升参与志愿服务意识；还借助丰富多彩的团队活动，增进大学生志愿者间的情感交流，促进志愿精神的相互传递。可定期举办学校优秀志愿者事迹的宣讲和展览，帮助大学生树立榜样，并组织志愿者观摩相关志愿服务影片，阅读有关志愿服务书籍和文献，在精神上给予志愿者满足，让他们充分体会到志愿精神的伟大和光荣，并自觉产生志愿服务动力。其二，团队合作能力的培养。志愿服务活动是一项团队的集体活动，团队协作程度越高，凝聚力就越强，志愿服务的效率和效果就越好。故志愿者组织在日程的管理和活动中要向志愿者有意识地灌输志愿服务团队的价值的内容，并在内部形成良好的团队氛围，提升团队合作意识。其三，志愿者权利义务知识的培训。学习现有的志愿服务政策，阐明在志愿服务中志愿者应享有的权利（包括生活、安全保障等内容）；还需要对志愿者要完成的使命及其履行的职责，包括对志愿者必须遵循的组织、政治、言论、财务等方面的纪律予以明确，并制定相应的制约措施，保证志愿服务的正确方向。其四，志愿服务技能培训。技能培训是志愿者参与志愿服务活动所需具备的专业知识和基本技能，一般围绕扶贫助困、环境保护、孤老残障人员的护理、大型赛会活动等志愿服务重点领域展开；设定相关的服务内容和标准，讲授有关的通用知识；讲解志愿服务礼仪（如文明服务礼仪），学会沟通协调，了解应对突发事件的处置方法，对志愿者进行心理辅导；专业技能培训主要采用岗前培训或临时性培训的方法。针对具体志愿服务岗位，在开展志愿服务活动前，需要提供必要的工作信息和材料给予志愿者培训和学习，以提高志愿者的服务能力。其五，管理能力培训。这类培训主要针对志愿服务管理者和组织者。志愿者组织的管理者需要学习工作导向活动，学会合作与沟通技巧、管理能力等。通过训练学习提出问题、分析问题、解决问题的方式，促进志愿者组织管理能力的提升。志愿组织评估培训是否有教案，是否按照以上培训内容和方法进行。对志愿者的考核，等到每次培训结束后，志愿组织可以通过笔试的方式进行考核，考核的主要内容就是与培训相关的内容。通过考试分析志愿者对所培训的内容的掌握情况。因此，大学生志愿者培训的评价，就是通过大学生志愿者培训的实际效果与培训主体对培训期望效果之间的比较分析，及时发现培训工作中存在的缺陷，以便及时调控，改进和完善培训计划和措施，有利于提升后续培训的质量，从而保证培训机制的长效运行。同时，考核机制的建立也有利于督促志愿者参与培训，大学生志愿者组织可以把考核结果引入奖惩机制，从而提高大学生志愿服务的综合水平。

三　管理机制

管理机制本质上是组织系统的内在联系、功能及运行原理，是决定组织管理功效的核心问题。从系统论视角看，新时代大学生志愿精神培育主体既有高校内部的学校党委、团委、基层团组织和大学生志愿者组织，又有高校外部的政府、社会和家庭。大学生志愿精神培育组织管理机制是指各培育主体之间的内在联系、功能及运行原理，它包括组织领导机制和多元主体协同培育机制。

（一）组织领导机制

高校是新时代大学生志愿精神培育的主阵地，学校党团部门要高度重视对大学生志愿精神的培育工作，学校相关部门要切实履行管理职责。为了确保志愿精神培育活动取得预期效果，高校应充分发挥学校党委的领导作用、学校团委和学院各级团组织的带头作用，形成互动培育机制，共同推进志愿精神培育活动的开展。高校党组织在新时代大学生志愿精神培育中居于核心领导地位。党委要高度重视对大学生志愿精神的培育工作，要把志愿精神培育融入高校教育教学全过程，作为校园精神文明建设的重要任务，摆上重要的议事日程，切实抓实抓好。在学校党委领导下，把志愿精神培育纳入高校德育与人才培养计划中，并列入必修课程，给予一定的学分。

高校团委是大学生志愿组织的管理者。高校团委要定期听取大学生志愿组织负责人关于志愿服务工作进展情况的汇报；建立校团委领导下的大学生志愿者服务团，指导院、系建立大学生志愿者服务管理站，选任院系团总支领导担任指导教师。高校团委应充分发挥其引领青年的模范作用，对大学生志愿服务组织给予指导和监督。

高校基层团组织是大学生志愿服务的提供者和保障者。各基层团组织可根据大学生社会实践的要求，在充分了解社会志愿服务需求的前提下，自行组织开展大学生志愿服务。在遇到困难时，比如人手不够、能力不足等，可以与团委指导下的大学生志愿组织沟通，请求其协助，并可进行专业的志愿服务培训。

大学生志愿组织是志愿精神的实践载体，志愿服务主要通过志愿组织来实施，志愿精神与志愿者、志愿组织三者间相互作用，推动着高校志愿服务的发展，也直接影响着志愿服务的开展与效果。志愿精神是志愿组织的灵魂，对志愿组织起着价值引导和意识规范的作用。志愿精神培育的重要目的就是要为志愿组织注入"灵魂"，激活志愿服务组织活力，进而涵育和推广志愿精神。高校要从加强志愿组织的管理体制和组织能力激发大学生志愿服务组织活力，激活志愿精神培育的运行机制。

大学生志愿者组织是大学生志愿服务的行动者。首先，要厘清高校志愿组织的管理体制。作为"第三部门"重要组成部分，志愿组织是独立于政府和企业之外的社会组织。在高校，志愿服务组织是公益社团，志愿组织应尊重个体志愿者的利益，不能把志愿者当成廉价劳动力。然而，在实践中，有些高校志愿组织体制不明，带有浓厚的行政色彩，导致该组织在开展志愿服务的时候缺乏足够的制度空间，不能发挥大学生志愿者在社会公共领域弥补政府职能不足的作用，只是应付些差事。因此，要保证志愿服务顺利开展，就需要建立志愿组织的管理体制。其次，要加强高校志愿组织的组织管理能力。实践证明，组织能力是志愿服务开展的内在瓶颈。志愿服务要充满活力，要向纵深方向发展，完善和提高组织能力至关重要。要提升志愿组织的组织能力，需从以下三个方面入手。第一，加强校园志愿组织内部的价值观教育，进一步提高志愿者的精神境界，志愿组织的管理人才需要具备高素质。一个志愿组织，如果大部分的管理者不具备相关的社会学、管理学方面的知识，不具备管理志愿组织的相关经验，只是一味照搬以往的管理办法，志愿服务的质量很难得到保障。因此，学校要高度重视管理型志愿者的选任，要制定完善的选拔、培训机制，更要提升管理型志愿者的各方面素养等。应通过理论与实践的培养教育方式，培养管理型志愿者的组织协调能力与领导决策力。第二，优化校园志愿组织管理模式。相比于其他组织的管理，志愿组织的管理组织对其成员与机构没有直接的利害关系，需要有一套高效科学的管理模式，把分散的大学生志愿者集中起来，高效开展志愿服务。要通过完善动员、管理和激励制度，加强和完善志愿者的系统化、程序化、细节化的管理，提升志愿者对志愿组织的信心，增强志愿组织的凝聚力，促进高校志愿服务的深入开展。最后，创新志愿服务组织的运行机制。志愿组织从事的都是公益性、无偿性的活动，无创收可言。而志愿组织开展志愿服务活动需要一定的资金。高校志愿组织经费几乎都来源于学校的支持，其服务却经常流于形式，创造的社会价值不多。创新运行机制，对那些社会急需的志愿服务项目给予长期的支持，也可以向社会申请资助；推进志愿服务项目化、品牌化、基地化，提高大学生参与志愿服务的热情和质量，使大学生志愿者获得成长和收获。完善志愿者注册工作，推进志愿服务工作的信息化建设；充分整合政府、企业、社会资源，解决高校志愿组织经费不足问题。大学生志愿组织由学校团委负责指导，负责大学生志愿者的招募、管理和培训工作；还负责策划并组织开发志愿服务项目，并负责在志愿服务过程中，对志愿服务效果的评估和考核。

各级政府作为政策的制定者，拥有强大的号召力和影响力，政府关于志愿精神和志愿服务活动的各项政策，为志愿精神的培育活动提供各种保障。

(二) 多元主体协同培育机制

新时代大学生志愿精神培育是通过学校教育、社会教育、家庭教育共同努力来完成的。新时代大学生志愿精神培育的协调管理机制就是学校志愿组织协调与社会组织、政府部门、家庭以及校内各单位和志愿者内部关系的过程。最终构建以学校为中心，学校、社会、家庭相互配合、相互补充、有机结合的多元主体协同培育机制。

首先，建立学校内部协同培育机制。要进一步提升学校党团组织在新时代大学生志愿精神培育过程中的指导作用，构建"校党委—职能部门—院系—班级"的纵向协同培育机制。与此同时，学校相关部门之间形成一种合力，共同致力于大学生志愿精神培育，形成"组织部门—宣传部门—学工部门—教学部门—科研部门—服务部门"的横向协同培育机制。从长远发展来看，完善管理组织架构，先从制度入手，用制度管理人，而不是人为管理，这样既可以发挥大学生志愿组织的积极性，也有利于大学生志愿者的自我管理，激活了新时代大学生志愿服务工作。

其次，建立学校与社会之间的协同培育机制。新时代大学生志愿精神培育是一个系统的工程，必须在强化高校内部协同培育机制的同时，强化社会对新时代大学生志愿精神培育的支持力度。通过学校团委与社会相关组织的联系共建制度，齐心协力做好培育工作。一方面，社会要强化对新时代大学生志愿精神培育工作重要性的认识，在社会发展中营造良好的志愿服务氛围，并尽最大努力向大学生志愿服务提供必要的经费支持；另一方面，学校要主动求得社会的广泛支持和协助，将新时代大学生志愿精神培育与社会志愿服务事业的发展、社会主流舆论有机结合起来。

最后，建立学校与家庭之间的协同培育机制。要拓宽学校与家庭的联系渠道，建立及时快捷的沟通机制，实现学校与家庭协同培育机制。

(三) 监督机制

大学生志愿者组织是新时代大学生志愿精神培育的载体。大学生志愿者组织监督机制是指大学生志愿者组织监督系统各构成要素相互作用的关系及其运行过程和方式。建立大学生志愿者组织监督机制在于规范大学生志愿者组织的行为，督促大学生志愿者组织合法、合理、有序、高效地完成使命，更好地服务于社会，自身也得到持续、健康、稳定的发展。只有通过监督机制才能及时获取有效的规范培训流程和了解志愿服务过程中出现的问题和偏差，并对新出现的问题进行反思，为完善新时代大学生志愿精神培育活动提供依据。

大学生志愿组织的监督内容包括使命与宗旨监督、非营利性监督和财务状况监督。从监督主体的范围来看，大学生志愿者组织的监督机制可分为内部监督机制和外部监督机制。内部监督机制是一种主动性的自我约束方式，着重强调大学生志愿者组织自身的规范建设和道德作用。完善大学生志愿者组织内部监督机制的主要措施有：坚守自愿理念，牢固树立非营利的理念；建立健全独立自主、权责明确、运转协调、制衡有效的内部治理结构；充分发挥党组织的政治核心作用，围绕党章赋予基层党组织的基本任务开展工作，团结凝聚志愿者，保证志愿服务组织的政治方向；完善组织决策、执行、监督制度和内部议事规则，建立健全人、财、物管理制度和内部信息披露制度。外部监督机制是一种被动性的他律管理方式。完善大学生志愿者组织外部监督机制的主要措施有：建立登记管理机构、业务主管单位、行业管理部门、行业组织和社会公众等多元主体参与，行政监管、行业自律和社会监督有机结合的监督管理机制；逐步引入第三方评估机制；充分发挥媒体的监督作用、捐款者和社会公众的监督。

第三节 激励机制

建立和完善新时代大学生志愿精神培育激励机制不仅有利于激发

大学生志愿者的志愿服务动力，而且有利于大学生志愿者组织建设的长远发展，对大学生志愿精神培育成效的提高发挥着重要作用。美国管理学家贝雷尔森和斯坦尼尔认为，激励是人类的一种内心状态，一切内心要争取的条件、希望、愿望、动力都构成了对人的激励。它包括三个层面：第一，某一刺激引起动力的激发；第二，行为导向某一目的物；第三，行为得以保持和延续。激励作用，在于激发和调动团队成员的工作积极性，将团队成员的个人目标导向实现团队共同愿景的轨道，增强团队的凝聚力，促进团队内部各部分的协调统一。激励机制其目的是实现承诺的最大化。激励主体在实践中运用多种激励手段使行为规范化和相对固定化，与激励客体相互作用、相互制约。从激励的作用可以看出，激励的根本目的，是使个人的努力方向与团队目标相一致。志愿者是自愿付出、不求物质回报的奉献者，如何能使志愿者个体的意愿与志愿服务团队的共同愿景保持一致呢？

根据马斯洛的需求理论，人类不仅要满足生存、欲望的生理需要，要获得安全感，也需要被尊重，获得团队归属感，还需要别人的爱与友好接纳，并最终完成自我实现的需要。通过友谊、认可、表扬、尊重、荣誉等方式来激励，可以满足人的精神需求，让志愿者产生美好的体验。赫兹博格提出了"双因素理论"，他认为，影响团队成员工作积极性的因素有保健因素和激励因素两种。这两种因素独立作用于人们的工作和行为方式。保健因素包括组织政策、行政管理和工作条件等，主要是指面对造成团队成员不满的因素，只需要改善条件以消除团队成员的不满，而不能激发团队成员的积极性。而激励因素是指那些能够让成员感到满意的因素，主要包括工作本身的乐趣，团队成员的成就感、责任感、归属感和价值感等支持性关系，这些因素的改善才能激发团队成员的积极性，让团队成员感到满足，从而提高工作效率。可见，尊重、归属感、友谊和爱、自我价值的实现对志愿者来说意义非凡。新时代大学生志愿精神培育激励机制是指在新时代大学生志愿精神培育过程中，政府、各志愿服务组织、学校或其他企事业单位等对在志愿服务活动中有突出表现或为推动志愿服务事业作出杰出贡献的志愿者或志愿组织授予表彰或给予奖励，从而形成一种规范且稳定的制度。激励机制按激励主体分为社会激励、组织激励、自我激励。

一　社会激励机制

社会激励是从社会方面对大学生志愿者的服务予以承认、进行奖励、提供回报等，社会激励主要包括荣誉激励、回馈激励和晋升激励。

（一）荣誉激励机制

社会荣誉激励机制是政府和大学生志愿者管理部门给予有突出贡献的志愿者和集体以必要的荣誉称号的一种方式。这是一种普通的激励方式。比如，给在志愿服务过程中表现好的志愿者颁发"优秀志愿者"荣誉，甚至通过各社会组织推动政府而获得"志愿者金奖"等，这种通过荣誉激励、精神激励的方式，可让志愿者认可自己，体会到自我实现的满足，并增强对志愿服务和志愿精神的认知。政府可根据志愿者、志愿组织参与志愿服务的效果和考评结果进行评奖，评选出"杰出志愿者""优秀志愿者组织"等，并享受一定的待遇。政府可以指定专门部门管理社会志愿服务，把志愿者参与志愿服务的时长和内容作为政府部门招考、选拔公务员的重要参考依据；积极鼓励个人和集体参与志愿服务，政府可将志愿服务工作作为文明单位和文明社区的重要参考项目；出台相应激励志愿者的政策，比如优秀志愿者子女入学优先考虑、优秀志愿者优先就业、在创业时给予减免部分税收的政策等。通过这样的荣誉激励机制措施，可以提高志愿者的公众影响力，使志愿者产生自豪感，并愿意持续奉献爱心。

（二）回馈激励机制

社会回馈激励机制是指社会创造条件，让大学生志愿者的服务得到社会的回报的激励方式。当志愿者自身需要援助的时候，社会能启动回馈援助机制，使大学生志愿者也能得到社会和他人的帮助。这样能使大学生志愿者感受到社会对其以往付出的认可和重视，从而给予志愿者以精神抚慰，充分挖掘志愿者的服务潜能。比如，可以采用"时间银行"的方式，将大学生志愿者为他人和社会所提供的服务折算成小时数，存储在"时间银行"里，当大学生志愿者自身需要服务时，可以获得志愿组织提供的同等时间的优先志愿服务；我们还要对志愿者所参与的志愿服务给予各种方式的肯定和鼓励，让志愿者在志愿服务中找到快乐，从而获得愉悦的体验。只有快乐的志愿者才能长期坚持不懈地进行志愿服务活动。从心理学角度分析：凡能满足人的需要、符合人的愿望的客观事物，就使人产生积极的肯定的态度体验，如满意、高兴、欢乐等；凡是不符合人的观点愿望，违背人的需求的客观事物，就会使人产生消极的否定的态度体验，如忧愁、厌恶、烦闷等。志愿组织要关注志愿者的思想、心理和精神状态，使志愿者在奉献自我、服务社会的过程中获得快乐感，精神生活不断充盈。志愿服务一直秉承助人和自助、乐人和乐己，只有志愿者在志愿服务中感受到快乐和愉悦，才能使其愉快、轻松、积极地服务社会和他人。高校也可以建立"道德银行"，参照银行运作模式，将大学生志愿者参加的志愿服务、好人好事等以"道德币"这一虚拟货币的形式，记录在学校开办的"道德银行"的存折上。大学生在活动中获得的"道德币"，成为自己的"道德资产"。针对"道德银行"的建设，学校推行"约束性"的考评管理机制，将"道德币"的数目纳入学生各类评优评先奖励中；也可以采用"互助服务"形式，将志愿者可以提供的服务项目和服务效果宣传公示，倘若志愿者本人有被服务的需求，也可以获得其他志愿者的热情相助。

（三）晋升激励机制

晋升激励机制是指社会对大学生志愿服务行为的认可，并制定相应的法规和政策给予志愿者晋升方面的优惠等的激励方式。社会公众认可是激发大学生参与志愿服务的活力源泉。要努力在学校形成"时尚青年参与志愿服务,志愿服务成为青年时尚"的氛围,在社会上形成"志愿服务光荣,志愿者可敬"的良好风尚。政府、学校、家庭等建立联动机制有助于推动志愿服务事业的发展。一方面,政府要重视志愿服务工作,可以用法规条文的形式将志愿服务与大学生就业、公务员录取、获得相关政策支持、职务晋升等方面挂钩。同时,公民参与志愿服务的时长和服务质量也可以作为公民道德评价的标准。另一方面,学校应将志愿服务课程化,以课程保障的形式推进新时代大学生志愿精神的培育,具体可通过研制和开发相关的培训教材,实施培训课程的常规化等方式,并将学习培训效果作为学生考核、奖励的重要依据。

二 组织激励机制

组织激励机制是指大学生志愿组织运用组织责任及权力对大学生志愿者进行激励。它利用激励的原理和组织制度实现对志愿组织内部人员和志愿者的激励,同时提升整个组织的效率。

(一) 情感激励机制

情感激励机制是大学生志愿组织对志愿者给予关心、理解、尊重、信任和赞扬的一种精神激励方式。马克思曾指出:人民行动的一切动力,都一定要通过他的头脑,一定要转变为他的愿望动机,才能使他行动起来。多数情况下,大学生志愿者在受到志愿精神感召的同时,也有自身发展的需要。要加强对大学生志愿者的关怀,大学生志愿者在扶助弱势群体的同时也需要来自组织的精神和情感方面的"扶助"。当前,人们对于志愿服务的普遍认识便是无私奉献,"志愿者是自愿奉献爱心的人,不需要得到物质和精神上的奖励和激励",这种观念没能真正理解志愿精神的内涵,难以在志愿服务中满足志愿者的需求,故难以激励大学生持续参与志愿服务。大学生志愿组织要时刻关注志愿者的思想动态与参与动机,认真解决他们的思想困惑,及时给予热情的关心和帮助,关于服务对象的满意度和志愿活动所取得的成果都应及时反馈给学生，让大学生在总结反思中得到成长。志愿组织在开展志愿服务活动前，要充分了解大学生的基本情况和个人服务意向，在充分尊重大学生意愿下安排志愿服务工作，这样才能充分发挥大学生的主观能动性，并让大学生在志愿服务活动中感受到幸福和快乐，推动大学生志愿服务活动的持续发展。

（二）榜样激励机制

榜样激励机制是发挥榜样本身具有的内在感染、激励、号召、启迪、警醒等教育功能。榜样给人以力量，榜样是看得见的哲理。毛泽东同志曾说过，典型本身就是一种政治力量。习近平总书记指出："伟大时代呼唤伟大精神，崇高事业需要榜样引领。"[①] 通过树立志愿服务的典型，充分发挥榜样的示范和引领作用，推动新时代大学生志愿精神培育建设。树立榜样，特别用身边事身边人教育感化身边的人，往往能起到春风化雨、润物无声的作用。第一，高校充分利用"中国青年志愿服务项目大赛"的平台，大力推进志愿服务品牌化、项目化建设，培育志愿服务典型。第二，定期组织校内校外优秀志愿者座谈会、访谈等活动，让优秀志愿者交流心得体会，并利用校园网和校园媒体进行宣传报道，在校园营造志愿服务人人可为的氛围。第三，通过各类媒体加大对志愿服务典型人物和事迹的宣传力度，在校园营造浓厚的志愿文化氛围。大力宣传"中国青年志愿者评选表彰活动""全国道德模范评选活动""感动中国年度人物评选活动"中产生的道德模范和"时代楷模"，引导更多的大学生加入志愿者行列。

（三）奖励激励机制

奖励激励机制是志愿组织对志愿者给予一定精神上或物质上奖励的激励方式。尽管大学生志愿者从事志愿服务是自愿、无偿、利他的公益行动，但作为精神回报形式的奖励激励对其志愿行动是一种莫大的支持和鼓励，需要建立系统的激励制度。志愿精神的认可与践行是

[①] 《习近平谈治国理政》，外文出版社2014年版，第159页。

大学生较高层次的需求。自我实现需要带来的行为满足感和参与意识是志愿服务实现常态化的精神保证。以制度形式激励学生志愿者参与志愿服务需要体现系统化思维。一是构建认证制度。为体现对志愿者劳动的尊重，要对志愿者参与志愿服务及时给予认可、赞许和肯定，要口头性地经常表扬和重点表扬，并将志愿者参与志愿服务的时间和效果记录下来，根据志愿者志愿服务的时间和质量，按照指定的大学生志愿者星级认定制度，给予志愿者相应的星级认定。二是优化评估制度。基于量化基础的科学性评估不仅可以激发志愿者的工作动机，增强他们的成就感，使其愿意提供更多的志愿服务，作出更大的贡献，还可以达到评价与发展的双重目的。评价要以一种大学生志愿者容易接受的方式进行，以表扬为主，重点在引导志愿者实现目标、修正缺失。三是完善奖励制度。要规范志愿服务表彰制度，依据贡献度授予相关荣誉，构建全国范围的志愿者评比表彰机制。志愿组织可以通过发放信息简报的方式及时表扬和宣传优秀志愿者的事迹，也可以召开各类表彰大会、报告会宣传志愿者的事迹，通过发放晋级星级，颁发证书、发放纪念品等方式来认可志愿者的工作和贡献。

三　自我激励机制

除了社会激励，组织激励，大学生志愿者也应采取一定的方式进行自我激励。大学生志愿者自我激励机制是指通过自己的努力完成志愿组织交予的任务，更好地体现大学生志愿精神及自身价值的一整套激励方法的统称。包括目标激励机制、发展激励机制和反馈激励机制。

（一）目标激励机制

大学生志愿者目标激励机制是在制定激励目标基础上形成的目标管理机制。目标激励就是个人或团队通过设置适当的目标，激发人的动机，引导人的行为，达到调动人的主动性、积极性和创造性的目的。志愿服务源于爱心和奉献，以社会公益为基点。大学生志愿者主动参与服务活动时的动机多种多样,以帮助他人、奉献爱心为主流动机,但也涉及学习理解、职业发展、价值表达、自我提升、自我保护、社会交往等其他方面的动机。这正说明志愿服务承载了个人对自己的责任,公益效益与自我实现结合为一体。大学生志愿者在参与志愿服务活动中,用真诚、专业的服务得到他人和社会的认可,从而在心中产生自我成就感与自我满足感,进而激励自己再接再厉,提供更高水平的志愿服务。

(二) 发展激励机制

大学生志愿者发展激励机制是指通过对大学生志愿者人生发展规划的重点考察和全面切入而实施的以发展为内核、以愿景激励为核心的一整套激励手段的统称。发展激励机制以促进社会和大学生志愿者的共同发展愿景为核心。一方面,大学生志愿服务在促进社会和谐与进步、推进社会共享发展方面发挥着重要的作用;另一方面,志愿服务助力大学生个体人格得到完善、道德境界得到提升、综合素质能力得到提高。从事志愿服务活动的志愿者也需要人生的成功,当他们内心的成就感越大,自我激励性越强,越能激发投入志愿服务的热情。培养志愿者拥有现代成功素质,提高志愿者在工作、学习和生活中的成功率,尤为重要。当今社会,人们对成功的要求很高,需要收到明显的效益,这样很容易使人产生压力,而志愿服务在于从小事做起,为社会和他人提供帮助,志愿者的服务很容易得到受助人的肯定,让志愿者产生成就感。要将志愿者这种"自我实现发展"的培养纳入对志愿者的激励内容中,让志愿者获得满足感、成就感和归属感。志愿组织要肯定志愿者的服务,激励志愿者创新志愿服务形式和内容,在体现自身价值的同时,促进自身的发展;增强责任感,充分发挥志愿者的"主人翁"意识,主动让志愿者负责有独立意义的项目;鼓励志愿者接触不同服务对象,提高志愿者的应变能力、自主性和灵活性;放宽授权范围,增强志愿者的自主掌控性;对志愿服务结果及时反馈。通过这些措施提升志愿者素质和实现自我发展,并能促进志愿者更加主动、积极地参与志愿服务活动。

（三）反馈激励机制

大学生志愿精神培育的反馈激励机制，是指大学生志愿组织通过各种方式或途径，让大学生志愿者及时了解自己行为的结果，以此来激发志愿者进一步参与志愿服务的方式。从心理学角度分析，一切能满足人的需要、符合人的愿望的客观事物，必然使人产生愉悦、欢欣、快乐、满意等积极的态度体验。大学生志愿组织要关注志愿者的思想、心理和精神状态，使志愿者在奉献自我、服务社会的过程中获得快乐感，精神生活不断充盈。志愿服务一直秉承助人和自助、乐人和乐己，只有在志愿服务中感受到快乐和愉悦，才能使志愿者愉快、轻松、积极地服务社会和他人。志愿组织要多组织交流谈心活动，关注志愿者参与志愿服务的情况，及时对志愿者所做的志愿服务效果进行反馈，并肯定志愿者所作的奉献，让志愿者愿意长期坚持参与志愿服务活动。

第四节 保障机制

新时代大学生志愿精神培育的保障机制，是指为保障大学生志愿精神培育活动得以正常、有序、顺利进行而提供的内部条件和外部条件。构建新时代大学生志愿精神培育的保障机制所涉及的内容很多，归纳起来主要有物质、制度、队伍三个方面。

一 物质保障机制

大学生志愿精神培育是一项系统性建设工程。其中，物质保障，尤其是资金，是新时代大学生志愿精神培育的基础性条件。当前，资金一直是制约大学生志愿服务发展的重要瓶颈。因此，拓宽筹资渠道、探索长效融资机制，规范资金的内部管理是大学生志愿服务能有效开展的重要保障。

（一）建立多元化资金保障机制

任何一个组织只有价值目标，而没有稳定的资金来源，那么组织的工作与发展就不能持久进行。虽然大学生志愿服务是一种不计个人利益的公益活动，但是，志愿服务活动的开展必须有资金保障。因此，加强新时代大学生志愿精神的培育，必须拓宽资金的渠道，建立多元化资金保障机制。志愿组织主要可以从政府、企业和私人筹资。政府是高校志愿服务组织最主要的经费来源渠道，包括政府财政拨款、政府购买服务付费、政府提供项目经费等形式。政府财政拨款主要存在于一些"自上而下"的志愿组织。但政府几乎不会专项资助像高校这种"自下而上"的志愿组织。高校可以借鉴西方政府购买志愿服务的经验，对政府部门的需求进行调研，成立专门的团队开展此项工作。高校可以成立类似的志愿服务组织，由组织负责人或高校共青团工作者与当地社区等沟通，开展此项志愿服务实践活动，通过合作，不仅能提高政府资金的使用效率，而且也能提高志愿服务质量，推进高校志愿服务事业持续发展。另一种就是高校充分利用政府提供项目经费的支持平台来开展志愿服务。企业捐赠的最终目的是提高利润。参与社会公益事业无疑能有效提升企业自身的品牌影响力，其捐赠动机包括减免政府税收、树立良好社会形象以及实现企业社会责任等。基于此，高校志愿组织在寻找企业资助的时候，要坚持互惠互利的原则，尽可能实现志愿组织的项目目标与企业的目标利益一致，还要通过设计完美的资助申请方案和实施方案吸引企业的目光，坚定企业捐赠的信心。基金会作为民间非营利性组织，掌握着大量组织与个人自愿捐赠的资金。每个基金会都有明确的目标和资助的方向。高校志愿服务要想获得基金会的资助，就必须尽可能保证其服务项目与基金会的计划和资助方向相吻合。高校志愿组织还可向个人募集资金。个人对于组织的捐赠往往与个人的道德修养和经济状况有关。高校志愿组织要满足捐赠者的心理需要，向个人募集资金。可以通过向志愿组织的每个会员收取会员费，作为志愿组织的活动经费；也可以让志愿组织高层管理人员和理事会成员与社会上的成功人士联系，向潜在捐赠者发出请求等；还可以通过公益活动，比如义演、义卖等大型公益活动筹措资金。

（二）资金监管机制

资金监管机制指的是志愿组织有关资金的筹集、分配、使用等财务活动所进行的计划、组织、协调、控制等工作的总称。资金监管机制有助于提高高校志愿组织的资金利用率，提高志愿组织的社会公信力，从而筹集更多的资金，实现高校志愿组织的可持续发展。

完善财务管理机制。要实现高校志愿组织的可持续发展，必须规范财务管理，建立严格的财务制度。高校志愿组织的财务管理包括：第一，要记录该组织的财务开支，需要财务记录和财务报告，这属于财务会计层面。第二，财务管理内容主要包括筹资决策、项目投资管理、成本分析和财务分析等。最主要的是项目支出、日常的办公支出、工作人员的工资福利以及基本建设支出等支出管理。高校志愿组织是公益社团，不同于企业支出，在财务支出方面要按照相关财务规定进行支出开支、报账的工作。第三，需要进行财务预算和控制。财务预算是高校志愿服务组织合理利用有限资源的基础，是高校志愿组织财务管理的计划环节，有利于了解未来筹资需求的规模和时间，为相关的组织与管理者提供决策依据。

财务监督机制。高校志愿组织的财务监管是指根据国家有关财务方针政策和制度的规定，对志愿组织的财务活动和其他有关的经济活动进行监察和维护。据了解，高校志愿组织的经费都交由学校财务统一管理，这样可以做到合规使用和监督。财务监督涉及志愿组织预算、收入、支出、财产物资方面的监督。高校志愿组织要学习和研究国家财务制度，坚决按制度用钱和管钱，并坚持开源节流、严控支出的原则。

二 制度保障机制

大学生志愿精神培育制度保障,就是在国家相关的法律、法规、条例、办法等规定下,对志愿者及志愿服务过程中的组织、策划、效果等进行系统化和标准化的规定。建立和完善志愿服务相关制度,增强志愿服务的专业性与系统性,更好发挥志愿服务的社会效应。以制度的确立和完善确保大学生志愿精神培育顺利有效展开,需要着力于法律、政策和队伍三个层面的制度建设。

(一) 法律保障机制

随着大学生志愿精神培育工作的不断加强,志愿精神日益深入人心,大学生志愿服务队伍迅速扩大。志愿服务要得到长期有效的发展,必须推进法制化建设。西方对志愿者参与志愿服务活动进行了法律约束和保障,这是我们可以学习和借鉴之处,是中国特色志愿服务走出国门、走向世界的重要基础,也是未来志愿服务发展的必然趋势。1999年8月《广东省青年志愿服务条例》出台后,志愿服务立法工作被提上日程,也取得重大进展。2001—2012年,《山东省青年志愿服务规定》《宁波市青年志愿服务条例》《黑龙江省志愿服务条例》《福建省青年志愿服务条例》《杭州市志愿服务条例》《成都市志愿服务条例》等先后颁布实施。特别是《北京市志愿服务促进条例》等的出台,尽管是地方性法规,但直接推动了国家层面法律法规的出台。2016年9月1日正式实施的《中华人民共和国慈善法》是我国首部慈善领域的专门法律。该法界定扩大了慈善组织的范围,将志愿服务组织纳入其中,认为慈善服务也是志愿服务;保障了志愿者权益,规范了志愿服务项目管理,提升了志愿服务质量。2016年6月,国务院通过《志愿服务条例(草案)》。该草案是我国开展志愿服务的法律指南,极大保障了志愿者的相关权益,如选择权、知情权、拒绝权、培训权、求助权、隐私权、监督权、优先权、优待权等。

尽管出台了一些关于志愿服务的相关法律法规,但是,由于大学

第五章　新时代大学生志愿精神培育的机制　·197·

生志愿服务发展历史较短，大学生志愿服务的立法还不完善，法律尚未健全，大学生志愿者在志愿服务活动的过程中，其权益没有得到有效保障，致使大学生志愿服务的开展受到了许多限制。大学生志愿精神培育的法制化建设有待进一步加强。大学生志愿精神培育的法律保障机制，是指国家通过制定相关法律法规确保大学生志愿精神培育活动的常态化、规范化和法制化。国家应加快出台具有指导性、全局性的有关大学生志愿服务开展的法律法规，其主要内容应该包括：大学生志愿服务的原则和总体要求，大学生志愿者的权利和义务，大学生志愿服务的行为规范和标准，大学生志愿服务的招募、培训、管理等规定，大学生志愿服务的标准协议样本等。只有不断完善法律保障机制，才能实现志愿精神培育的有效性。

(二) 政策保障机制

政策保障机制是指为大学生志愿精神培育工作提供相应的政策支撑。所谓政策是指各级政府的相关部门以权威形式、标准化地规定在一定的历史时期内，某项工作的目标、行动原则、工作方式、采取步骤和具体措施。不同于西方的"义工"，我国志愿精神、志愿组织及志愿者都具有鲜明的中国特色。这也决定了行政力量在志愿服务事业发展中的特有地位。在中央层面，2013年，党的十八届三中全会提出支持和发展志愿服务组织；2015年，党的十八届五中全会提出：广泛动员社会力量开展社会救济和社会互助、志愿服务活动。这些中央层面的重要表述不仅强调了志愿服务的重要性，为志愿服务向纵深化发展也指明了方向。另外，中央各部门也单独或联合其他部门出台了不少政策推动志愿服务发展，包括中央精神文明建设指导委员会，中央文明办、民政部、教育部、共青团中央等四部门，中共中央宣传部、中央文明办、共青团中央等部门先后出台了《关于推进志愿服务制度化的意见》《关于规范志愿服务记录证明工作的指导意见》《关于支持和发展志愿服务组织的意见》。这些"意见"规范了志愿者招募、注册、培训、管理的流程，健全了志愿服务激励机制，完善了志愿服务的相关政策和法律保障体系,对于培育志愿精神、提升志愿组织能力具有重要推动意义,也全面深入地推动着我国志愿服务事业向制度化发展,为建成布局合理、管理规范、服务完善、充满活力的志愿组织体系打下了坚实基础。国务院部委也单独制定了相关的政策。此外,为提升大学生志愿服务管理水平,教育部、民政部、文化和旅游部、中国残疾人联合会、共青团中央等团体组织以及共青团中央和中国青年志愿者协会先后出台了《学生志愿服务管理暂行办法》《志愿服务信息系统基本规范》《文化志愿服务管理办法》《中国助残志愿者注册管理办法(试行)》《中国青年志愿者行动发展规划(2014—2018)》等,把志愿服务作为加强和改进大学生思想政治教育的重要手段,从权利与义务、组织与管理、激励与表彰等方面对大学生志愿服务工作相关信息进行规范,逐步构建内容丰富、机制健全的文化志愿服务体系,全面推动了青年志愿服务事业的科学发展。

三 队伍保障机制

新时代大学生志愿精神培育队伍保障,是指在大学生志愿精神培育过程中,建立一支专业能力强、素质过硬的志愿者培育队伍的原理和方法。

(一)领导保障

高校是开展新时代大学生志愿精神培育的主阵地,高校党员干部、教师、思想政治工作者是培育主体的生力军。中国共产党具有的政治优势、理论优势和组织优势,决定了高校党组织在新时代大学生志愿精神培育过程中的领导地位。党的政治优势有利于促进大学生对志愿精神的认知和认同。党的政治优势就是通过思想政治教育深化全体党员对新时代以人民为中心的发展思想,以促进人民幸福,实现全体人民共同富裕的认识,把新时代大学生志愿精神融入实现中国梦的伟大进程中去把握。党的理论优势是促进大学生对志愿精神的理论认知,以马克思主义人学理论、劳动观、实践论作为新时代大学生志愿精神培育的理论指导。党的组织优势就是通过发挥各级党委的核心领导作用、党支部的战斗堡垒作用、全体党员的先锋模范作用开展好新时代大学生志愿精神培育工作，引领和带动大学生弘扬和践行志愿精神。第一，发挥党员干部的模范带头作用。高校党政领导、党员干部积极参与志愿服务活动是对高校志愿服务事业最有力的支持，引领志愿服务事业的发展。2016年中宣部等部门联合颁发《关于支持和发展志愿服务组织的意见》，明确要求党政领导干部带头参与志愿服务活动。党员干部参与志愿服务活动，这是由党的宗旨决定的。"奉献、友爱、互助、进步"的志愿服务精神与党的全心全意为人民服务根本宗旨具有高度一致性。党员干部参与志愿服务活动对于加强党对中国特色社会主义志愿服务事业的领导，促进志愿服务组织的培育具有重要意义。第二，发挥思想政治工作者的示范育人功能。广大青年大学生是实现中华民族伟大复兴中国梦的见证者、参与者。在高校思想政治教育工作中，要坚持立德树人的根本任务，弘扬"奉献、友爱、互助、进步"的志愿精神，培养担当民族复兴大任的时代新人。学校要高度重视思想政治工作，培养和组建一支志愿服务理念和实务培训素质过硬的思想政治工作者。新时代高校思想政治工作者承担着特殊的历史使命和责任，要在遵从人的发展规律和党的思想政治工作规律的基础上，培养新一代德才兼备、全面发展的担当民族复兴大任的新人。志愿服务是大学生走出校园、接触社会的重要形式。志愿服务有利于大学生身心健康，有利于培养大学生亲社会行为，为大学生适应社会创造良好条件，对志愿者精神世界的提升和良好品德的形成起着重要的推动和促进作用，是高校思想政治工作者开展思想教育的有效载体。思想政治工作者是学生道德修养上的指路人，他们立足教育事业，将提升学生的品德修养和学识水平相结合，将志愿服务活动与学生的成长成才相结合，彰显了他们在志愿服务活动中的示范与育人功能。新时代大学生志愿精神培育，必须注重师德师风建设，强调思想政治工作者的社会责任，充分调动他们参与志愿服务的积极性、主动性、示范性，鼓励他们在知识服务、科学普及、文化宣传、政策咨询、专业培训等方面积极开展志愿服务活动，为国家经济和社会发展提供智力支持和技术服务。

(二) 组织保障

高校党委负责对全校新时代大学生志愿精神培育进行顶层设计、决策部署和监督实施，确保思想政治工作系统内的各要素在开展新时代大学生志愿精神培育的过程中齐心协力，提高培育实效。院系党委必须贯彻落实学校党委关于开展新时代大学生志愿精神培育工作的指示和统一安排，并结合各院系的实际情况，对新时代大学生志愿精神培育工作进行具体部署。基层党支部负责具体组织和实施新时代大学生志愿精神培育工作。校团委、院系团委和团支部则负责制定新时代大学生志愿精神培育方案，组织大学生志愿者开展志愿服务活动。以上这些措施明确了学校各级党团组织干部在新时代大学生志愿精神培育工作中的责任，奠定了新时代大学生志愿精神培育工作的组织基础。

(三) 学习机制

新时代大学生志愿精神培育得以有效开展，需要建立一支专业能力强、素质过硬的志愿者培育队伍。为此，必须全面提升教师、辅导员和管理人员的志愿精神素养、志愿精神培育意识和志愿精神教育能力。通过政治学习，强化师德师风的形成。通过"新时代志愿精神及其培育"的专题性理论学习，提高教师、辅导员和管理人员对加强大学生志愿精神培育重要性的认识，掌握新时代大学生志愿精神培育的科学内涵、机制和途径，从而提升高校教育工作者的综合素质，进一步提高新时代大学生志愿精神培育的成效。只要坚持精心安排，丰富内容，创新形式，注重实效，通过不同层次学习方式的相互补充和衔接，构筑起新时代大学生志愿精神培育的学习机制。

第六章　新时代大学生志愿精神培育的途径

"志愿精神的实质，是人们基于一定的公共意识、关怀意识（利他精神）、责任意识、参与意识、合作意识和奉献精神——当然还有一定的个人偏好（例如自由、自愿、追求生命的意义和价值）基础之上的自觉努力。"① 新时代大学生志愿精神培育就是立足于中国特色社会主义新时代要求，在充分遵循大学生精神生成规律的基础上，通过开展系统的大学生志愿精神教育实践活动，引领大学生思想观念和行为模式不断接近或达到预期教育效果的过程。其目的在于铸塑大学生志愿精神品质，使其成为能担当民族复兴大任的时代新人。大学生志愿精神的生成和发展，不仅关乎大学生主体的认知、情感和意志，更关乎大学生的行为，是一项系统工程，需要一定的实现途径来完成。志愿精神运行的基本轨迹是"生成—实践—生成"的无限循环，但"生成"和"实践"是相辅相成的，这就意味着志愿精神生成和发展的每一个环节都有可能产生出"培育"的契机。新时代大学生志愿精神培育的途径具体表现为把志愿精神培育贯穿于高校人才培养的全过程，通过发挥课堂教学的主导作用、营造校园文化的育人环境、夯实

---

① 陈学明：《中国青年志愿者行动与和谐社会的构建》，《中国青年政治学院学报》2006年第2期。

实践活动的教育载体、抓好网络空间的宣传引导等方面来进行培育。

第一节　发挥课堂教学的主导作用

新时代大学生志愿精神培育始终贯穿于高校思想政治工作的全过程，"高校思想政治工作关系培养什么样的人、如何培养人以及为谁培养人这个根本问题"①。为此，必须充分发挥课堂教学的引导作用，促进学生树立志愿服务意识，并参与志愿服务实践。充分发挥学校思政课的主渠道作用、通识课程的教育作用和专业课程的培养作用。

一　发挥思政课的主渠道作用

在学校思想政治理论课教师座谈会上，习近平总书记强调："思想政治理论课是落实立德树人根本任务的关键课程"，"我们办中国特色社会主义教育，就是要理直气壮开好思政课"。② 教育是有组织、有计划、有目标地培养人的一种社会活动，但"怎样培养人"如今已成为教育理论与教育实践之间存在的一大问题，由教育理念转为教育实践的机制至今不够完善。思想政治教育是针对人的思想素质、道德素质、政治素质和价值观念等进行的一种具体的专门的教育形式。思想政治教育旨在以"怎么培养人"为首要问题。志愿精神的培育也应将"培养人"作为其根本，因为促进人的全面发展是教育的根本使命，而志愿精神的生成必须依赖于健康发展的个体；只有面向教育对象的人并使其思想观念和相关素质发生变化，才可能实现将志愿精神生成并内化于心的基本目的。在新时代充分发挥思想政治理论课在大学生

---

① 《把思想政治工作贯穿教育教学全过程　开创我国高等教育事业发展新局面——习近平在全国高校思想政治工作会议上的讲话》，《人民日报》2016年12月9日第1版。
② 《用习近平新时代中国特色社会主义思想铸魂育人　贯彻党的教育方针落实立德树人根本任务》，《人民日报》2019年3月19日第1版。

志愿精神培育中的主渠道作用，这既是对如何培育大学生志愿精神的积极思考，也是进一步提高思想政治理论课针对性和实效性的有益探讨。

（一）加强课堂传授

高校是大学生志愿精神培育的主阵地，大学生志愿精神培育必须充分发挥思想政治理论课的主渠道作用。首先，思想政治理论课教学与志愿精神培育的目标具有高度一致性。思想政治理论课承载着"以科学的理论武装人，以正确的舆论引导人，以高尚的精神塑造人，以优秀的作品鼓舞人"[①]的重要使命，旨在培养有理想、有担当、有本领、有道德，能够担当民族复兴大任的"时代新人"。大学生志愿精神培育就是通过培训使大学生形成对志愿精神的认知，形成以他人和社会的福祉为根本出发点，形成关怀他人、奉献社会的思想观念，并积极参与到志愿服务活动中，促进社会的进步和个人的发展，这与思想政治理论课教学的目的具有高度一致性。其次，有关志愿精神和志愿服务的知识是思想政治理论课教学的重要内容。例如2018年版的《思想道德修养与法律基础》教材在第五章第四节中以"参与志愿服务活动"为题设置了专门的教学内容，对志愿精神与志愿服务的概念、地位作用及其与大学生成长成才的辩证关系进行了讲解，这为大学生准确理解和把握志愿精神、积极参与志愿服务活动提供了理论指导。不仅如此，新时代大学生志愿精神培育应该更加凸显其在立德树人中的重要作用。如何实现志愿精神的培育与思想政治理论课教学更加紧密的结合，是新时代思想政治教育研究的必要内容。要充分发挥思政课的主渠道作用，在日常课程教学中贯穿公民道德、公民价值、公共意识和公共服务能力的教育有关的内容，并且组织学生积极思考个人与集体的关系问题、认识个体参与公共事务的意义等方面内容的学习。

---

① 《江泽民文选》第1卷，人民出版社2006年版，第563页。

（二）增进大学生志愿服务精神的认知

思想政治理论课教育具有其他教育不可替代的育人属性，对弘扬和培育志愿精神具有非常重要的作用。加强课堂教学有助于大学生深化对志愿精神的认知。习近平总书记指出："希望广大志愿者、志愿服务组织、志愿服务工作者立足新时代、展现新作为，弘扬奉献、友爱、互助、进步的志愿精神，继续以实际行动书写新时代的雷锋故事。"[①] 当代大学生要准确理解新时代志愿精神的深厚内涵和理念，深刻感悟志愿精神的时代价值和作用，牢牢把握其内在本质与规律。高校思政课要促使大学生增进志愿服务精神认知，培养志愿服务意识。奈瑟认为，认知是个人对感觉并且注入转变、简化、储蓄、恢复以及利用所依靠的全部加工的过程。显然，认知涉及人类生活的方方面面。人们在社会环境中的每一个行为，都受到当时社会认知的影响。动物和人类都具有认知功能，但是，人类的认知是非常复杂的，与动物的认知存在差别，这是因为人类具有自然性和社会性两个重要的属性。人不单单能感受个别的事物，理解事物的表面联系，同时还能依靠头脑去概括经验认识规律，对事物有一定的判断能力。人还能将自己思维后的结果与他人进行沟通和交流，形成一套完整的认知。简单来说，志愿服务认知观就是志愿者对于志愿服务的一些基本看法，包括志愿服务的来源、属性特点等。志愿者志愿服务意识是在了解志愿服务知识、产生情感共鸣和形成志愿服务意愿的过程中形成的，是对志愿服务活动的知、情、意的统一。志愿服务反映了现代社会人们的社会认同感，志愿者参与志愿服务的服务水平和覆盖广度反映了社会文明的发展程度。志愿服务是人类社会公共生活发展的需要，是推动社会可持续发展的需要，是提升人们精神境界的需要。据测算，志愿

[①] 《弘扬奉献友爱互助进步的志愿精神 以实际行动书写新时代的雷锋故事——习近平致中国志愿服务联合会第二届会员代表大会的贺信》，《人民日报》2019年7月25日第1版。

服务在国民经济中贡献出了重要的经济价值,节约了劳动力供给,为政府节约了公共开支,推动了经济的可持续健康发展。志愿服务也包含了丰富精神层面的价值。志愿服务非常有利于树立社会责任感,树立利他的公共精神。也有利于巩固社会主义核心价值观,增强社会凝聚力,有利于推动社会精神文明建设,促进人的全面发展。志愿服务还创造了文化价值,文化价值既包括在志愿服务活动中生成的文化实体元素,也包括满足人和社会发展需要所体现的潜在效益。志愿服务推动了不同国家、不同民族文化之间的交融。志愿服务还优化了社会基本公共服务的供给,提升了公共服务供给的质量和效果。志愿服务更有助于社会公平正义的实施,对社会矛盾的解决更有助力的作用。志愿服务对于个人和社会都具有广泛深远的价值。在大学生中普及志愿服务知识,引导大学生树立志愿服务意识对于大学生成长成才,使大学生成为担当民族复兴大任的时代新人具有至关重要的作用。

(三) 提高大学生精神境界和素质能力

志愿服务是提升大学生精神境界、提升大学生素质的重要手段。在高校思政课堂上,要注重大学生道德自我、价值理性、公共意识和公共服务能力的培养。

"人无德不立。必须加强全社会的思想道德建设,激发人们形成善良的道德意愿、道德情感,培育正确的道德判断和道德责任,提高道德实践能力尤其是自觉践行能力。"[①] 青年大学生作为社会发展的中坚力量,其道德水平关乎国家的前途和民族的命运。志愿服务实践是人自我价值实现的有效途径,同时也是个体对社会价值的深刻表达,是人实现生命实践价值非常重要的渠道,带有典型"道德体验论"特征,并且是道德关怀的表达形式。志愿精神培育应该立足于道德的生命实践的基础上,积极参与活动促进社会发展。"道德自我"就是指个人志愿精神的本质,要促进个人"道德自我"进一步发展,需要我

---

① 《习近平关于社会主义文化建设论述摘编》,中央文献出版社2017年版,第137页。

们唤醒"道德意识",促进人的道德培育。培养志愿精神主要依靠个体生命实践获得道德自我的德行方面的发展,从而让志愿精神得到实践主体道德的助力。目前通过高校思想政治教育作为渠道,引导大学生志愿精神的培育,要以"道德自我"作为基础进行德行方面的培养,首先通过知识和精神两维度引导,从而赋予大学生真正的志愿者精神。大学生志愿服务精神是良好道德品质和正确价值观念在志愿服务中的具体呈现,体现了大学生奉献精神、友爱情感、互助意识的知行合一,是衡量大学生道德水平的重要标准,已成为高校立德树人的重要内容。

美国著名心理学家布鲁姆指出,现代人正在失去或者已经失去了价值抉择和权衡的能力,因而也就失去了他自身的根性和人性。这个社会忽视了公众心灵文化的建设。最主要的原因,在当今社会里,人的价值理性被对物质的追求所淹没,难以形成共同的具有普遍意义的价值信仰。人们由于过分追求物质从而丧失理性,志愿服务需要正确的价值理性作为引导,否则就会陷入道德形式主义而无法形成真正的道德理性。要促进新时代志愿服务与志愿精神不断进步发展,需要我们具有发自内心自觉的价值选择和实践方向指引,这一过程的内在引导就是价值理性在这一过程中起着内在的引导作用。这样能够使人的精神实质表现出一种较为理性的人格,从而促进人作出正确选择,从而实现社会价值和个人价值的统一。现代社会思想政治教育的最终目的就是要激起"人的思想道德修养的理性自觉","促进人们学会自我改造、自我修养和自我发展完善"。[①] 新时代在高等学校中开展志愿精神的培育,主要目标是对学生进行思想矫正和正确价值观的指导,树立利他的思想和正确的价值追求,同时这一过程也是理性培育的必要阶段。"青年的人生目标会有不同,职业选择也有差异,但只有把自己的小我融入祖国的大我、人民的大我之中,与时代同步伐,与人

[①] 张澍军:《略论思想政治教育的深层价值》,《思想教育研究》2010年第7期。

民共命运，才能更好实现人生价值、升华人生境界。"①

志愿精神是一种德性精神，也是一种直接指向人的行为实践的精神意识。大学生在志愿服务活动实践中逐渐形成其志愿精神，这种志愿精神来源于实践，也要回归于实践。大学生志愿精神并非作为大学生个体先天拥有的精神品质，而是一种持续从事志愿服务行动而形成的价值观念。对于大学生志愿精神的培育，一定要培育大学生本身的公共精神，由此形成利他和服务社会的公共意识。人的精神世界的教育形式主要是思想政治教育，而思想政治教育的重要实践倾向就是以培养能担当民族复兴大任的时代人才为己任，以培育志愿精神为契机，那么对于大学生公共意识的培养则是整个社会主义事业以及志愿服务深入发展的观念性前提。

志愿精神培育的目标之一是要形成志愿精神。培育志愿精神是现在的终结性的预期目标，但"培育"本身就是一个"动词、动作、行动"，意思即是，我们不是把培育直接指向志愿精神生成的各个环节，而是把已经形成了的志愿精神反馈到实践中去。因此，如果仅仅有善意和助人为乐的动机是不够的，当然还需要其行动和实现这个行动的能力。对于需要在公共领域实践的志愿精神，则需要通过具有志愿精神实践能力的主体在实践中去践行。志愿精神能够广泛推广的关键就是对志愿精神实践主体公共服务能力的培育，这也是进一步深化志愿精神的重要条件。因此，我们要在思想政治教育中通过各种有效途径有意识地培养大学生的公共服务能力。

二 发挥通识课程的教育作用

通识教育也是一种理念和思想，在传承和传授志愿精神中起着非常重要的作用。

---

① 《习近平谈治国理政》第3卷，外文出版社2020年版，第334页。

(一) 借鉴国外通识教育的经验

通识教育理念起源于古希腊思想家亚里士多德的自由教育思想，发展并形成于19世纪末高等院校改革浪潮时期的美国。美国的通识教育思想是在吸收了英国自由教育理念的同时，立足美国独特的社会环境而进行了再创造。1825年，美国开始了第一次通识教育运动，1945年《哈佛通识教育》红皮书的发表，标志着美国本土化通识教育体系的最终形成。历经近二百年的发展，通识教育在美国高等教育中已较为完善。其中，哈佛大学、斯坦福大学、芝加哥大学、哥伦比亚大学和杜克大学是开展通识教育最具代表性的几所大学，它们在推行通识教育思想方面取得了突出的成效，对美国乃至整个世界的高等教育产生了重要的影响。

尽管对于美国大学的通识教育有着不同的理解，但在以下几个方面还是得到普遍认可的。首先，美国高校的通识教育是一个基于跨学科交叉融合而建构的非专业性的、非功利性的完整公共知识体系，是所有大学生都必须接受的教育。其次，美国高校的通识教育是美国国家意识形态和价值观建设的重要手段。在美国大学没有开设专门的思想政治教育课程，而是"在通识教育中潜移默化地完成了价值传递、价值整合和价值塑造"[1]。哈佛大学非常明确地指出："他们所培养的是符合美国主流价值观的公民。从这个意义上讲，通识教育绝不是价值中立的知识教育，而是一种地地道道的价值观教育。"[2] 最后，美国高校的通识教育旨在培养视野开阔、身心健康、知识全面的人才。

从美国高校通识教育的理论和实践可以看出，通识教育的本质和使命是价值观教育，具有凝聚共同信念和传递社会主义核心价值观的育人功能。高校通识教育必须以"为谁培养人，培养什么样的人，怎

---

[1] 蔡瑶：《美国大学通识教育的价值塑造机制探析》，《外国教育研究》2018年第3期。

[2] 马曦、孙乐强：《哈佛大学通识教育建设的理念、特征及其理论启示》，《重庆大学学报》（社会科学版）2018年第4期。

样培养人"为出发点,这是高校所有教育进行人才培养的根本问题。我们借鉴美国通识教育的经验,要以培养能堪当民族复兴大任的时代新人为任务,在通识教育中积极弘扬社会主义核心价值观,传承和创新中华优秀传统文化,培养学生崇高的理想信念。

我国现代大学的历史才100多年,大学创办模式基本是学习西方大学的模式,受西方大学通识教育思想的影响很大。特别是在20世纪90年代后,提出要加强大学生文化素质教育,我国的大学通识教育有了一定的发展。通识教育在西方大学得到了成功发展,但如何在中国得到发展,如何建立中国特色的通识教育体系,我们必须从中华民族传统教育思想中汲取养分。

我国通识教育思想源远流长。我国古代教育非常重视道德修养,提倡终身学习的理念。通识教育能产生通才,即博览群书,上知天文、下知地理,知古今之事,通情达理,又有多种才能的人。我国通识教育或课程培养目标主要包括三点:第一,人的主体能力的培养,包括科学、人文与自然社会等基本知识,培养人良好的技能和"终身学习"的习惯;第二,人的主体性的培养,包括人的兴趣、情感、道德和价值观等;第三,人的社会性的培养,包括人与人、人与社会和自然的相处与对社会和人类所作的贡献。

(二) 志愿精神融入通识课程

当前,我国通识课程教育在大学教育中占有重要的地位。通识教育课程呈现出多元化与多样化。通识课程教育的内涵也包括基础教育、生命教育、全人教育、公民资质教育、终身学习教育、管理科学教育、两性教育、环境教育等。通识课程教育关乎大学生人生观、价值观的形成和发展,也关乎学生气质和校园文化的提升,是理性、成熟公民培养的重要渠道。要深入挖掘通识课程的思想政治教育资源,使其能够成为大学生志愿服务中价值观培育的有效因子,从而提升新时代大学生志愿精神培育的理论深度。第一,在通识教育中融入社会主义核心价值观教育。通识教育要培养学生具有坚定的政治立场、良好的道德修养、强烈的社会责任感、崇高的人生理想、严肃的科学态度、严谨的工作态度、鲜明的法制观念、浓厚的公民意识。习近平总书记指出："社会主义核心价值观是文化软实力的灵魂……一个国家的文化软实力，从根本上说，取决于其核心价值观的生命力、凝聚力、感召力。"① 第二，通识教育大力弘扬中华优秀传统文化。"中华文明绵延数千年，有其独特的价值体系。中华优秀传统文化已经成为中华民族的基因，植根在中国人内心，潜移默化影响着中国人的思想方式和行为方式。"第三，高校将志愿精神作为通识教育的重要内容，纳入通识课程的教育教学中。在课程中设计相关专题围绕志愿精神，志愿服务理念，志愿服务的基本要求以及志愿者权利和义务、知识技能、安全知识等方面内容进行讲解，提高大学生志愿者参与志愿服务的积极性和能力。第四，研制和开发志愿精神培育相关的培训教材，将类似培训教材作为通识课程教材，并将志愿精神培育作为一门专门的通识课程。同时，高校也要建设一整套科学有效的志愿服务培训和志愿精神培育教材体系，其中的教材本身必须能有效地展示与"志愿"有关的价值理念、精神趋向和文化知识等，就是要科学地指导大学生的志愿服务实践活动。

三　发挥课程思政的培养作用

高等学校立身之本在于立德树人，仅靠思想政治理论课程是无法完成立德树人的计划。2016 年，习近平总书记在全国高校思想政治工作会议上指出："把思想政治工作贯穿教育教学全过程……实现全程育人、全方位育人。"②

---

① 《习近平谈国家文化软实力：增强做中国人的骨气和底气》，新华网（http://www.xinhuanet.com/politics/2015-06/25/c_127949618.htm），2015 年 6 月 25 日。

② 《把思想政治工作贯穿教育教学全过程　开创我国高等教育事业发展新局面——习近平在全国高校思想政治工作会议上的讲话》，《人民日报》2016 年 12 月 9 日第 1 版。

(一) 全方位育人

全面推进课程思政建设是全面贯彻落实习近平总书记关于"三全育人"和"立德树人"重要论述的战略举措。课程思政强调"育人"先"育德",实现"为党育人"与"为国育才"相统一。课程思政旨在构建价值塑造、能力培养和知识传授的人才培养新模式。高校教师的素质直接影响着专业课程育人作用的发挥,教师应坚持教育者先受教育的原则,做政治素质强、思想素质高、专业素质扎实的优秀教师,以身作则,用自己崇高的理想信念、道德情操和渊博的专业知识促进学生成人成才,努力使自己成为学生的良师益友。

高等学校立身之本在于立德树人,在于培养能担当民族复兴大任的时代新人。当前,由于教育的内容、主体、对象和教育方法都发生了新的变化,高校单靠思想政治理论课程来完成立德树人的目标早已脱离现实。这需要深度挖掘各类专业课程的思想政治教育资源,充分发挥专业课程的育人价值和功能,实现全员、全程、全方位育人模式。如果脱离了思政教育的专业课程,人们就会像失去灵魂一样而迷失方向,就不能完成教育的基本功能。故要推动专业课程教学的质量和水平,就需要把价值引导、能力培养和知识传授融入专业课程教学中。

大学生志愿精神培育涉及大学生的思想与道德素养等方面,这是高校思想政治教育的重要内容。高校思想政治教育作为培养人的理想信念、塑造人的完善人格、养成高尚道德的教育活动,渗透在高校理论教育和实践教育的各个层面。要深入挖掘各类专业课程的思想道德教育资源,在专业课程学习过程中加强大学生思想政治教育,使大学生在学习专业理论知识的过程中,自觉提高思想道德素养,弘扬志愿精神。

(二) 专业课融入志愿精神教育

在专业课程教学中融入志愿精神培育,就要把专业教学内容与思想政治教育志愿精神元素融合起来,并把志愿元素渗透到专业教育教学中。此外，要创新对于专业课堂的教学方式方法，注重学生世界观、人生观、价值观的形成，重视学生方法论和认识论的学习，将专业理论讲解与现实焦点问题结合，引导学生思考与学习，提升思想政治教育的亲和力、针对性和学术性，鼓励学生在实践中反思，在思辨中增强认识，树立正确的价值观，自觉培育和践行志愿精神。

为了充分发挥专业课程的育人功能，高校党委和二级学院党组织应高度重视，在校党委的正确领导下，高校内各职能部门必须上下齐心，形成全校协同育人效应。高校需尊重学生成长规律和教育教学规律，发挥各个学科本身的优势，坚持专业教育与思想政治教育、志愿精神教育这三者的结合，形成协同育人效果。要把各专业课程的特点、学生的思维方式和价值理念结合起来，把专业课程蕴含的思想政治元素挖掘出来，并融入教材大纲、讲课教案、专题研讨、课后实践等各个环节，真正实现培养学生能力、增长学生知识、塑造学生灵魂和提高学生素质的教育教学目标。

第二节 营造校园文化的育人环境

文化是一个国家、一个民族的灵魂。校园文化是社会主义先进文化的重要组成部分，加强新时代校园文化建设，营造良好的校园文化，可以为志愿精神培育提供良好的环境。

一 健全有效的制度文化

制度形态的志愿文化是校园文化的重要组成部分，能促进大学生志愿服务步入科学良性的发展。

（一）制度形态的志愿文化

制度文化是人们为反映和确定一定的社会关系，并对这些关系进行整合和调控而建立的一整套规范体系。制度文化在物质文化和精神文化之间起着桥梁作用，制度文化能有效地协调个人与个人、个人与群体、个人与社会、群体与群体、群体与社会的关系，从而形成强大的社会凝聚力。制度层面的志愿文化主要包括志愿者的登记注册制度、志愿者的权益保障制度、志愿者的评估激励制度等。首先，高校应加强志愿文化制度层面的建设，这有利于增强大学生个体的权利义务意识。志愿服务应该不求回报，但是为了保证高校志愿服务的长效发展，高校制定合理的回报机制也是很有必要的。其次，高校加强志愿文化制度层面的建设有利于大学生厘清己他关系。要组织学生学习国家和地方政府出台的志愿服务相关条例，深刻理解志愿精神的内涵，让学生明白志愿服务不是自上而下的施舍，而是志愿者和志愿服务对象双方需要得到共同满足。最后，通过志愿文化制度层面的建设，可以促进社会公民广泛参与志愿服务，形成崇德尚美的社会新风气。由于当前志愿服务的社会认同度较低，提升公民对志愿服务的认知水平就非常重要。政府和高校应建立志愿服务奖励制度，大力宣传优秀志愿者事迹，营造向上向善的氛围。总之，通过规范有效的制度引导，拓宽志愿服务社会资源渠道，从而提高志愿文化的社会认同度。

（二）构建制度形态的志愿文化

中国志愿文化是当代中国先进文化不可或缺的一部分。志愿文化的形成和发展，是中国传统文化的继承和发扬，同时又具有独特鲜明的时代特色。在高校开展形式多样的志愿服务活动，大力弘扬"奉献、友爱、互助、进步"的志愿精神，传播和践行中国特色的志愿文化，将有利于大学生的文化自觉和文化自信。

党的十八大以来，教育部多次印发关于学生志愿服务的管理办法和条例。党的十九大报告明确提出推进志愿服务制度化，习近平总书记多次强调要加强学校第二课堂建设，志愿服务逐渐纳入学生综合素质培养机制。现阶段，中国的教育改革逐步由应试教育向素质教育转变，志愿服务是素质教育的重要方式之一，可以有效提升学生的社会实践能力。与此同时，学校志愿服务也可以创新学校思想政治课程教学形式，不断丰富课堂的趣味性。2018年7月3日，团中央、教育部印发《关于在高校实施共青团"第二课堂成绩单"制度的意见》，将志愿服务公益等内容纳入高校"第二课堂成绩单"制度。

加强高校制度层面的志愿文化建设，能提高大学生志愿精神培育的有效性。首先，建立大学生志愿精神培育的法律保障机制，强化大学生志愿精神培育过程中的科学化、规范化和法律化管理，从而推动大学生志愿服务事业的持续快速发展。其次，在制度层面上，加强对大学生志愿者合法权益的保护。通过签订志愿服务协议的方式，明确大学生志愿者在志愿服务活动中的权利与责任。通过为大学生志愿者购买人身意外伤害责任险的办法，切实保障大学生志愿者的人身安全。最后，在政策层面上，为大学生志愿服务的价值认同提供政策支持。将大学生志愿服务经历、表现与他们的综合素质测评、就业、保研、创业等各个方面相结合，形成多层次、多元化的激励机制，使大学生志愿者在志愿服务活动中，在帮助他人、服务社会的同时，提升自我。

2018年11月5日，青岛教育局制定了《青岛市促进中小学生全面发展"十个一"项目行动计划》，就把志愿服务作为培养学生素质能力的重要项目之一。此前，我国多个省、市已开始探索实施学生志愿服务相关政策。上海制定了《关于进一步落实中小学生社会实践工作的若干意见》、广东制定了《关于公布首批"广东省中学生志愿服务示范校"名单暨申报第二批"广东省中学生志愿服务示范校创建单位"的通知》、成都制定了《成都市深化社区志愿服务的实施方案》、兰州制定了《关于在全市中小学生中开展志愿服务活动的通知》、湘潭制定了《2017年中小学生志愿服务工作实施方案》等。这些措施进一步丰富了素质教育的内涵，把志愿服务实践活动作为促进学生健康成长、综合素质提升的重要渠道。高校也可将志愿服务纳入大学生人才培养方案中的实践学分予以管理，使志愿精神培育课程常规化。

高校要以志愿精神内容为指导，制定完善各项规章制度，使"奉献、友爱、互助、进步"的志愿精神融入学校各项规章制度中,发挥志愿精神的价值导向功能。通过规章制度,保证志愿精神培育活动的正常开展,完善志愿精神培育的内生机制、运行机制、激励机制与保障机制。高校要制定培育志愿精神的规章制度,以制度来约束和规范志愿服务活动。通过举办各类讲座、报告会、表彰大会等形式,积极宣传大学生志愿精神,激发学生参与志愿服务的热情。

二 打造互助的组织文化

2016 年 6 月,中央多部门印发的《关于支持和发展志愿服务组织的意见》(以下简称《意见》),明确提出到 2020 年基本建成布局合理、管理规范、服务完善、充满活力的志愿服务组织体系。[①]《意见》的颁布,意义重大,影响深远,标志着我国志愿服务组织的发展步入规范化和现代化的新阶段。

(一)加强组织建设

大学生志愿组织是以大学生志愿者为行为主体,以志愿精神为动力,无偿提供志愿服务的非营利组织。大学生志愿组织是新时代大学生志愿精神培育的载体,更是推动新时代大学生志愿服务事业发展的骨干力量。但是,大学生志愿组织的建设相对滞后,导致其内部机制不完善、组织能力欠缺、社会认可度不高,这些问题亟待解决。

大学生志愿服务要充满活力,要向纵深方向发展,加强大学生志愿组织建设至关重要。要提升志愿组织的组织能力,需从以下方面入手。第一,加强校园志愿组织内部人员的思想教育,进一步提高志愿者的精神境界,夯实志愿者利益他人、服务社会的价值理想。志愿组织需要具备高素质的管理人才。一个志愿组织,如果大部分的管理者

---

① 中央文明委、中央文明办、民政部等:《关于支持和发展志愿服务组织的意见》,中国政府网(https://www.gov.cn/xinwen/2016-07/11/content_5090259.htm),2016 年 7 月 11 日。

不具备相关的社会学、管理学方面的知识，不具备管理志愿组织的相关经验，只是一味照搬以往的管理办法，势必影响志愿服务的质量。高校志愿服务组织要坚持团干部主导，培养管理型志愿者来进行志愿组织的管理和运行。一方面要注重管理型志愿者的选拔和培训，另一方面更要注重管理型志愿者的各方面素养。通过有效的培育方式，提升管理型志愿者的组织协调能力与领导决策力。第二，优化校园志愿组织管理模式。相比于其他组织的管理，志愿组织的管理对其成员与机构没有直接的利害关系，需要有一套高效科学的管理模式，把分散的大学生志愿者集中起来，高效地开展志愿服务。要通过完善动员、管理和激励制度，增加志愿组织的凝聚力。

大学生志愿精神是大学生志愿组织的核心，具有凝聚志愿组织和鼓舞志愿者的作用。如果志愿组织不以志愿精神为价值，那就是形式上的组织。反过来，志愿组织的存在，又能涵养和推广志愿精神。因此，高校要打造互助的组织环境，以促进高校志愿组织的良性发展。

（二）营造校园志愿组织文化氛围

新时代大学生志愿精神培育需要营造校园志愿组织文化氛围，把大学生志愿精神培育融入校园文化，促进志愿精神的"校园化"。志愿精神"校园化"就是将志愿精神作为学校精神文化的一部分，在高校中培育、弘扬和实践志愿精神，并逐步辐射到整个社会，充分发挥大学生群体的积极影响。应做到以下几个方面：第一，加强校园志愿组织的精神文化建设。志愿精神是高校志愿组织的核心价值，但并不代表是所有的精神涵养。志愿组织的精神文化建设，就是要加强志愿组织对志愿服务的认识和对志愿精神的认同感。高校可组织一些优秀志愿者讲座，用志愿者现身说法感染其他学生。第二，加强校园志愿组织的制度建设。高校志愿组织应制定相应的组织制度，定期开展志愿服务活动，并形成志愿服务品牌。在高校中争取形成"不参加志愿服务活动，大学生的生活就少一半"的志愿文化氛围。第三，加强高校志愿组织内部的价值观教育，不断提高志愿者的精神境界，让志愿者坚定树立帮助他人、服务社会的价值理想。可以开展志愿者交流会，让学生在沟通交流中获得心得，相互影响，让志愿精神更加深入人心。

高校志愿组织要弘扬志愿精神，可以通过举办报告会、优秀志愿者选拔大赛、优秀志愿者事迹展等形式，促进学生对志愿精神的认知，激发学生参与志愿服务热情。充分挖掘和选拔校园中活跃的志愿服务先进集体和个人予以表彰，并通过校园媒体和社会媒体的宣传，在校园内外形成志愿服务光荣的道德场景。

三 优化奉献的服务文化

把服务育人作为新时代大学生志愿精神培育的重要环节。"坚持全员全过程全方位育人。把思想价值引领贯穿教育教学全过程和各环节，形成教书育人、科研育人、实践育人、管理育人、服务育人、文化育人、组织育人长效机制。"[①]

（一）树立服务育人的理念

新时代高校应树立服务育人的理念。高校服务育人要坚持把解决实际问题与解决思想问题结合起来，要坚持围绕学生、关照学生、服务学生，把握学生成长成才发展需求，提供靶向服务，积极帮助解决学生学习和工作中的问题，在关心、帮助、服务的氛围中教育引导学生。按照现代管理学的观点，管理本质上是一种服务。教师通过课堂教学向学生传授知识，是在提供教学服务；后勤部门的职责就是为学生学习和生活提供优质服务。学校日常管理与服务要以培育学生志愿服务意识为重要任务，因此，高校全体教职工应认识到：领导就是服务，管理也是服务，服务必须育人。

大学生要认同志愿精神，并在志愿服务中践行它，需要高校把志

[①] 《关于加强和改进新形势下高校思想政治工作的意见》，《人民日报》2017年2月28日第1版。

愿精神培育融入日常管理与服务中，优化校园奉献的服务文化。大学生志愿服务意识的产生，不仅需要社会环境这种外部因素起作用，志愿者自身的参与需求也是促使其进行志愿服务的重要内部动力。学校日常管理与服务要以培育学生志愿服务意识为重要任务。每个志愿者参与志愿服务的动机都不一样，有的是出于爱心主动帮助别人，有的是想扩大自己的社交圈子等。志愿者在参与志愿服务的过程中，动机也不是一成不变的，它会随着参与志愿服务的时间而发生变化。一部分志愿者是基于责任感这种单一的传统动机而参与志愿服务活动。随着现代化的发展，社会中的人很多是出于成就动机去参加志愿服务。到了后现代化时期，人们把志愿服务当成幸福和快乐的追求。还有些志愿者把责任与发展动机融合，把责任和快乐动机融合，把发展和快乐动机融合。新时代大学生志愿精神培育需要激发学生意愿，在认同中增强志愿服务动机，自觉弘扬志愿精神。

（二）充分发挥高校教师的教育服务作用

高校教师要在大学生志愿精神培育过程中发挥教育服务作用。苏霍姆林斯基说："教师成为学生道德上的指路人，并不在于他时时刻刻都在讲大道理，而在于他对人的态度，能为人表率，在于他有高度的道德水平。谁能唤起学生的人的尊严感，能启发他们去思考活在世上是为着什么，谁就能在他们的心灵中留下最深刻的痕迹。"① 新时代大学生志愿精神的培育必须注重教师师德师风建设，必须激发和鼓励高校教师的公益行为，增强大学教师自觉利他的公共生活价值观，在志愿服务实践活动中发挥影响大学生健康成长的示范作用，积极践行社会主义核心价值观，参与社会治理与服务。因此，高校可在各类教师培训中加入志愿精神的内容，使高校教师了解志愿服务相关理论知识；强调教师社会责任，充分调动广大教师参与志愿服务的自觉性和

---

① ［苏］苏霍姆林斯基：《和青年校长的谈话》，赵玮等译，上海教育出版社1983年版，第171页。

积极性。本着自愿、无偿、量力的原则，鼓励高校教师自愿以注册志愿者的身份加入志愿服务队伍。按照《教育部关于教师参与志愿服务活动的指导意见》，积极开展科技文化医疗服务、科技成果惠民生、应急救援、大型活动、生态环境保护等志愿服务活动，发挥高校教师志愿服务的示范效应和育人功能。[①] 学校应根据教师的实际情况，鼓励教师下基层，自我成长。高校还要为教师参加志愿服务给予物质和精神的鼓励与支持，可在各类考核评价中参考教师的志愿服务表现状况，从而营造有利于教师志愿服务的良好校园氛围。

高校还需要发挥学校领导和党员教师的模范带头作用。近年来，越来越多的党员成为志愿者，发挥先锋模范作用，在身边点滴小事中践行初心使命。高校要鼓励学校领导和党员干部积极参加志愿服务活动，将志愿服务与提升党员教师品德修养和学识水平相结合，力争起到先锋模范带头作用。高校还可建立志愿服务学习项目推动小组和专业指导教师。目前高校已基本建立大学生志愿服务中心，可在此基础上成立志愿服务学习项目小组，由学校决策部门牵头，协调全校所有学院师生共同确立服务学习理念，学院做好志愿服务与课程知识学习的融合计划，制定对接社区或单位的志愿服务需求服务方案，反馈志愿服务学习进度，完善志愿服务学习目标；同时，在高校思想政治工作者的基础上组建一支专业的志愿服务培训队伍，以加强对学生志愿服务项目的指导。

学校的各个职能部门和教育管理者要强化育人职责，在日常管理和服务中要渗透"奉献、友爱、互助、进步"的价值理念，充分体现志愿精神的要求。学校各部门要坚持以人为本的教育服务理念，关心关切学生利益，时刻为学生着想，提高服务意识和质量，将志愿精神

---

① 《教育部关于教师参与志愿服务活动的指导意见》，中华人民共和国教育部网站（http://www.moe.gov.cn/srcsite/A10/s7058/201409/t20140926_175797.html），2014年9月25日。

的培育与促进大学生成长成才结合起来。

四 营造友善的人际文化

大学是学生世界观、人生观、价值观形成的重要时期，要营造友善的人际环境，帮助大学生树立正确的人生观、价值观和世界观。

（一）友善的人际关系

人与人之间和谐关系的建立需要友善。友善具有沟通的品质，友善通过向他人传递友好和亲近，与他人建立一种和谐的价值关系。通过人的友善行为，让他人感受到友善的思想，给人希望，能让对方感受到友善的好处，并且释放自己的能量。友善可以化解他人的冷漠，让他人靠近，为大学生在大学生活中建立共同的文化和精神家园。"友善"是"善"的一种表现，它以一种普遍的价值诉求展现在人们面前，它以宽容的态度构建人与人之间的和谐，具有开放包容的特性。友善增添了人与人之间的信任，要想得到他人的信任，就必须对他人付出真诚的友善。友善是形成和谐社会的基础性环节，只有社会中的每个公民具有友善精神，坚持与人为善、乐于助人、顾全大局，才能形成人与人、人与社会和自然的和谐发展。

人与人之间的相互信任需要营造友善的氛围。首先，友善本来就包含友好、友爱、亲近等含义，善是慈善、善良之意，大学生要取得同学和他人的信任，就必须在态度和行为上表现出友善，把他人当朋友，当成亲近的人，这样才容易取得别人的信任。友善从感情上拉近彼此的距离。其次，友善也表示向他人主动示意，与人为善，先让他人了解自己的态度和立场，也是他人了解自己的一种方式。最后，友善是以自己的真诚和人格魅力来获得他人的信任和好感。大学生要懂得友善，学会用友善的方式与他人沟通和交流，获得他人的信任，形成和谐的人际关系。

（二）培养友善人际关系

友善是构建社会关系的价值基础，人与人之间以友善为价值纽带，就能构建起和谐的与他人、与社会的关系。"友善"价值观引领人们在生活中寻求人与人之间的真挚道德情感。友善是凝聚社会成员的纽带，有助于构建和谐社会关系。中国传统中的友善观源远流长，孟子提出人性的仁、义、礼、智，这都关乎人性的善。以人之性善的道德理念构建人与人之间的道德实践，在当前也具有重要的意义。中国古代思想家认为，善是一种品德，需要经过长期的积累才能形成一个人的人格。社会由个人组成，个人是社会关系的基本单元，每个人的价值取向直接关系到整个社会的价值取向。大学是学生世界观、人生观、价值观形成的重要时期，要营造友善的人际环境帮助大学生树立正确的人生观、价值观和世界观。

大学生健康成长需要具备友善的品格，友善是每个公民的基本素养。高校要重视大学生友善教育，将友善教育融入教育教学中。大学生道德素质的提高需要通过友善教育，友善价值观是社会主义意识形态的组成部分，是全社会公民必须共同遵守的价值理念。通过友善价值观的培育，促使大学生自觉接受和践行友善，在高校形成友善的人际环境。要根据学校类型特点和教育对象的特征制定合适的友善教育目标和实施方案。第一，在教育内容方面，大学阶段侧重从人性高度和哲学角度论证友善与人的本质的关系，让大学生辩证对待友善，产生友善的信念。第二，在教育途径方面，要坚持理论教学和实践教学相结合，既发挥课堂教学的作用，也要重视友善的实践养成，充分利用第二课堂教学的潜移默化作用。第三，在教育主体方面，要把专任思政教师和学校学生思想政治工作者结合起来，以学校党委为核心，团委、学工部门牵头，共同加强友善内容进教材、进课堂、进学生内心。

第三节　夯实志愿服务的活动载体

习近平总书记强调："学习是成长进步的阶梯，实践是提高本领的途径",大学生"要坚持学以致用,深入基层、深入群众,在改革开放和社会主义现代化建设的大熔炉中,在社会的大学校里,掌握真才实学,增益其所不能,努力成为可堪大用、能担重任的栋梁之材"。① 这都强调了实践对于青年大学生成长成人的重要作用。在大学生志愿精神培育中,要保证培育的有效性,提高培育的实效性,就必须从丰富社团活动、拓展社区服务、加强劳动实践三方面来夯实大学生志愿服务的活动载体。

一 丰富社团活动

2018年3月12日,共青团中央制定了《关于推进青年志愿服务工作改革发展的意见》(以下简称为意见),《意见》明确指出了青年志愿服务的发展方向是专业化、项目化和科学化。要促进志愿服务专业化、项目化、科学化发展,需要不断丰富社团活动。

(一)加大志愿精神的宣传力度

高校要积极开展学雷锋志愿服务活动。雷锋精神是中华民族优秀文化的传承,雷锋精神感染和教育了无数的人,对我国社会主义建设事业产生了巨大的积极影响作用。要弘扬雷锋精神,激励青年大学生参与学雷锋志愿服务活动。1963年,毛泽东向雷锋同志题词:向雷锋同志学习。提倡全国人民学习雷锋的好思想、好作风和好品德。周恩来也为雷锋同志题词:"向雷锋同志学习,爱憎分明的阶级立场,言行一致的革命精神,公而忘私的共产主义风格,奋不顾身的无产阶级斗志。"② 中国的志愿服务事业是在学雷锋活动的基础上发展起来的。1994年2月4日,共青团中央发出《关于"青年志愿者学雷锋奉献日"活动的通知》,学雷锋讲奉献活动在全国全面展开;2000年,团中央将每年的"学雷锋日"——3月5日定为"中国青年志愿者日"。

---

① 《习近平谈治国理政》,外文出版社2014年版,第51页。
② 殷允岭:《雷锋传》,人民出版社2018年版,第323页。

新时代，雷锋精神仍然具有无穷魅力，对于引导大学生树立正确的世界观、人生观、价值观起到重要作用，具有榜样示范效应。

改革开放以来，随着学雷锋志愿服务活动的宣传和深入，人们对雷锋精神的认同感和践行力增强，涌现出了一批雷锋式先进人物，如张华、吴天祥、郭明义等。高校要广泛开展向雷锋式先进人物学习的活动。一是采用课堂教育、书报宣传、展示展览等方式，向青年大学生宣扬雷锋及雷锋式先进人物事迹，帮助大学生深刻领悟雷锋精神与志愿精神的内在联系，并结合新时代的特点开展宣传教育。二是鼓励校内社团组织和个人创作符合新时代大学生审美情趣的优秀文艺作品，可以用短视频、歌曲、小说、戏剧等形式体现雷锋奉献精神，真正做到以文化人、润物无声的育人效果。三是高校团委牵头开展关于学雷锋志愿服务活动的研讨和交流，促使大学生交流体会心得，推动学雷锋志愿服务活动深入人心。充分利用中国文明网、中国青年志愿者网等网络阵地，弘扬雷锋志愿服务精神，鼓励和带动大学生走出校园、深入社区、走向农村，积极参与各种公益实践活动，在社会中磨砺坚韧的品质和培养高尚的奉献精神。四是挖掘校内志愿服务典型，有计划地开展优秀志愿者交流和汇报。充分利用中国青年志愿服务项目大赛、中国好人、全国道德模范等评选活动，推进校园志愿文化的建设。

（二）不断创新志愿服务项目

大学生志愿服务项目以向现代社会提供志愿服务、缓解当今社会所出现的一些特定问题为目标，自愿帮助他人，具有非营利性、非职业性的特征。大学生志愿服务项目是志愿者的志愿行为，在一定的组织机构内，利用有限的人力和物力资源，受到时间和组织制度的约束，运用各种知识、技能、方法和工具开展管理活动的工作任务。党中央、国务院高度关心、重视志愿服务事业。党的十八大以来，习近平总书记先后给"郭明义爱心团队""本禹志愿服务队""南京青奥会志愿者"回信，肯定志愿者作出的贡献，勉励广大志愿者与祖国同行、为人民奉献，为实现中国梦有一分热发一分光。志愿服务是社会文明进步的重要标志，新时代要把志愿服务与"两个一百年"奋斗目标、与建设社会主义现代化国家同行。志愿服务对于提升社会主义现代化国家建设、社会文明进步、国家治理体系完善和治理能力有很大的促进意义。党的十九大报告明确提出要推进志愿服务制度化。要推进志愿服务健康长效发展，就需要推进志愿服务项目化、品牌化、制度化建设。

大学生志愿服务项目主要包括扶危济困、助孤助残、社区服务、环境保护、大型活动等。常态化的志愿服务项目能让志愿者感受到满足和愉悦，通过志愿服务，大学生志愿者参与社会治理，了解社情，更能促进其成长成才。因此，高校要充分拓展校外资源，与政府和企业主动联系，建立长期志愿服务合作关系，为大学生创建志愿服务活动平台。合作方式可以多样化、灵活多变。一是高校志愿服务组织以组织的身份参与到政府、社会组织和企业中去，参与具体的社会志愿服务。二是高校志愿服务组织与校外建立长期的合作关系，鼓励大学生以个人身份参与社会上的志愿服务活动。高校应鼓励大学生参加当前社会最需要的志愿服务领域，主要是社区志愿服务项目、养老服务项目和农村服务项目。高校志愿组织可以定期组织大学生利用周末或者课余时间开展扶贫助残志愿服务项目，关爱残疾儿童、孤寡老人。通过长期稳定的关爱活动，最终帮助这些弱势群体，既减轻社会的负担，也体现大学生志愿者参与社会治理的能力。高校志愿组织也可以与当地社区联系，鼓励大学生参与社区服务，参与社会治理，提升个人能力。

二　拓展社区服务

社区志愿服务在基层社区治理过程中发挥着越来越重要的作用。2020年6月，习近平总书记来到宁夏吴忠市利通区金花园社区考察，为社区志愿者点赞，在听到社区志愿者队伍不断壮大时，他非常高兴地对志愿者说道：你们的经验很好，真正体现了行胜于言。社会主义是干出来的，各族群众要一起努力，志愿者要充分发挥作用，谢谢你们的努力和贡献。习近平总书记高度重视社区志愿服务，社区志愿服务的发展有利于提高社区治理水平和治理能力。

（一）志愿服务走进社区

社区是若干社会群体或社会组织聚集在一定领域里所形成的一个生活上相互关联的大集体，是社会有机体最基本的内容，是中国社会从宗族制到单位制转型后的一次社会革命，是宏观社会的缩影。社区包含着家庭、邻里、个体等诸多社会生活元素，是具有互动关系和共同文化维系力的。志愿服务是为了增进个体、社区、社会的福祉而进行的非营利性的行为，它内容丰富、形式多样。

社区志愿服务对中国社会经济转型与持续发展具有重要的意义。社区志愿服务的对象大多数是困难和弱势群体，这在一定程度上弥补了政府和社会服务的不足，促进了社会资源的合理共享，促进了社会公平。社区志愿服务还促进了社会参与，让更多的居民了解自己的社会，解决了社区居民的实际问题，并促使居民参与社区公共事务活动，承担社会责任。大学生志愿者通过社区服务，不仅帮助了他人，自身也获得满足感和成就感。社区志愿服务成为社会治理创新的重要载体之一，社区志愿服务缓解了基层社区及其自治组织的"实现自我治理"和"协助行政管理"的矛盾，从而减少了社会冲突，保障了基层社会的和谐稳定发展。同时，志愿者在自主解决社会问题的过程中，有利于创新方式和整合社会资源，从而促进社会的创新。社区志愿服务促进社会主义核心价值观建设与社会信任，在服务他人的志愿服务活动中，推动了社会资本与社会信任建设，让公民践行爱国、敬业、诚信、友善，推动社会自由、平等、公正、法治，促进国家富强、民主、文明、和谐。

（二）深度创新基层服务

当前，社区服务是大学生志愿服务项目较为方便的一种形式。社区服务内容覆盖居民生活的方方面面,包括生活帮扶、青少年教育、技能辅导、医疗保健、心理咨询、卫生环保等。大学生可以利用所学的知识为社区开展法律援助、知识宣传、关爱老人等服务。大学生社区服务弥补了社会服务的不足,充分利用大学生志愿者资源,为社区居民提供福利性、公益性服务,推进基层民主法治建设,推动形成诚信友爱的社会风尚,促进社会充满活力,实现人与社会和谐相处。具有代表性的社区志愿服务有:"志愿者为老年人服务金晖行动""爱心助成长""走进社区志愿服务""老人义工临终关怀""爱心工程"等。

总之,社区服务传承了"邻里互助"的中华传统美德,是新时代对"雷锋精神"的创新发展,对于促进居民稳定和谐发挥了重要作用,成为城市文明与社会治理能力提升的重要标志。高校在志愿精神培育过程中,应拓展社区服务。

三　加强劳动实践

习近平总书记在全国教育大会上提出"构建德智体美劳全面培养的教育体系","要在学生中弘扬劳动精神,教育引导学生崇尚劳动、尊重劳动,懂得劳动最光荣、劳动最崇高、劳动最伟大、劳动最美丽的道理"。[①] 中共中央、国务院印发《关于全面加强新时代大中小学劳动教育的意见》(以下简称《意见》),《意见》指出:"坚持党的领导,围绕培养担当民族复兴大任的时代新人,着力提升学生综合素质,促进学生全面发展、健康成长。把准劳动教育价值取向,引导学生树立正确的劳动观,崇尚劳动、尊重劳动,增强对劳动人民的感情,报效国家,奉献社会。"[②]《意见》对新时代劳动教育作了顶层设计和全面部署,意义重大。

[①] 习近平:《坚持中国特色社会主义教育发展道路　培养德智体美劳全面发展的社会主义建设者和接班人》,《人民日报》2018年9月11日第1版。

[②] 《中共中央国务院关于全面加强新时代大中小学劳动教育的意见》,《人民日报》2020年3月27日第1版。

（一）加强劳动教育

劳动具有综合育人价值，包括树德、增智、强体、育美等内容。劳动教育是新时代党对教育的新要求，劳动对培育和践行社会主义核心价值观，传承和弘扬中华民族优良传统，培养德智体美劳全面发展的社会主义建设者和接班人，具有极其重要的意义。

马克思主义劳动观的重要内容之一是劳动教育。劳动在人类文明进步和发展中发挥着重要作用。马克思主义认为，劳动创造了人类，劳动创造了世界。"一当人开始生产自己的生活资料，即迈出由他们的肉体组织所决定的这一步的时候，人本身就开始把自己和动物区别开来。"[①] 恩格斯说："劳动创造了人本身"[②]，"生产劳动给每一个人提供全面发展和表现自己的全部能力即体能和智能的机会，这样，生产劳动就不再是奴役人的手段，而成了解放人的手段"[③]。马克思主义认为，人类的精神财富和物质财富都是由劳动创造而来，劳动是创造价值的唯一来源。列宁十分重视劳动者素质的提高，指出："没有年轻一代的教育和生产劳动的结合，未来社会的理想是不能想象的：无论是脱离生产劳动的教学和教育，或是没有同时进行教学和教育的生产劳动，都不能达到现代技术水平和科学知识现状所要求的高度。"[④] 马克思主义劳动观为新时代大学生加强劳动教育提供了理论指导。

（二）志愿服务与劳动教育相结合

2020年3月27日，国务院颁布了《关于全面加强新时代大中小学劳动教育的意见》指出："实施劳动教育重点是在系统的文化知识学习之外，有目的、有计划地组织学生参加日常生活劳动、生产劳动和服务性劳动，让学生动手实践、出力流汗，接受锻炼、磨炼意志，

---

① 《马克思恩格斯选集》第1卷，人民出版社2012年版，第147页。
② 《马克思恩格斯选集》第3卷，人民出版社2012年版，第988页。
③ 《马克思恩格斯选集》第3卷，人民出版社2012年版，第681页。
④ 《列宁全集》第2卷，人民出版社2013年版，第463—464页。

培养学生正确劳动价值观和良好劳动品质。"① 大学生志愿服务是高校实施劳动教育的重要内容，要充分发挥劳动教育在新时代大学生志愿精神培育中的重要作用。

　　大学生在课堂上所学的理论知识只有通过实践教育才能内化为学生的知识和素养。比如，通识教育重在"育"而非"教"，是一种知识和价值观的教育。它需要通过实践教育才能将知识和价值观转化为学生的思想和能力，培养学生崇高的理想和为社会服务的责任感；哲学社会科学教育只有积极引导学生参与实践，在实践中体验，才能使学生真正将学到的理论知识、价值观念视为自身的思想道德素养，自觉提高自身素质和处理事情的能力。志愿精神不是单纯的理论，也不是可以触摸的具体实物，它是新时代"雷锋精神的传承"，是慈善主义与利他主义的精神。志愿精神贯穿于新时代党的理论方针和国家重大政策中，融入中国特色社会主义文化中，对党的建设、经济建设、政治建设、文化建设、生态文明建设等都起到极其重要的促进作用，以志愿服务活动形式在高校教育中起到培育人的效果。

　　高校应鼓励学生在学习之余参与志愿服务，完善公益社团建设和组织工作，推进志愿服务项目化、品牌化、常态化发展。特别要做好假期志愿服务实践活动。高校假期实践主要包括"三下乡"社会实践活动、春运服务、暑运服务、节假日运输服务、专业实习等活动。

　　1996年12月，中央宣传部、国家科委、农业部等十部委联合下发《关于开展文化科技卫生"三下乡"活动的通知》，旨在改善农村社会风气，促进农村文化建设。"三下乡"是指文化、科技、卫生下乡，1997年"三下乡"活动在全国得到正式开展。大学生"三下乡"社会实践活动是德育工作的重要组成部分，是在大学生中进行爱国主义教育和国情教育相结合的一种有效形式，可以帮助大学生了解国

---

① 《中共中央国务院关于全面加强新时代大中小学劳动教育的意见》，《人民日报》2020年3月27日第1版。

情、社情，服务群众和培养实践能力与创新精神。各高校每年利用寒暑假开展"三下乡"志愿服务活动，大学生将在学校所学的科学先进的生活观念带到农村传播，将在学校所学的专业理论知识应用于农村的实践，在农村开展形式多样的科技文化和生活观念的宣讲活动，促进了新农村建设。"三下乡"志愿服务为大学生了解国情、社情提供了机会，也加深了高等教育与新农村建设的关系，有益于为农村建设提供智力支持。大学生通过"三下乡"活动丰富了自己的人生阅历，提升了自己的综合能力。关爱农村留守儿童"七彩假期"志愿服务项目是全国大中专学生志愿者暑期文化科技卫生"三下乡"社会实践活动的重点项目，主要以大学生支教形式开展。"七彩假期"志愿服务旨在帮助农村留守儿童和随迁子女度过快乐美好的暑假。

春运、暑运志愿服务分别是每年中国农历新年前后、7月初至9月初学生返校或开学季，交通运输部门运输压力大、人手不够而产生的志愿服务。高校可以组织大学生参与春运、暑运志愿服务，在实践中成长。服务内容主要有站务服务、乘务服务、热线服务、现场咨询、秩序维护等。大学生志愿者通过参与春运、暑运，不仅帮助了旅客，为社会提供了服务，也让自己得到了成长和锻炼，提高了自身的语言表达能力、沟通能力、团队合作能力以及解决问题的处理能力等。

各个高校每年假期也进行专业实习实践，高校应认真学习各项大学生实习和实践活动的文件精神，统一部署，认真组织，制定详细的实施计划和目标，选派专任教师负责。对参与实践活动的教师和学生要进行有针对性的培训，让他们了解实践的目的，拥有参与实践活动的能力。在实践中，高校应建立监督反馈机制，对于在实践活动中表现突出的教师和学生给予表扬和奖励。高校还要制定专门的奖励制度，实践效果的好坏应与学生评优评先、教师职务晋升以及职称评审挂钩。

第四节　强化网络空间的正面引导

习近平总书记在2016年全国高校思想政治工作会议上指出："互联网突破了课堂、高校、求知的传统边界，对学生影响越来越大。……从一定意义上说，谁赢得互联网，谁就赢得青年。""要运用新媒体新技术使工作活起来，推动思想政治工作传统优势同信息技术高度融合，增强时代感和吸引力。"① 互联网拥有极强的互动和传播功能，对新时代大学生志愿精神的培育既带来了机遇，也带来了一定的挑战。因此，在新时代大学生志愿精神培育过程中，必须利用网络空间，强化内容建设，丰富公益活动，营造舆论氛围。

一　加强网络空间的内容建设

随着大数据、人工智能、5G等技术的飞速发展，全媒体下的信息流充斥人们日常生活的各个方面，构建清朗网络空间、加强网络空间内容建设就显得尤为重要。

（一）建立大学生志愿服务网站

随着互联网技术的飞速发展，新媒体相较于电视、广播及报纸等传统媒体而言，具有快捷性、广泛性、共享性和超时空性等特点。青年人是最大的网络群体，而大学生群体成为其中的重要组成部分。因此，开展大学生志愿精神培育工作必须打造"互联网+"新平台。一方面可以充分利用微博、抖音、头条等App软件，帮助大学生志愿者实时了解志愿精神培育的活动；另一方面，利用大数据、互联网云平台，对志愿精神培育活动和志愿者进行有效匹配，这样更能增加志愿精神培育活动的针对性和有效性，提高大学生参与志愿精神培育活动

---

① 《把思想政治工作贯穿教育教学全过程　开创我国高等教育事业发展新局面——习近平在全国高校思想政治工作会议上的讲话》，《人民日报》2016年12月9日第1版。

的参与度。加强网络内容建设,还要坚持创新,以创新拓展内容空间。依托网络平台,可以投放公益广告,也可在大学生所热爱的游戏和动漫中加入志愿精神元素,多方位多渠道拓展网络内容空间。鼓励大众创造融文字、视频、图片等于一体的有创意的公益产品,满足大众的心理期待,使大众体验到公益的美好。多样化、个性化的公益内容产品才能满足大众的需求。

(二) 强化网络志愿精神的培育

善于运用网络媒体服务于大学生志愿精神培育,是网络时代发展的必然要求,也是大学生对志愿精神培育的现实需求。校园网络空间信息内容广泛影响着大学生的人生观、价值观和世界观。党的十九大报告提出:"加强互联网内容建设,建立网络综合治理体系,营造清朗的网络空间。"[1] 高校要全面开展网络空间的内容建设,大力弘扬志愿精神,让"奉献、友爱、互助、进步"的志愿精神充满网络空间。当前,随着互联网的发展,人们更希望快捷、便利地获得信息,快餐化、碎片化、娱乐化的网络文化大有所在。微博、微信等深刻影响着大学生的学习和生活,他们的注意力被海量的网络信息分散。面对媒体过度娱乐化和"去中心化"的趋势,网络内容必须以弘扬主旋律为基本要求,大力培育和践行社会主义核心价值观,传播人性的真善美,传递社会正能量,使优秀内容主导网络空间,以文化提升品位,满足人们对精神文化生活更高的需要。社会要引导广大群众的文化趣味,为大众生产创造思想深、品质高的文艺产品,以优秀文艺作品陶冶大众的道德情操。文化有载道、传情、植德的功能,要以弘扬社会主义核心价值观为目标,创造歌颂党、国家、英雄、劳动、奉献的网络文化作品,传播真善美,弘扬高尚的道德理想和追求。倡导讲品位、讲格调的健康向上的网络文艺作品,抵制低俗、庸俗、媚俗的网

---

[1] 习近平:《决胜全面建成小康社会 夺取新时代中国特色社会主义伟大胜利——在中国共产党第十九次全国代表大会上的报告》,人民出版社2017年版,第42页。

络文艺作品，用积极健康的网络文艺作品启迪人的心智，引领社会风尚。校园网络建设要坚持知识性与思想性、主流性与丰富性、疏导性与互动性、教育性与服务性的统一。

二 丰富网络空间的公益活动

在互联网时代，社会对公益的需求越来越大，参与公益活动的人也会越来越多，除了现实生活中的公益组织和团体外，形式多样的网络公益活动也应运而生。现在的网络可以让人们足不出户就与他人交流自己的心得和所学的知识，人们可借助网络表达和传递爱心。网络公益活动发源并成长于网络，具有显著的现代特征，倡导志愿精神和公益行为。网络公益推动了社会公益事业的发展，有利于和谐社会的构建。

（一）构建网络培育新模式

网络公益通过网络和现实世界的互动，弘扬志愿精神，促进更多的人参与社会服务。网络志愿者是指志愿者在网上做公益，通过在线为他人提供帮助、解答问题、分享快乐等。当前，网络志愿者活跃在各个网络平台，他们通过QQ、BBS论坛等参与网上各种类型的志愿服务活动，成为当前志愿服务队伍中一支重要力量。

与传统的志愿服务项目相比，网络公益具有服务项目多元化的特点，一些传统的志愿服务公益项目可以通过网络开展，这样会更加便捷和方便，如慈善捐助。由于网络快捷的特点，在网络上也催生了一些新型的志愿服务项目。例如有专门帮助青少年解答成长困惑的QQ群，有学生组织书法交流的博客群等。网络公益由于服务时间、地点与形式的灵活性，能为需要帮助的人提供及时有效的信息，使服务形式呈现灵活的特点。网络公益具有广泛的服务参与者，能使志愿服务成为普通公民的生活常态。其中，"接力"是网络公益的一项重要服务形式。例如2008年汶川大地震中，网络志愿者通过QQ群来进行物品的收集；宝贝寻子网也通过全国的志愿者接力来寻找被拐的儿童。

（二）创新网络培育新载体

互联网为大学生志愿服务活动提供了新的空间和载体。高校要加强网络公益宣传，积极推广"互联网+公益""互联网+慈善"志愿服务模式，在网上开展丰富多样的公益和慈善活动，引导大学生积极参与网上公益。第一，大学生可参与网络助老助残志愿服务，网络志愿组织通过收集老年人和残疾人的服务需求，组织老年人开展网上象棋、网上聊天等活动，帮助老年人排解孤独，丰富老年人和残疾人的生活，为助老助残活动提供了新的服务平台和形式。第二，大学生可参加网络生活信息志愿服务，为当地居民提供团购信息和其他生活信息，包括交通出行、住房保障、购物、公民维权等。通过网络收集信息，并帮助当地居民解决生活中的实际问题，使居民生活变得快捷而方便。第三，大学生可参与远程教育志愿服务。高校志愿组织除了组织学生志愿者到西部支教、参加暑期"三下乡"志愿服务活动，录制教育课程视频、邀请名师讲座也成为当前支教志愿服务的一种形式。远程教育既节约了教育成本，又整合了名师教育资源，可以大大提高支教志愿服务活动的质量和效果。网络公益加强了大学生对公共事务的参与意识，锻炼培养了大学生的理性和合作能力，促进了大学生的全面发展，使社会变得更加和谐美好。高校要大力倡导丰富的网络公益、网络志愿活动，激发学生热心公益、参与志愿的热情。

三　营造网络空间的舆论氛围

舆论是在一定的社会环境内，反映社会知觉和集体意识的、多数人的共同意见。舆论具有成风化人、敦风化俗的重要作用。舆论具有两极性，正向舆论给群众提供正确的认识，负向舆论对社会具有很大的破坏作用。因此，必须坚持用正确的舆论引导人，坚持主流意识形态占领网络阵地，拓宽志愿精神的传播路径，营造风清气正的网络环境。

（一）拓宽志愿精神的传播路径

新时代大学生通过微信、QQ 等网络与他人进行广泛的网络交友，网络中的受众和传播者处于平等地位，每个人都可在网络上发表自己的意见和看法，也可以相互交流互动，这种交流互动可以发生在政府与网民、网民与网民、网民与媒体之间。大学生喜欢网络空间的开放性和非强制性，在网络中自由表达观点。当代大学生更喜欢利用网络来学习、交友，网络已经深入新时代大学生生活和工作的各个方面。在高校强化网络空间的舆论宣传就显得尤为重要。第一，在网络空间积极宣传学雷锋志愿服务活动，弘扬志愿精神，激励青年大学生参与线上线下的学雷锋志愿服务活动。第二，以 3 月 5 日学雷锋纪念日、12 月 5 日国际志愿者日为契机，在校园网络上专题报道一批学雷锋先进人物和志愿服务典型的奉献事迹，让学生深刻理解雷锋精神和志愿精神的内涵和实质，并结合新时代的特点开展网络宣传教育。第三，认真组织宣传暑期"三下乡"、假期志愿服务、社区服务等大学生志愿服务项目，在网络上营造人人奉献的志愿文化氛围。第四，鼓励校内社团组织和个人创作符合新时代大学生审美情趣的优秀文艺作品，可以用短视频、网络歌曲、网络小说、网络戏剧等形式体现雷锋奉献精神，真正收到以文化人、润物无声的育人效果。第五，以高校团委牵头开展关于学雷锋志愿服务活动的网上研讨和交流，促使大学生交流体会心得，推动学雷锋志愿服务活动深入人心。充分利用中国青年志愿服务项目大赛、中国好人、全国道德模范等评选活动，培育高校志愿服务典型，促进校园志愿文化的形成。充分利用中国文明网、中国青年志愿者网站宣传雷锋志愿服务精神的案例和事迹，建设好高校雷锋志愿服务精神网络阵地，利用这些平台来弘扬志愿服务精神，鼓励大学生走出校园、走向社会、奉献他人、服务社会，积极参与各种公益实践活动，在社会中磨砺坚韧的品质和培养高尚的奉献精神。

（二）营造风清气正的网络环境

习近平总书记在网络安全和信息化工作座谈会上指出：网络空间

是亿万民众共同的精神家园。网络空间天朗气清、生态良好，符合人民利益。网络空间乌烟瘴气、生态恶化，不符合人民利益。我们要本着对社会负责、对人民负责的态度，依法加强网络空间治理，加强网络内容建设，做强网上正面宣传，培育积极健康、向上向善的网络文化，用社会主义核心价值观和人类优秀文明成果滋养人心、滋养社会，做到正能量充沛、主旋律高昂，为广大网民特别是青少年营造一个风清气正的网络空间。

网络空间是虚拟的，但运用网络空间的主体是现实的，弥漫网络世界的风气是可塑的。在网络上，每个人都可以是一个没有执照的电视台。在网络中的每个人，既是舆论信息的传播者，也是舆论信息的制造者和接受者。网络舆论还具有海量性和爆炸性，从容量上来说，网络舆论信息的数量是海量的，各种文化类型、思想观念和价值观在网络中找到生存的"土壤"，并且网络舆论传播的速度极快，具有爆炸性的特点。所以要建设积极健康、向上向善的网络文化，这样民众才能从网络中汲取正能量、树立正确的价值观。

为了营造风清气正的网络环境，高校应注重培养大学生文明上网的行为习惯。一是引导学生辨别善恶美丑。应培育和践行社会主义核心价值观、鼓励学生用真善美来雕琢自己的内心，学会辨识网络空间的美与丑、真与假、善与恶，不跟风、不造谣，对网络中不道德的行为应予以制止，自觉做风清气正网络空间的守护者。二是要求大学生遵守网络法规。引导大学生做高素质的网民，知法、懂法、守法。引导学生树立法治意识，遵守网络管理规范，提高自身约束力和道德自律能力，养成文明的网络习惯。三是引导学生主动净化网络空间。积极引导学生运用网络媒体丰富自身知识，做网络媒体的主人。教育学生不要受有害信息的影响，更不要传播有害信息，还要动员周边的人远离有害信息。在参与网络论坛的过程中，发布正面的舆论信息，有理有据地驳斥虚假和错误的言论，主动净化网络环境。

结　　语

　　生生不息的志愿精神已成为衡量社会文明程度的重要标志，当代大学生已成为青年志愿者行动中一支举足轻重的力量。开展对新时代大学生志愿精神培育研究，缘起于大学生志愿精神培育的现实困境，大学生志愿精神培育的理论忧思以及新时代的必然要求。新时代大学生志愿精神培育既是一个有着深刻价值意蕴的理论命题，又是一个被注入了时代内涵的鲜活生动的实践论题，具有重要的理论价值和现实价值。

　　大学生志愿精神培育研究是在新时代的历史背景下提出的，新时代意味着新征程，新征程体现着新任务。新时代大学生志愿精神培育应结合时代内容，回应时代问题。新时代大学生志愿精神培育的研究要根植于实现中国梦的伟大进程中去探讨，并在研究中坚持马克思主义立场。本书以习近平新时代中国特色社会主义思想为指导，遵循"是什么—为什么—怎么做"的研究逻辑，遵循大学生志愿精神培育的"认知—情感—意志—行动"规律，对新时代大学生志愿精神培育进行了较具解释力的研究。

　　新时代大学生志愿精神培育要敢于直面现实问题。通过对新时代大学生志愿精神培育现状的问卷调查，看到新时代大学生志愿精神培育的成绩，也发现新时代大学生志愿精神培育存在的问题，如高校对志愿精神培育重视不够、志愿服务缺乏有效的物质保障、志愿组织的管理制度不够完善、大学生对培育活动的参与不足等。从主观和客观两方面剖析存在问题的原因，为新时代大学生志愿精神培育内容、机制和途径提供现实依据。

新时代大学生志愿精神培育应注重整体性思考与系统化建设相结合，努力构建新时代大学生志愿精神培育的机制。建立和健全内生机制、运行机制、激励机制和保障机制，提升新时代大学生志愿精神培育的针对性、实效性和持久性。

新时代大学生志愿精神培育是一个从志愿精神认知—情感—意志—行动的过程，新时代大学生志愿精神培育途径必须始终把志愿精神培育贯穿于高校人才培养的全过程，通过发挥课堂教学的主导作用，营造校园文化的育人环境，夯实志愿服务的活动载体，强化网络空间的正面引导。

本书力图在研究的视角、方法和内容上有所创新，深入系统地对新时代大学生志愿精神培育的理论和实践进行探索，但仍然存在许多不足和需要完善的地方，例如对新时代大学生志愿精神培育的机制研究还不够系统和深入。这些遗憾只有在今后的学习和研究中去弥补。

参考文献

一 经典文献

《马克思恩格斯全集》第1卷，人民出版社1995年版。
《马克思恩格斯全集》第21卷，人民出版社2003年版。
《马克思恩格斯全集》第2卷，人民出版社2005年版。
《马克思恩格斯全集》第40卷，人民出版社1982年版。
《马克思恩格斯全集》第42卷，人民出版社2016年版。
《马克思恩格斯文集》第1—10卷，人民出版社2009年版。
《马克思恩格斯选集》第1—4卷，人民出版社2012年版。
《列宁全集》第22、23、25、55卷，人民出版社2017年版。
《列宁选集》第1—4卷，人民出版社2012年版。
《列宁专题文集》第1—5卷，人民出版社2009年版。
《列宁论文学》，人民文学出版社1958年版。
《李大钊全集》第1—5卷，人民出版社2006年版。
《陈独秀文集》第1—4卷，人民出版社2013版。
《胡耀邦文选》，人民出版社2015年版。
《毛泽东文集》第1—8卷，人民出版社1993—1999年版。
《毛泽东选集》第1—4卷，人民出版社1991年版。
《周恩来选集》上、下册，人民出版社1984年版。
《刘少奇选集》上、下卷，人民出版社1985年版。

《邓小平文选》第 1—3 卷，人民出版社 1993—1994 年版。

《江泽民文选》第 1—3 卷，人民出版社 2006 年版。

《胡锦涛文选》第 1—3 卷，人民出版社 2016 年版。

胡锦涛：《坚定不移沿着中国特色社会主义道路前进　为全面建成小康社会而奋斗——在中国共产党第十八次全国代表大会上的讲话》，人民出版社 2012 年版。

《习近平谈治国理政》，外文出版社 2014 年版。

《习近平谈治国理政》第 2 卷，外文出版社 2017 年版。

《习近平谈治国理政》第 3 卷，外文出版社 2020 年版。

《习近平总书记系列重要讲话读本》，学习出版社、人民出版社 2014 年版。

习近平：《决胜全面建成小康社会　夺取新时代中国特色社会主义伟大胜利——在中国共产党第十九次全国代表大会上的报告》，人民出版社 2017 年版。

习近平：《青年要自觉践行社会主义核心价值观——在北京大学师生座谈会上的讲话》，人民出版社 2014 年版。

习近平：《在北京大学师生座谈会上的讲话》，人民出版社 2018 年版。

二　中文著作

北京志愿服务发展研究会：《中国志愿服务大辞典》，中国大百科全书出版社 2014 年版。

北京志愿者协会：《走近志愿服务》，中国国际广播出版社 2006 年版。

陈张承、魏茹冰等：《新时期高校思想政治教育有效教学研究》，新华出版社 2016 年版。

程浩、崔福海等：《中国高校思想政治教育史论》，社会科学文献出版社 2016 年版。

迟桂荣：《新媒体视野下当代大学生思想政治教育研究》，中国社会科学出版社 2014 年版。

丁元竹、江汛清、谭建光：《中国志愿服务研究》，北京大学出版社 2007 年版。

丁元竹、江汛清：《志愿活动研究：类型、评价与管理》，天津人民出版社 2001 年版。

冯刚、郑永廷主编：《思想政治教育学科 30 年发展研究报告》，光明日报出版社 2014 年版。

冯英等：《外国的志愿者》，中国社会出版社 2008 年版。

高峰：《西方思想政治教育史》，首都师范大学出版社 2015 年版。

高兆明、李萍：《现代化进程中的伦理秩序研究》，人民出版社 2007 年版。

顾海良：《高校思想政治教育导论》，武汉大学出版社 2006 年版。

胡树祥：《网络思想政治教育研究》，电子科技大学出版社 2005 年版。

黄蓉生等：《改革开放以来大学生思想政治教育论纲》，人民出版社 2014 年版。

江汛清等：《与世界同行——全球化下的志愿服务》，浙江人民出版社 2005 年版。

李宝梁：《完善志愿服务发展机制研究》，天津社会科学院出版社 2017 年版。

李才俊、唐文武：《网络视角下的思想政治教育方法新探》，西南交通大学出版社 2014 年版。

李敏：《大学生思想政治教育理论探索与实践育人体系建设研究》，中国水利水电出版社 2016 年版。

李引进：《通识教育的裂变与重建》，上海交通大学出版社 2017 年版。

李宇遐：《高校思想政治教育精神动力研究》，科学技术出版社 2015 年版。

李自根：《志愿服务二十年》，广州出版社 2007 年版。

廖申白：《亚里士多德友爱论研究》，北京师范大学出版社 2009 年版。

林晶、邱德亮等：《思想政治教育中角色道德问题研究》，人民出版社

2015年版。

刘锋:《伦理美学——真善美研究》,百花文艺出版社1997年版。

刘建军、曹一建:《思想理论教育原理新探》,高等教育出版社2006年版。

刘丽丽:《当代大学生志愿服务培育精神研究》,黄河水利出版社2020年版。

刘想树:《新媒体时代的大学生思想政治教育》,中国文史出版社2015年版。

刘钊:《伦理视域下高校思想政治教育体系》,社会科学文献出版社2015年版。

龙妮娜、黄日干:《新媒体与大学生思想政治教育研究》,光明日报出版社2016年版。

龙跃君:《现代大学通识教育课程研究》,湖南大学出版社2013年版。

陆士桢:《中国特色志愿服务概论》,新华出版社2016年版。

骆郁廷:《当代大学生思想政治教育》,中国人民大学出版社2010年版。

骆郁廷:《高校思想政治理论课程论》,武汉大学出版社2006年版。

穆青:《志愿服务理论与实践研究》,北京理工大学出版社2010年版。

倪愫襄:《高校思想政治理论课程的国际视野》,中国社会科学出版社2013年版。

秦树理:《国外公民教育概览》,郑州大学出版社2005年版。

桑颖:《美国对外援助中的私人志愿组织》,中国社会科学出版社2012年版。

佘双好:《现代德育课程论》,中国社会科学出版社2003年版。

佘双好:《志愿服务概论》,武汉大学出版社2013年版。

沈杰:《志愿行动:中国社会的探索与践行》,人民出版社2009年版。

沈壮海:《思想政治教育有效性研究》,武汉大学出版社2016年版。

沈壮海、佘双好等:《学校德育问题研究》,大象出版社2010年版。

宋希仁：《西方伦理思想史》，中国人民大学出版社2010年版。

宋元林等：《网络时代大学生思想政治教育导论》，湖南人民出版社2002年版。

宋振超：《信息化视阈下高校思想政治教育有效性研究》，中国书籍出版社2015年版。

谭建光：《志愿服务：理念与行动》，人民出版社2014年版。

唐凯麟：《伦理学》，高等教育出版社2001年版。

唐克军：《比较公民教育》，中国社会科学出版社2008年版。

陶倩：《当代中国志愿精神的培养研究》，上海人民出版社2013年版。

陶倩：《新时代中国特色志愿服务发展研究》，社会科学文献出版社2018年版。

王立仁：《学生思想政治教育论纲》，中国社会科学出版社2015年版。

王名、李勇、黄浩明：《英国非营利组织》，社会科学文献出版社2009年版。

王树荫、王炎：《新中国思想政治教育史纲（1949—2009）》，人民出版社2010年版。

王思诚：《互助新论》，商务印书馆1981年版。

王玄武：《比较德育学》，武汉大学出版社2003年版。

王玄武、骆郁廷：《思想教育·政治教育·道德教育比较研究》，武汉大学出版社2002年版。

王学俭、刘强：《新媒体与高校思想政治教育》，人民出版社2012年版。

魏娜：《志愿服务概论》，中国人民大学出版社2018年版。

夏基松：《现代西方哲学教程新编》上册，高等教育出版社1998年版。

项久雨：《思想政治教育价值论》，中国社会科学出版社2003年版。

肖祥：《淡泊论》，湖南教育出版社2011年版。

闫艳：《交往视域中的思想政治教育》，人民出版社2011年版。

杨威：《思想政治教育发生论》，中国社会科学出版社2009年版。

杨辛、甘霖：《美学原理》第3版，北京大学出版社2003年版。

袁桂林：《当代西方道德教育理论》，福建教育出版社2005年版。

袁银传：《中外大学思想道德教育比较研究》，中国社会科学出版社2005年版。

张斌贤、褚洪启等：《西方教育思想史》，四川教育出版社1994年版。

张冰：《校园文化建设与大学生志愿精神培育实践》，立信会计出版社2017年版。

张洪彬：《思想政治教育中志愿精神问题研究》，人民出版社2015年版。

张金秋：《当代大学生思想政治教育模式构建与实践探索》，新华出版社2017年版。

张晓红：《论志愿服务教育》，人民出版社2017年版。

张晓红：《志愿服务理论与实践》，中国青年出版社2019年版。

张耀灿、郑永廷等：《现代思想政治教育学》，人民出版社2006年版。

郑朝静：《大学生志愿精神培育》，社会科学文献出版社2013年版。

郑吉春：《协同理论视域下的高校大学生思想政治教育工作机制优化研究》，科学出版社2017年版。

郑永廷：《现代思想道德教育原理与方法》，广东高等教育出版社2000年版。

郑永廷、张彦：《德育发展研究——面向21世纪中国高校德育探索》，人民出版社2006年版。

中国志愿服务联合会：《中国志愿服务发展报告（2017）》，社会科学文献出版社2017年版。

周辅成：《西方伦理学名著选辑》上卷，人民教育出版社1987年版。

卓高生：《大学生志愿精神作用机理及实证研究》，中国社会出版社2016年版。

三　中文译著

［澳］J. J. C. 斯马特、［英］B. 威廉斯：《功利主义：赞成与反对》，牟斌译，中国社会科学出版社1992年版。

［德］黑格尔：《哲学史讲演录》第4卷，贺麟、王太庆译，商务印书馆1978年版。

［德］康德：《道德形而上学原理》，苗力田译，上海人民出版社1986年版。

［德］康德：《历史理性批判文集》，何兆武译，商务印书馆1990年版。

［德］叔本华：《伦理学的两个基本问题》，韦启昌译，商务印书馆1996年版。

［法］埃米尔·涂尔干：《社会分工论》，渠东译，生活·读书·新知三联书店2005年版。

［法］勒格朗：《今日道德教育》，王晓辉译，教育科学出版社2009年版。

［法］卢梭：《社会契约论》，李平沤译，商务印书馆2011年版。

［古希腊］亚里士多德：《亚里士多德全集》第8卷，苗力田译，中国人民大学出版社1992年版。

［古希腊］亚里士多德：《尼各马科伦理学》，苗力田译，中国人民大学出版社2003年版。

［古希腊］柏拉图：《理想国》，顾寿观译，岳麓书社2010年版。

［美］丹尼尔·贝尔：《社群主义及其批评者》，李琨译，生活·读书·新知三联书店2002年版。

［美］杜威：《道德教育原理》，王承绪等译，浙江教育出版社2003年版。

［美］约翰·杜威：《民主主义与教育》，王承绪译，人民教育出版社2001年版。

［美］马斯洛：《人的潜能和价值》，林方译，华夏出版社1987年版。

［美］马斯洛：《自我实现的人》，许金声、刘锋译，生活·读书·新知三联书店1987年版。

［美］A.麦金太尔：《德性之后》，龚群等译，中国社会科学出版社1995年版。

［美］阿拉斯代尔·麦金太尔：《伦理学简史》，龚群译，商务印书馆2003年版。

［美］约翰·罗尔斯：《正义论》（修订版），何怀宏、何包钢、廖申白译，中国社会科学出版社1999年版。

［苏］苏霍姆林斯基：《和青年校长的谈话》，赵玮等译，上海教育出版社1983年版。

［英］彼得斯：《道德发展与道德教育》，邬冬星译，浙江教育出版社2000年版。

［英］基托：《希腊人》，徐卫翔、黄韬译，上海人民出版社1998年版。

［英］罗素：《西方哲学史》（上卷），张作成译，北京出版社2007年版。

［英］威尔逊：《道德教育新论》，蒋一之译，浙江教育出版社2003年版。

［英］亚当·弗格森：《文明社会史论》，林本椿、王绍祥译，辽宁教育出版社1999年版。

四 古典文献

（战国）墨翟：《墨子》，上海古籍出版社1989年版。

（战国）墨翟：《墨子》，西安交通大学出版社2014年版。

蔡沈注：《书经》，上海古籍出版社1987年版。

程树德：《论语集释》，中华书局1990年版。

韩非：《韩非子》，上海古籍出版社1989年版。

韩愈：《韩昌黎集》，商务印书馆1934年版。
老聃：《老子》，上海古籍出版社1989年版。
孙中山：《三民主义》，岳麓书社2000年版。
荀况：《荀子》，上海古籍出版社1989年版。
张改琴：《道德经》，甘肃人民出版社2017年版。
赵霞编：《论语》，甘肃少年儿童出版社2013年版。
朱熹：《大学中庸论语》，上海古籍出版社1987年版。
朱熹：《孟子》，上海古籍出版社1987年版。
朱熹：《诗经》，上海古籍出版社1987年版。
朱熹：《周易》，上海古籍出版社1987年版。
庄周：《庄子》，上海古籍出版社1989年版。

五　期刊报纸

《把思想政治工作贯穿教育教学全过程　开创我国高等教育事业发展新局面——习近平在全国高校思想政治工作会议上的讲话》，《人民日报》2016年12月9日第1版。

曹刚、任重远：《为己与利他的中道——志愿精神的伦理解读》，《广西民族大学学报》（哲学社会科学版）2009年第3期。

陈学明：《中国青年志愿者行动与和谐社会构建》，《中国青年政治学院学报》2006年第2期。

樊浩：《道德形而上学体系的精神哲学形态》，《天津社会科学》2006年第6期。

《关于推进志愿服务制度化的意见》，《人民日报》2014年2月27日第6版。

韩迎春、李芳：《论大学生志愿精神及其培育》，《教育评论》2011年第4期。

《勉励青年志愿者以青春梦想用实际行动　为实现中国梦作出新的更大贡献——习近平给华中农业大学"本禹志愿服务队"回信》，

《人民日报》2013年12月6日第1版。

潘静：《当代美国志愿精神的实践活动分析及其现实启示》，《学校党建与思想教育》2011年第26期。

宋国英：《友爱：志愿服务的基本伦理维度》，《徐州师范大学学报》（哲学社会科学版）2010年第4期。

谭玉龙：《志愿精神的政府培育探析》，《求实》2010年第2期。

陶倩、刘海云：《志愿精神的德性分析》，《上海大学学报》（社会科学版）2008年第1期。

万俊人：《美丽中国的哲学智慧与行动意义》，《中国社会科学》2013第5期。

习近平：《胸怀大局把握大势着眼大事 努力把宣传思想工作做得更好》，《人民日报》2013年8月21日第1版。

《习近平给"郭明义爱心团队"的回信》，《人民日报》2014年3月5日第1版。

习近平：《在庆祝中国共产党成立95周年大会上的讲话》，《人民日报》2016年7月2日第2版。

习近平：《在纪念红军长征胜利80周年大会上的讲话》，《人民日报》2016年10月22日第2版。

《坚持中国特色社会主义教育发展道路 培养德智体美劳全面发展的社会主义建设者和接班人——习近平在全国教育大会上的讲话》《人民日报》2018年9月11日第1版。

《用习近平新时代中国特色社会主义思想铸魂育人 贯彻党的教育方针落实立德树人根本任务》，《人民日报》2019年3月19日第1版。

《以时不我待只争朝夕的精神投入工作开创新时代中国特色社会主义事业新局面——习近平在学习贯彻党的十九大精神研讨开班式上的讲话》，《人民日报》2018年1月5日第1版。

张澎树：《略论思想政治教育的深层价值》，《思想教育研究》2010年第 7 期。
张耀灿：《关于弘扬志愿精神的几个问题》，《思想政治教育研究》2011 年第 5 期。
《中共中央关于构建社会主义和谐社会若干重大问题的决定》，《人民日报》2006 年 12 月 29 日第 1 版。
《中共中央、国务院关于全面加强新时代大中小学劳动教育的意见》，《人民日报》2020 年 3 月 27 日第 1 版。
祝小迁、窦贤琨：《近十年来我国大学生志愿服务研究综述》，《当代教育论坛》2012 年第 2 期。

六　学位论文

陈曦：《论雷锋奉献精神》，博士学位论文，中共中央党校，2013 年。
高嵘：《公民社会视域下当代中国志愿服务发展研究》，博士学位论文，浙江大学，2012 年。
龚万达：《社会生态视野中的志愿服务研究》，博士学位论文，上海大学，2011 年。
侯莲梅：《新时代大学生中国精神培育研究》，博士学位论文，电子科技大学，2018 年。
贾民伟：《思想政治教育视域中的公共精神研究》，博士学位论文，华中师范大学，2014 年。
乔永刚：《新时代中国大学生志愿服务精神动力培育研究》，博士学位论文，哈尔滨师范大学，2019 年。
王洪松：《当代中国的志愿服务与公民社会建设》，博士学位论文，中国政法大学，2011 年。
燕芳：《中国现代化进程中的生态文明建设研究》，博士学位论文，中共中央党校，2015 年。
张洪彬：《论志愿精神》，博士学位论文，东北师范大学，2010 年。
张文智：《新时代大学生志愿问题研究》，博士学位论文，东北师范大学，2019年。

赵海林：《行政化到多元化：慈善组织运作研究》，博士学位论文，南京大学，2012年。

赵丽娜：《当代大学生友善品德培育路径研究》，博士学位论文，河北师范大学，2019年。

七 外文文献

Barker, R. L., *The Social Work Dictionary*, New York: National Association of Social Work, 1998.

Bills, D., Harris, M., *Voluntary Agencies: Challenges of Organization and Management*, London: Macmillan Press Ltd, 1996.

Doris, B. Gold, *The Economics of Volunteerism*, Gold, 1974.

Mega trends and Volunteerism, Heritage Arts Publishing, 1993.

National Learning Corporation, *Supervisor of Volunteer Services: Test Preparation Study Guide, Questions and Answers*, National Learning Corp, 1997.

National Learning Corporation, *Assistant Coordinator of Volunteer Services*, National Learning Corp, 2005.

Rudman, Jack, *Coordinator of Volunteer Services*, National Learning Corp, 1994.

Russell, Jesse, *Volunteer Service Abroad*, Tbilisi State University,, 2012.

Self, Donald R., *Volunteerism Marketing*, Haworth Ph Inc, 2000.

The New Volunteerism, Schenkman Books, Incorporated, 1978.

Volunteerism, Charles C Thomas Publisher, Limited, 1974.

附录 新时代大学生志愿精神培育状况调查问卷

亲爱的各位同学,您好!十分感谢您在百忙之中抽出宝贵时间来填写这份调查问卷。此问卷以匿名形式填写,旨在深入了解新时代大学生志愿精神培育的现状、成绩与问题。您的答案仅作为科学研究之用,敬请您根据真实情况和想法填写,衷心感谢您的支持,祝您学业有成!

一 您的基本情况

1. 您的性别(   )

A. 男　　　　　　　B. 女

2. 您的年级(   )

A. 大一　　　　　　B. 大二　　　　　　C. 大三

D. 大四　　　　　　E. 大五　　　　　　F. 研究生

3. 您所在的学校(   )

A. 高职高专　　　　B. 省属普通本科高校

C. 211 高校　　　　D. 985 高校

4. 您的专业(   )

A. 人文社科类　　　B. 理工农医类　　　C. 其他

5. 您的政治面貌(   )

A. 中共党员（含预备党员）　　B. 共青团员

C. 其他

6. 您是否有学生干部经历（　　）

A. 是　　　　　　　　　　B. 否

7. 您的家庭人均月收入（　　）

A. 10001 元以上　　　　　B. 8001—10000 元

C. 5001—8000 元　　　　　D. 3001—5000 元

E. 1001—3000 元　　　　　F. 1000 元以下

8、您是否参加过志愿服务？（　　）

A. 没有参加过　　　　B. 偶尔参加　　　C. 经常参加

9. 您从何时第一次听说"志愿者"这一概念（　　）

A. 小学及小学以前　　　B. 初中

C. 高中　　　　　　　　D. 大学

10、您认为志愿精神的实质是什么？（最多选 3 项）

A. 奉献精神　　　　　　B. 推动社会进步的动力

C. 慈善精神　　　　　　D. 宗教精神

E. 我为人人、人人为我　　F. 社会责任感的表现

G. 利他主义　　　　　　H. 其他

11. 有一部分人认为，只有参与到志愿组织中，才能从事志愿服务。对此观点，您的看法（　　）

A. 赞同　　　　　　B. 比较赞同　　　C. 无所谓

D. 不赞同　　　　　E. 很不赞同

12. 您认为参与志愿服务是否应该得到物质奖励（　　）

A. 是　　　　　　　　B. 否

13. 您认为大学生志愿者是……（　　）

A. 助人为乐的人　　　　B. 哗众取宠的人

C. 廉价劳动力　　　　　D. 谋取私利的人

E. 其他

14. 您认为，做一名志愿者最应该具备的素质是……（   ）

　　A. 自信乐观　　　　　　　　　B. 任劳任怨

　　C. 真诚的服务心态　　　　　　D. 丰富的专业知识和技能

　　E. 善于沟通　　　　　　　　　F. 其他

15. 对于这次新冠疫情中志愿者的行为，您认为（   ）

　　A. 很高尚，是其道德人格的表现

　　B. 很自然，有责任心的人都会这么做

　　C. 无所谓

　　D. 很虚伪，是为了获得某种名誉

　　E. 普通人做不到

16. 您所知道的大学生志愿服务活动的内容有哪些？（可多选）（   ）

　　A. 大型活动、赛会服务　　　　B. 帮老助幼、帮残助弱

　　C. 环境保护　　　　　　　　　D. 扶贫济困

　　E. 青少年教育与心理咨询服务　F. 社会突发事件的服务

　　G. 社区服务　　　　　　　　　H. 医疗卫生

　　I. 日常帮助　　　　　　　　　J. 法律服务

　　K. 文化宣传与网络文明　　　　L. 其他

17. 您是否知道您所在学校的志愿服务组织？（   ）

　　A. 是　　　　　　　　　　　　B. 否

18. 您所在学校是否把志愿服务纳入课程体系？（   ）

　　A. 是　　　　　　　　　　　　B. 否

19. 您是如何了解志愿服务的相关信息的？（   ）

　　A. 学校相关部门的通知　　　　B. 同学朋友经常谈论

　　C. 网络电视报纸等媒体宣传　　D. 其他

20. 在生活中，哪些人会向您提起关于志愿精神的话题：（   ）

　　A. 父母　　　　　　　　　　　B. 高校教师

　　C. 思想政治工作者　　　　　　D. 同学

E. 党员干部　　　　　　　　F. 亲戚

21. 您的家人有参加过志愿服务活动吗？（　　）

　　A. 没有参加过　　　　B. 偶尔参加　　　C. 经常参加

22. 您知道您学校的志愿活动的组织方式有哪些？（最多选3项）

　　A. 个人自发　　　　　　　B. 校团委组织

　　C. 院系组织　　　　　　　D. 大学生志愿者社团自行组织

　　E. 其他社团组织　　　　　F. 其他

23. 您最了解下列哪些弘扬志愿精神的相关活动？（可多选）（　　）

　　A. 中国青年志愿者评选表彰活动

　　B. 全国道德模范评选活动

　　C. 感动中国年度人物评选活动

　　D. 中国青年志愿服务项目大赛

　　E. 学雷锋志愿服务活动

　　F. 12·5国际志愿者纪念

　　G. 其他

24. 您最了解下列哪些志愿服务法规和政策性文件？（可多选）（　　）

　　A.《志愿服务条例》

　　B.《慈善法》

　　C.《关于推进志愿服务制度化的意见》

　　D.《关于规范志愿服务记录证明工作的指导意见》

　　E.《关于支持和发展志愿服务组织的意见》

　　F.《关于公共文化设施开展学雷锋志愿服务的实施意见》

　　G.《学生志愿服务管理暂行办法》

　　H.《志愿服务信息系统基本规范》

　　I.《文化志愿服务管理办法》

　　J.《中国助残志愿者注册管理办法（试行）》

K. 《中国青年志愿者行动发展规划（2014—2018）》

L. 其他

25. 您认为部分学生暂未参与志愿服务活动的原因是……（最多选 3 项）（   ）

A. 对志愿精神认识不足

B. 觉得自己还不具备参与志愿服务的能力

C. 缺少参与志愿服务所需的费用

D. 觉得大学生志愿组织的管理运作存在缺陷

E. 学业紧张，课余时间不多

F. 有课余时间，但志愿服务与生活安排相冲突

26. 您认为高校开展志愿服务活动，弘扬志愿精神，遇到的最大问题是……（最多选 3 项）

A. 资金不足

B. 学校的支持力度不够

C. 组织机构不够健全，管理规章制度不够完善

D. 激励机制不完善

E. 培训机制不完善

F. 活动流于形式，活动主体的自我价值未得到实现

G. 宣传不够

27. 您认为当前大学生志愿组织主要存在哪些问题？（最多选 3 项）（   ）

A. 官僚化倾向明显

B. 缺乏社会支持系统

C. 结构松散，管理效率低

D. 组织者以他人之力，谋自己之私

E. 缺乏资金保障

F. 没有激励机制

G. 其他

28. 您觉得志愿者组织在志愿者管理方面有哪些不足？（最多选3项）（   ）

  A. 积极性不高   B. 服务态度不佳

  C. 激励机制不健全   D. 缺乏有效培训

  E. 不能保证志愿者权益   F. 缺乏管理人才

  G. 其他

29. 您认为影响大学生志愿精神培育的主要因素有哪些？（可多选）

  A. 大学生主体意识不够

  B. 大学生责任感不够

  C. 大学生对志愿精神的认同感不够

  D. 家庭缺乏志愿精神教育

  E. 校园志愿文化尚未形成

  F. 政府和社会对志愿服务重视和投入不够

  G. 其他

30. 您认为高校应该通过哪些方法来培育志愿精神？（最多选3项）

  A. 高校引进志愿服务课程，并给予一定的学分

  B. 加强志愿精神培育队伍建设，特别是党员干部、教师和思想政治工作者

  C. 加强志愿精神培育机制研究，以期建立志愿服务长效机制

  D. 营造志愿服务氛围，加强志愿文化育人

  E. 其他

31. 您认为应该如何加强高校志愿组织的影响？（最多选3项）

  A. 加强高校志愿组织的精神文化建设

  B. 加强高校志愿组织的制度建设

  C. 提高志愿组织的管理水平和服务水平

  D. 加强志愿组织培训

  E. 其他

32. 您认为学校志愿组织在开展志愿服务活动前，哪些培训内容

需要涉及？（最多选 3 项）

  A. 志愿服务精神

  B. 志愿者服务基本知识

  C. 志愿服务所需要的专业知识和技能

  D. 志愿者的相关权利和义务

33. 您认为政府应为大学生志愿精神培育提供哪些支持？（可多选）

  A. 制定完善的法律和法规，提供法律保障

  B. 重视志愿服务的激励工作，加大对志愿者的奖励

  C. 注重志愿者信念的培养和技能的提高

  D. 广泛宣传志愿服务活动，树立志愿服务理念和精神

  E. 鼓励学校将志愿服务教育纳入国民教育全过程

  F. 提供资金援助和支持

  G. 对志愿者进行专业的培训

  H. 建立监督机制

34. 您支持以下哪些政策激励志愿者？（最多选 5 项）

  A. 面向优秀志愿者定向招考为公务员

  B. 将公务员参与志愿服务的时间和内容作为选拔录用的重要参考依据。

  C. 企业将员工的志愿服务时间和内容作为优先晋升的重要参考依据

  D. 将大学期间的志愿服务经历作为研究生录取的重要参考依据。

  E. 同等条件下优先就业

  F. 优先得到小额创业贷款和减免税率支持

  G. 家庭遭遇困难优先得到解决

  H. 子女入学优先考虑

  I. 都不支持，容易导致不公平现象出现

后　　记

　　本书是在我博士学位论文的基础上修改、补充而完成的，是2023年度湖北省社科基金一般项目（后期资助项目）（项目编号：HBSKJJ20233165）、武汉纺织大学校基金特别专项"新时代中国共产党人斗争精神的内在逻辑与弘扬路径研究"的结题成果。

　　在本书付梓之际，我首先要感谢我的导师倪素香教授几年来的悉心教诲。在跟随倪素香老师在校学习的四年时间里，她渊博的学识、严谨的治学风格、乐观的生活态度在学习与生活中潜移默化地影响和感染着我，是我学习的榜样。在博士学位论文的准备和写作过程中，从确定选题到资料收集，从结构安排到观点论证，无不倾注了倪素香老师的心血。在读博的四年里，倪老师悉心指导我，教我如何读书、如何做读书笔记，总是教导我要多读书，读原著、学原文、悟原理。倪老师每周都开组会，要求我每周汇报学习心得，在这样的学习过程中，我收获了很多。在撰写博士学位论文时，倪老师也是先让确定提纲，然后再开始写作，每写完一章内容，我都会发给倪老师指导。记得有几次都是晚上发给倪老师，倪老师第二天早上就反馈回来，并写满了批注。本书初稿完成后，倪老师逐字逐句审阅，对框架和内容进行字斟句酌地推敲，提出了很多建设性的意见和建议。倪老师严谨的治学态度、开阔活跃的学术思维、勤奋执着的进取精神和爱生如子的敬业品格，值得我终身学习。

　　在武汉大学四年的学习生活中，有幸聆听沈壮海教授、骆郁廷教授、佘双好教授、熊建生教授、项久雨教授、李斌雄教授、丁俊萍教授、左亚文教授、李楠教授、袁银传教授、孙来斌教授、杨威教授等诸位老师的教诲，受益匪浅，谨向他们表示由衷的感谢。在论文的写作和修改过程中，我还要特别感谢给予我莫大帮助的骆郁廷教授、沈壮海教授、佘双好教授、熊建生教授、项久雨教授、李斌雄教授、杨威教授。这些教授在博士学位论文开题、修改完善和答辩过程中提出了很多宝贵意见。感谢在武汉大学求学期间给予我指导与帮助的每一位老师，老师们的恩情无以为报，这本拙著算作学生的一份薄礼献给帮助过我的老师们，不知能否给老师带来一丝欣慰。

在论文的评审和答辩过程中，感谢评审专家对论文给予了充分的肯定和很好的评价，同时又提出了不少宝贵的意见和建议，为本书的修改和完善打下了良好的基础。由刘建军教授、万美容教授、项久雨教授、佘双好教授、杨威教授组成的答辩委员会，对论文的肯定和建议，都为本书的进一步完善提供了思想资源。借此机会，再一次向诸位老师表示最诚挚的谢意！

在这里，我要特别感谢我的丈夫胡云先生，他在工作之余为我打印了论文的初稿和校对本书的修改稿，为我按时答辩和本书的出版节省了不少时间。从2017年开始攻读博士学位，到2021年获得博士学位，直至今天本书的付印，已有7年的历程。今年14岁的儿子胡智博伴随和见证了本书的出版，也许我的求学经历就是对他最好的教育。家人一如既往地理解、支持与鼓励是我继续前行的最大动力。

本书初稿完成后，虽几经修改，我亦勉尽其力，但由于本人学识水平有限，疏漏、错误之处在所难免，敬请各位专家和读者朋友批评指正。

孟珍伟

2024年5月6日于湖北武汉